Israel's Contemporary Political and Economic Developments

以色列
政治经济发展报告

张俊华　主编

中国社会科学出版社

图书在版编目（CIP）数据

以色列政治经济发展报告/张俊华主编．—北京：中国社会科学出版社，2017.10

ISBN 978－7－5203－1250－9

Ⅰ.①以…　Ⅱ.①张…　Ⅲ.①政治—研发报告—以色列②经济发展—研发报告—以色列　Ⅳ.①D738.2②F138.2

中国版本图书馆 CIP 数据核字（2017）第 261067 号

出 版 人　赵剑英
责任编辑　卢小生
责任校对　周晓东
责任印制　王　超

出　　版　中国社会科学出版社
社　　址　北京鼓楼西大街甲 158 号
邮　　编　100720
网　　址　http：//www.csspw.cn
发 行 部　010－84083685
门 市 部　010－84029450
经　　销　新华书店及其他书店

印　　刷　北京明恒达印务有限公司
装　　订　廊坊市广阳区广增装订厂
版　　次　2017 年 10 月第 1 版
印　　次　2017 年 10 月第 1 次印刷

开　　本　710×1000　1/16
印　　张　14.75
插　　页　2
字　　数　206 千字
定　　价　66.00 元

前　言

以色列跟中华人民共和国一样，是个相对来说年轻的国家。但是，犹太人作为一个民族，又跟中华民族一样，是一个非常古老的民族。两个民族之间的交流和互动，也有着悠久的历史。从开封犹太人到第二次世界大战期间的上海作为犹太人的避难地，无不对当今的中以关系打下了很好的基础。

作为上海交通大学以色列研究中心主任，我亲自经历了中以关系如何从小心的秘密外交到今天的双方全面的、热情的合作过程。我在 2011 年希伯来大学任访问教授时，中国对很多普通的以色列人来说，还是一个比较陌生的国家，尽管在那时的以色列已有不少中国问题专家。我记得那年在特拉维夫拜访“前上海犹太人市民协会”（第二次世界大战期间在中国避难的犹太人后来在以色列成立的一个协会）时，该协会几位年老的成员在跟我交谈中透露出他们的焦虑，即以后他们这个协会随着时间的推移将会后继无人，他们很希望年轻的以色列人能继续他们的事业，推动中华民族与犹太民族的交流。而现在，我看这些焦虑是多余的。仅从我带过的、在上海交通大学念国际硕士班的以色列学生中就能看到，有这么多年轻的以色列人对中国研究或者中以关系的研究这么感兴趣。在以色列，也有不少中国学生在那里学习。打开中文互联网，可以看到，自 2011 年以来，中以两国之间在军事、经济、文化和旅游各个方面交流的报道猛增，增速惊人。

自 2011 年以来，以色列加强了与亚洲各国特别是与中国的外交、经济和其他各方面的互动。中国与以色列两国目前的贸易额约

80 亿美元。2016 年，以色列总理内塔尼亚胡在与中国国务院副总理刘延东会晤后，宣布两国间自由贸易协议谈判开始。与此同时，我国不少企业对在以色列投资的兴趣也愈加强烈。目前，科技界、实业界以及文化界等各方面都展开了各种交流项目。2016 年，中国成为以色列增速最快的入境游市场。在我国提出“一带一路”倡议后，以色列是中东第一个加入亚洲基础设施投资银行的国家。

但是，地域环境和国际上各种关系决定了中以关系并非那么简单，正如本书讨论的，以色列在有些方面特别是在军事交流方面，明显受其他力量——比如说美国的限制。况且，以色列社会本身也是一个复杂多样的甚至充满矛盾的社会。

值得注意的是，我国对中东包括中以政策也在发生变化。2017 年，习近平主席已表示要进一步在中东外交、政治等方面加强交流，更主动地对巴以和平做出贡献。为此，习近平主席 2017 年向巴勒斯坦提出了几点关于巴以和平的建议，同时创建了“中以巴三方对话机制”。尽管在这方面要做成功并非易事，但是，这种努力应该是一个大国外交必要的部分。

总之，中以两国关系已经到了一个新的阶段。在这一个关键时期，全面、深入地了解以色列，把握中以关系的发展动力，就成为一种必需。本书就是为了满足这种需求而产生的。

本书的准备工作已经有多年。由于我的健康原因，本书的出版成了一个“晚产儿”。在此，我对各章的作者深表歉意。同时，我在这里要特别感谢上海交通大学对本书的资助，感谢我国中东问题专家李绍先老师对本书的热情关心，也衷心感谢崔文星博士对本书大部分英文作者的论文的翻译。最后，要感谢我的学生龚茜，她对本书中文版的编辑整理做出了无私的贡献。

张俊华 2017 年 9 月于上海交通大学徐汇校区

目　　录

第一章 中以关系：以色列视角

阿伦·夏嘉曦 崔文星译

近年来，当以色列领导人抵达中国的时候，他们发现，这个古老的国家不断呈现出新的面貌。事实上，近年来，中国已不再满足于西方国家对其建设热潮和生产与贸易数字的称赞，因为这种表扬让中国人感到一种发达世界对落后国家的居高临下。相反，作为一个在地缘政治上（不再只是经济上）正在崛起并使美国的许多决策者感到焦虑的拥有核武器的国家，中国当前正处于明显的转型时期。它正在努力将改革开放政策的惊人成就转化为全球外交影响力。举办奢侈的奥运会和世博会是中国朝着这一目标迈进的又一步。在过去几年中，中国对南美洲和非洲的访问正是为了实现这一目标，而不仅仅是为了表达自豪感和追求声誉。中国这样做的目的更多的是确保其政治影响力，以巩固它在世界各地或者说是在全球意识中的地位，并增加其在国际舞台上的收益。因此，一直持续到2008年国际金融危机爆发后的全球原材料争夺似乎预示着未来几十年中的经济与外交对抗。

鉴于中国和美国在世界各地为争夺原材料、地缘政治成就以及政治外交影响力而可能存在的对抗，近年来，很明显的是，美国日益陷入国内的经济泥沼。巨额的财政赤字导致美国在国内外的债务

［作者简介］阿伦·夏嘉曦（Aron Shai），特拉维夫大学校长，肖尔·N. 艾森伯格（The Shoul N. Eisenberg）研究东亚问题教授。

① Paul Rivlin, "The Economic Melt – Down（1）：America", *Tel Aviv Notes*, October 28, 2008.

大幅增加。[①]数十亿美元的救市计划已经在一定程度上增加了国内赤字。由于美国政府花在国防开支方面的费用（当然包括在巴基斯坦和阿富汗的军事行动）已远远超出其税收所得，以在国内外借债的方式支付战略开支已经使美国经济负担过重，这与中国形成鲜明对比。此外，不仅政府支出超过其收入，而且国民储蓄率也有所下降。在房地产界闹得沸沸扬扬的次贷危机是对美国经济的另一个重要威胁。美国经济真的是“最大的庞氏骗局”（Biggest Ponzi Scheme）？[①]

鉴于这种情况，似乎很明显的是，美国不应指望自己能决定中国的政治路线。在某些方面和特定关头，中国似乎在通过微妙而坚定的回应警告华盛顿的决策者不要遏制中国的全球利益，甚至带有威胁的意味。中国继续在南美洲、非洲、沙特阿拉伯、伊朗和许多其他国家发挥着影响力，宣示自己的存在。[②] 最近，中国还介入了叙利亚内战。由西方起草的决议案声称，如果叙利亚继续对示威者采取军事行动，它将受到针对性制裁。2011 年 10 月 4 日，中国与俄罗斯一起否决了这一会威胁到叙利亚政府的决议案。[③] 2013 年

---

① “Economist Warns Were Unable to See the Coming Economic Collapse”，PBS：http：//www. pbs. org/newshour/rundown/2013/07/ben – bernanke – as – easter – bunny – why – the – fed – cant – prevent – the – coming – crash. html，“40 Stats That Show The U. S. Economy's Real Collapse Over The Past Decade”，*Zero Hedge*，http：//www. zerohedge com/node/476588；“The Biggest Ponzi Scheme In The History of The World”，*The Economy Collapse Blog*，http：//theeconomiccollapseblog. com/archives/the – biggest – ponzi – scheme – in – the – history – of – the – world.

② 关于这一问题，网上有很多文章和资源。例如，参见“China must Protect Iran Even with WWIII”. *Press TV*. 22 January 2012 Dorraj，Manochehr and Currier，Carrie，L.（2008）；“Lubricated with Oil：Iran – China Relations in a Changing World”，*Middle East Policy*，Mathews，Gordon and Yang Yang（2012）；“How Africans Pursue Low – End Globalization in Hong Kong and Mainland China”，*Journal of Current Chinese Affairs*，July 15，2012. “Africa and China：More than Minerals”，*The Economist*（23 March 2013）；Katherine Koleski，“Backgrounder：China in Latin America”（May 27，2011）. *U. S. – China Economic & Security Review Commission*；China's Economic Rise Provides Mixed Benefits for Latin America（2011），http：//newamericamedia. org/2011/01/latin – america – divided – over – ties – with – china – growing – suspicions – over – chinese – presence – in – latin – america. php。

③ “Russia will not Allow Libya – style Military Intervention in Syria”，*Middle East Online*，1 November 2011. Retrieved 4 November 2011.

8—9 月间，鉴于叙利亚政府使用化学武器攻击本国的平民，美国打算对叙利亚采取行动。俄罗斯和中国非常明确地表示：它们会在联合国安理会动用否决权再次阻止谴责阿萨德政权的决议，更不用说打击叙利亚了。此前，根据中东官员的说法，叙利亚空军根据中国提供的情报对一批运往叛军的西方武器进行了轰炸。①

尽管美国希望中国在中东地区只扮演次要角色，但中国政府似乎继续向这一地区投资，并日益深入地参与该地区事务。这无疑是不可忽视的发展动向。同样，中国也拥有令人印象深刻的经济指标。尽管近年来经济增长速度有所放缓，但中国经济的年增长率还是令人印象深刻的。从名义 GDP 和购买力平价来看，它是世界第二大经济体。② 它是世界增长最快的主要经济体，在过去 30 年里，其平均增长率为 10%。③ 到 21 世纪 20 年代，中国似乎能够成为世界最大的经济体（按名义 GDP 计算）。自中国 20 世纪 70 年代末 80 年代初实行改革以来，生活在贫困线上的中国人口显著增加，到 2012 年，人均收入已经增长到 6076 美元（按国际购买力平价计算达到 9233 美元）。中国的外汇储备约为 3.3 万亿美元（居世界各国之首），而且其储蓄率之高也让人咋舌——约为国内生产总值的 50%。④ 虽然这些指标被广泛承认，但是，人们也许不应该完全放

---

① "Syria used Chinese Intel to Bomb U.S. Arms Shipment", http://www.wnd.com/2013/07/syria-used-chinese-intel-to-bomb-u-s-arms-shipment/#Hzt8yqql4VJBYIwY.99. 7 Jan. 2013. Retrieved Aug. 2013.

② "China", *International Monetary Fund*, Retrieved April 2013.

③ "Report for Selected Countries and Subjects", *Imf. org*. Retrieved April 2013.

④ World Bank, http://www.worldbank.org, CIA Website: "The World Fact Book, Reserves of Foreign Exchange and Gold" and International Monetary Fund, http://www.imf.org. All retrieved on Aug., 2013.

"根据高盛公司（Goldman Sachs）的预测，中国经济将在 2027 年追上美国，到 2050 年将是美国经济规模的近两倍。这与特别是印度的崛起加在一起将会落下西方时代的帷幕。不再是西方的普世主义，我们将会发现自己生活在一个日益陌生的世界，非西方文化，特别是中国文化，将具有主导性的影响力。" See Martin Jacques, "Welcome to China's Millennium", *The Guardian*, http://www.guardian.co.uk/commentisfree/2009/jun/23/china-martin-jacques-economics. June 23, 2009, Retrieved Jul., 2011.

弃“中国崩溃论”（在金融危机爆发之前盛行的一个理论），也不应忽视那些会令人对中国乐观前景产生怀疑的矛盾数据。

十多年前，在其著作《中国即将崩溃》（*The Coming Collapse of China*）一书中，章家敦（Gordon Chang）认为，中国确实有可能称霸亚洲，随后支配整个世界。[①] 中国有必要的潜力和远见实现这一目标，从而寻求成为在国际舞台上与美国和欧盟相当的力量，并被国际社会所认可。尽管如此，章家敦又话锋一转，说中国只不过是处于崩溃边缘的一条纸龙罢了。支持他这一论断的指标包括：中国共产党和政府内部严重的腐败现象；遍及全国的“失业大军”；占主导地位却没有成本效益的国有企业，以及在章家敦的书出版前数年中不断增长的预算赤字。根据章家敦的说法，中国加入世界贸易组织并非好事，会“动摇中国的根基”。总之，中国的领导人无法阻止“悲剧”的到来。

章家敦的书出版十多年来，他的悲观预言并没有成为现实。例如，中国加入世界贸易组织后并未发生他所预言的损害，更不用说国家崩溃了。尽管如此，章家敦的基本论点继续在某些圈子里流行。一个名为《另一种视角》（*Alternative Perspective*）的时事通讯就采取了类似的路线。该通讯的一篇长文[②]对这一论点进行了重复，认为现有数据对中国前景的积极预测提出了挑战。文章对下列事实进行了强调：中国国际贸易的50%以上是由外国直接投资主导，即由外商投资企业进行；中国国际贸易的50%以上是公司内部贸易；中国往往是全球供应链的最后一个环节，因而与东亚地区的每一个经济体几乎都存在贸易赤字，尽管它与美国之间存在巨额贸易顺差（在较小程度上与其他发达经济体也是如此）。中国国际贸易的很大一部分是原料、中间产品和半成品贸易，而不是成品贸易。此外，中国城乡收入差距正在快速拉大；2012 年，

---

① Gordon G. Chang, *The Coming Collapse of China*（New York, 2001）.

② Shukla Madhukar, “A World Deceived by Numbers/Facts”, in *Alternative Perspective Newsletter*（August 11, 2005）.

中国人口的13.4%生活在贫困线以下。[①] 然而，应该予以注意的是，2011年，中国设定了2300元的新贫困线（约363美元）。这一新标准明显高于2009年的贫困线，因此，现在有1.28亿人被认为是生活在贫困线以下。

2011年，努里尔·鲁比尼（Nouriel Roubini）对中国做了又一个悲观的预测，他对中国的基础设施项目进行批评，认为在那样一个经济发展水平的国家如此大规模的基础设施建设完全是多余的。鲁比尼还预测，目前，中国的“过度投资”将会在国内和全球范围引发通货紧缩，而一旦固定投资不再可能（很可能2013年后就会出现），中国的经济增长速度将会急剧放缓。[②]

当然，人们还可以列出更多这样的数据：直到2008年国际金融危机爆发时，至少有1.5亿农民工在乡村和城市之间漂泊，很多人是通过收入很低的兼职过活；独生子女政策使中国成为世界上老龄化速度最快的国家之一。对中国经济增长的另外一个长期威胁是环境恶化，尤其是空气污染、水土流失、地下水位的不断下降，特别是在北方。由于受到侵蚀和经济发展的影响，中国的耕地也在不断流失。

然而，对这两派观点进行权衡，似乎对中国未来持积极态度的观点占据了更大优势。之所以如此，是因为中国已经成功地对负面全球浪潮进行了制衡。奥运会和2010年世博会似乎都有助于中国在经济和政治上取得新的进展并克服国内困难，中国政府已经采取了严厉的措施来克服2008年国际金融危机的负面影响。毫无疑问，真正公民社会的相对缺乏和政权在公众压力面前的成功中立化有助于

---

① “China”, *Index Mundi*, http://www.indexmundi.com/g/g.aspx?c=ch&v=69. Retrieved Aug. 2013.

② See Nouriel Roubini, http://www.project-syndicate.org/commentary/roubini37/English. For Other Pessimistic Forecasts Regarding China, see, e.g. Gary Shilling, “Why China's Heading for a Hard Landing”, Bloomberg, http://www.bloomberg.com/news/2011-06-28/shilling-why-china-is-heading-for-a-hard-landing-pt-3.html, June 2011, Retrieved Aug. 2013.

其战胜主要的反对力量。中国高层领导人似乎决心要改善国家的经济表现。他们正在采取行动，例如，习近平和李克强对最为贫困地区进行视察[①]，并对如何减少贫困和经济差距方面的工作做出指示。就业率增长，而且最低工资自2010年以来增加了20%。此外，中国的扶贫项目被视为成功的典范，因为在过去30年中改革导向型经济使5亿人摆脱贫困。[②]

鉴于上面提出的总体论点，以色列应该定期对中国政策进行重新评估。或许应该超越在仅仅“维护”和升级以中关系之间的传统分界线，以色列应该实行更为自信的中国政策。以色列不妨鼓励中国更深地介入巴以冲突，以及以耶路撒冷为一方、以大马士革和德黑兰为另一方的紧张关系。

可以说，就全球性的国际关系而言，中以关系的重要性没那么显著。美国与中国的双边关系、中国—印度—美国三角关系，以及中国在联合国安理会发挥的作用都更值得注意。尽管如此，中以关系仍很重要，特别是考虑到以色列在中东地区的军事和战略地位。中国对参与和平进程深感兴趣。例如，从它任命了自己的中东问题特使这一事实就可以清楚地看出来。中国似乎也希望能够充分利用以色列在先进技术和军事装备方面的潜力。

一　六十年历史回顾

两个古老的民族，同是文明的摇篮，在地理上位于亚洲大陆的

① “China still has 200 Million Poor Below Poverty Line”, *Economic Times*, http://articles.economictimes.indiatimes.com/2012-12-31/news/36079605_1_wealth-gap-li-keqiang-poverty-line, Dec 2012. Retrieved Aug. 2013.

② “China Road Map”, *IEG World Bank*, https://ieg.worldbankgroup.org/ieg-search?keys=CHINA%20ROAD%20MAP%202030 Retrieved Aug. 2013.

东西两端。[①] 一个是中国，在自己的土地上延续了数千年未中断的历史；另一个是以色列，经历了虚拟形式的连续性——历经一千年的流亡生活最终回到了古老的家园。

在中华人民共和国成立之前，国民党统治下的中国已经与犹太国家缔造者之间建立了联系。这些关系在1948年以色列宣布独立后得以继续并表现在中国对犹太复国主义的积极支持。在和犹太复国主义分子建立外交联系后，国民党时期的中国是1947年在关于分割巴勒斯坦的联合国大会上投弃权票的十个国家之一。国民党中国的弃权实际上有助于达到通过这一决定所需的2/3多数，而只有达到这2/3多数以色列国的建立才具有国际合法性。

在独立几个月后，以色列得到了中国国民党的正式承认。不久后，共产党在中国内战中取得胜利，1950年1月9日，以色列决定承认新政权。这一大胆的举动令人吃惊，在“冷战”背景下，它成为中东第一个、西方第七个采取如此大胆外交举措的国家。从那时起，以色列和中国台湾的关系是非官方、非政府性质的，并且主要停留在商业层面上。以色列对中华人民共和国的承认并没有得到中国的回报。外交部长周恩来只是承认收到了以色列1月9日的电报。代表中央人民政府，他向当时的以色列外长摩西·沙雷（Moshe Sharett）表示了感谢，使以色列对中华人民共和国的外交承认成为单方面行为。

当朝鲜战争于1950年6月25日爆发的时候，情况就是这样。7月2日，以色列内阁决定，以色列应该支持联合国有关战争的决议。尽管沙雷和其他政府成员呼吁在政治和外交上支持韩国，但是，戴维·本-古里安（David Ben-Gurion）关于向联合国军司令部派遣以色列士兵的提议还是让他的内阁同事吓了一跳。他认为，如果以色列真的认为这是侵略行为，它应当派兵参加联合国部队。本-古

① 这一部分基于大量的初级和二手资料，包括以色列和中国的驻外办事机构以及 Aron Shai, “China and Israel - Strange Bedfellows 1948 - 2006”, in *China and Antiterrorism*, ed. Simon Shen (New York: 2007) and Aron Shai, *Israel and China* (in preparation).

里安的提议被他的部长们否决，但后来以色列通过向朝鲜的联合国部队提供医疗援助和用于救济平民的粮食来表达自己的支持。因此，以色列是在间接地和中国对抗。

当时，以色列的目标是帮助阻止朝鲜的共产主义侵略，它对联合国军提供帮助的行为代表了其从不认同西方到与西方保持一致的转变。在以色列与中国关系的早期阶段，这是一个具有战略性的决定。两国之间的关系成为“冷战”的一部分。

有趣的是，在其他领域，以色列延续了朝鲜战争之前对中华人民共和国的政策。举例来说，1950 年 9 月 19 日，以色列代表团在联合国大会上投票支持中华人民共和国政府拥有中国在该组织中的席位。在这一问题上，以色列加入了使共产党政权合法化的 15 国联盟。除 1954 年外［由于阿巴·埃班（Abba Eban）和摩西·沙雷之间的个人分歧和误解］，以色列在联合国的代表团继续提倡中国拥有在联合国大会和安理会的合法席位，这样持续了几年的时间。因此，以色列遵循了印度等国家的做法，将支持美国的朝鲜政策和从根本上同中华人民共和国接近的政策明显区别开来。

1953—1955 年，对中以之间发展关系和不发展关系都至关重要。1953 年年末，以色列在缅甸仰光使团开始工作，随着朝鲜半岛局势的缓和，中国驻仰光大使姚仲明（Yao Zhong - ming）与以色列大使大卫·哈科恩（David Hacohen）进行了接触。哈科恩相信，他在仰光的工作有助于使以色列与亚洲国家（特别是中国）的关系正常化。哈科恩特别感兴趣的是促进两个国家之间的贸易。渐渐地，两位大使之间的对话范围越来越广，并且实用而具建设性，在经济与商业合作方面进行了富有成果的交流。哈科恩还在周恩来访问仰光时与他会面。

1955 年 1 月下旬，以色列向中国派出了一个商业代表团。当时对中国市场的美好想象吸引着以色列，这一想法在以色列总工会（Histadrut）特别流行，而哈科恩正是工会的领军人物之一。代表团参观了东北城市沈阳，并在那里与中国高级官员进行了重要的讨论；似乎在与中国建立更紧密联系方面以色列已经达到了一个令人鼓舞的新转折点。

然而，没过多久，两国之间的关系再度恶化。这次的障碍不是朝鲜，而是1955年4月在万隆举行的亚非会议或者可能是这一会议之前的行政准备工作（至少对于中国来说是这样）。这一会议决定将以色列和中国台湾排除在外，实际上是联合抵制它们。亚非团结（在会议期间得到加强）很快导致了中国与阿拉伯世界（特别是埃及）之间更加紧密的关系，这反过来又导致中以关系积极发展的动向几乎完全中止。

一年后，苏伊士运河战争爆发，中国指责以色列为帝国主义服务。中国和以色列的关系被冻结了很久，在此期间，只有以色列共产党还继续与中国保持联系。与此同时，以色列决策者也难以忽略来自时任以色列驻华盛顿大使阿巴·埃班的警告。埃班认为，进一步发展与中国的关系（像哈科恩所提倡的那样）会对以色列与美国的关系造成不可弥补的损害。经过深入讨论，内阁拒绝哈科恩“平等对待”（evenhandedness）的主张，转而支持西方（美国）对中国的立场，而这一对华立场在很大程度上是受“冷战”的影响。直到那时，以色列一直享有的外交自由（维持事实上的不结盟政策）不复存在。从那时起，在以色列就存在关于“失去机会”的激烈的政治与外交辩论。这一辩论甚至在1992年以色列和中国同意建立全面外交关系之后仍在继续。

从1956年苏伊士运河战争到1967年的“六日战争”，中国与以色列的关系未有明显改善。相反，这十年目睹了中国对阿拉伯和巴勒斯坦事业不断增加的支持。

直到1979年，在中国和越南的边境战争期间，以色列与中国关系才迎来一个新的黎明。中国人民解放军发现，自己难以有效地驱逐越南军队，从而寻求军事和技术援助，援助提供者最好有在苏制武器方面的经验，特别是要能够升级他们的装备。具有讽刺意味的是，以色列是能够满足中国迫切需求的几个少数国家之一。以色列在1967

年和1973年的中东战争中缴获了大量的苏制武器，因此，它对这类武器非常熟悉。以色列军事工业对这些有些过时的苏联装备进行了令人印象深刻的改造。肖尔·N. 艾森伯格（Shoul N. Eisenberg）是一个世界性的犹太商人和企业家，他在以色列军事工业和中国之间扮演了至关重要的中介角色。[①] 在两国军队进行军事合作时期，以色列向解放军提供升级后的T59坦克，该坦克最初由苏联设计，以色列为其重新装备了105毫米火炮。[②] 现在，与以色列的关系似乎越来越重要。这是两国走向建立恰当关系之路的开始。

在中国处于困境之际，阿拉伯—以色列外交关系的新进展为改善中以合作铺平了道路。1977年，埃及总统萨达特（Sadat）访问以色列。1979年，以色列和埃及签署了和平条约。从此，中国与巴勒斯坦的关系有所下降，以色列与中国的关系稳步改善，尽管中国对以色列一再入侵黎巴嫩进行猛烈批评。

1989—1991年，中以关系显著改善。中国在特拉维夫开办了一个旅游办事处，以色列向北京派遣了一个学术特派团。[③] 此外，苏联解体，中国推进现代化建设和它对以色列有能力帮助实现这一目标的信念，相信美国存在犹太人游说团，与巴勒斯坦的紧张关系以及1991年的海湾战争（战争期间以色列受到伊拉克飞毛腿导弹的攻击但忍住未进行报复），所有这些因素组合在一起，成为两国关系正常化的催化剂。此外，作为安理会常任理事国，中国很清楚：如果没有与耶路撒冷的全面外交关系，以色列会干脆拒绝中国作为中东地区的一个合法力量。

---

① 1987年，以色列政府决定培养与中国的贸易关系，阿摩司·犹丹（Amos Yudan）被挑选出来进行这项工作，他在中国香港成立了一个商业公司，名为科培科公司（COPECO）。该公司为两国商业关系的建立提供了很大帮助。

② T59是无处不在的苏联T-54A坦克的中国产版本。它构成了中国陆军的脊梁，直到21世纪初。

③ 该机构由约瑟夫·沙赫维特（Joseph Shalhevet）教授领导（1990年获得任命）。1992年，当与中国建立外交关系后，他担任了以色列的文化参赞。由鲁文·默拉夫（Reuven Merhav）领导的以色列驻中国香港总领馆在中以建交的准备过程中发挥了很大作用。

二　1992 年以来的中以关系

1992 年，以色列和中国正式建立了外交关系。双方在北京和特拉维夫建立各自的大使馆后，两国之间的经济和商业关系开始增长，最初增长较为缓慢，后来较为迅速。以色列将高科技、化工、通信、医疗光学和农业等领域的技术出口到中国大陆。中以贸易（其中 3/4 是中国向以色列出口）在 2006 年迅速攀升，达到约 38 亿美元。2008 年，这一数字达到 55.3 亿美元（包括钻石），使中国在以色列的贸易伙伴中跃升到一个显著位置。尽管受国际金融危机的影响，2009 年双方贸易仅下降了 17%（至约 45 亿美元，包括钻石），而到 2010 年则快速恢复，增长了 48%（达到 67.8 亿美元）。2011 年增长了 19%，与 2010 年相比，2012 年增长了 32%。2013 年的数字为 80 亿美元。[①] 以色列从中国的进口总额在 2011 年达到 54 亿美元，向中国的出口总额为 27 亿美元。[②]

与中国的贸易业务不包括中国香港，虽然其中很大一部分被重新转向大陆。因此，实际贸易额要高于官方公布的数字。过去的数字不包括以色列向中国的军售，而其中的利润是非常丰厚的。在冷战时期的 20 世纪 70 年代和 80 年代初，根据外界观察家的估算，这些交易达到 30 亿—40 亿美元。由于美国政府对以色列施加的压力，这样的交易显然无法继续下去。[③]

---

① 这些数字来自工业、贸易与劳工部部长纳夫塔利·贝内特（Naftali Bennett）在访问中国期间的讲话。Israeli Ministry of Industry, Trade, and Labor Website, http://www.moital.gov.il/NR/exeres/D46E2959 - B545 - 4D7E - 9DFD - 239906B520C9.htm, Retrieved Aug. 2013.

② http://www.israeltrade.org.cn; http://www.tamas.gov.il and memoranda sent to the author by the Trade Representative to China, Embassy of Israel, Beijing, August 8, 2008 and March 2009.

③ 事实上，2009 年 1—4 月中以贸易与 2008 年同期相比下降了 18%。The Israel Export and International Cooperation Institute, Accessed July 7, 2011.

对于以色列来说，幸运的是，中国不仅对军事硬件感兴趣，还存在扩大民间贸易的前景。中国对以色列的先进技术感兴趣，特别是在农业、电信和国防等领域。以色列的“全球环境服务”（Global Environmental Services）参与了中国内蒙古500万美元的水净化项目。中国还对太阳能技术表现出特别的兴趣。

以色列向中国出口最多的是高科技，有几个老牌公司已经进入中国市场。与其他国家一样，以色列公司进入中国市场并非总是那么容易。事实上，以色列企业在中国损失了多少钱还有待研究。

以色列常常是仅次于俄罗斯的中国第二大武器供应商，向中国提供包括坦克通信用电子元器件、光学仪器、飞机和导弹在内的一系列武器。除收入因素外，以色列还希望它向中国销售军事技术能确保中国同意不向以色列在中东的敌人出售特定的武器。然而，这样的安排给美国和以色列的关系造成了相当大的压力，特别是因为以色列是接受美国援助最多的国家。事实上，自1992年以来，美国政府已对以色列向中国转移本土及美国衍生的军事技术表示关切，特别是爱国者防空和导弹防御系统（Patriot Air and Missile Defense System）、狮式战斗机（the Lavi jet fighter）以及法尔康（Phalcon）预警机和哈比（Harpy）反雷达无人驾驶飞机。[①] 至于爱国者导弹的交易，美国的怀疑从来没有被证明，以色列也一直坚决否认。

缺乏先进的电子和信息采集设备长期困扰着中国军方。在20世纪90年代中期，以色列同意以每架2.5亿美元的价格向中国出售法尔康——由以色列开发的复杂的机载雷达系统。这种改进的预警雷达侦察机（AWACS）将使中国指挥官能够收集情报并从远处控制飞机。然而，以色列向中国出售飞机的决定引发了五角大楼的关注。最初，克林顿政府敦促以色列取消交付，并遏制以色列向中国军队销售其他武器。后来，美国向以色列施加了更大的压力。

---

① 关于这一问题，网上有很多参考资料。对此进行的总结和解释请参见 Aron Shai, “China and Israel – Strange Bedfellows 1948 – 2006”, *Op. Cit.* 。

最终，尽管以色列一再向中国保证会不顾华盛顿的压力兑现承诺，向中国出售法尔康，2000 年 7 月以方还是取消了交易。以色列总理埃胡德·巴拉克（Ehud Barak）曾多次保证会完成这笔交易，而且以方取消销售的通告是在2000 年4 月江泽民访问以色列之后不久发出的。毫不奇怪，以色列违反承诺以及对中国领导人的羞辱导致了以色列和中国之间的外交裂痕。

这次法尔康事件在以色列国内激起了激烈的辩论。以色列官方称，美国一直没有足够清楚地表明要反对这笔交易。就以色列而言，这源于与美国政府之间的误解。最终，以色列向中国支付了3. 19 亿美元，一部分是退还中国支付的定金，另一部分是为取消交易所做的补偿。双方就这一数额所达成的一致对以色列来说简直是死里逃生，因为中国最初要求 6. 3 亿美元作为成本费用，另外 6. 3 亿美元作为间接补偿。这样，加在一起数额达到 12. 6 亿美元，以色列会发现，这是一笔几乎不可能支付的款项。

像法尔康一样，以色列的哈比无人机完全是以色列的技术产品。哈比对中国大陆来说无比宝贵，可以使其在台湾海峡占据优势。显然，美国和中国在这一无人机所使用的技术方面都落后于以色列。1994 年，以色列将一批哈比无人机出售给中国，然后，在 2004 年和 2005 年以色列承包了服务并对无人机（或其部件）进行维修，正是出于此目的这些无人机被运抵以色列。

五角大楼反对这一举措，即使这是以色列和中国之间所签合同的一部分。美国人认为，以色列不仅是为了为哈比飞机提供服务，而且打算将这些飞机进行升级，但以色列对此予以否认。在 2004 年年底，国务委员唐家璇访问了以色列。这是法尔康事件后中国高级官员首次访问，唐家璇的访问增加了美国对中以关系的怀疑并引发了其对哈比交易的反对。中国台湾的安全再次成为美国对以色列的主要忧虑。美国人要求以色列不要将这些哈比无人机归还中国，即便这些飞机毫无疑问是中国人的财产。最终，以色列是未经服务就归还了这些哈比无人机还是根本就没有归还就不得而知。不管怎样，以色列同意向中国支付相当数额的赔偿。此外，在2005年9月初，尽管以色列外交部部长西尔万·沙洛姆（Silvan Shalom）对整个事件表示遗憾，以色列国防部总干事阿莫斯·亚龙（Amos Yaron）还是因为美国要求他辞职而离开国防部。哈比事件使美以关系跌到自二十年前以色列间谍乔纳森·波拉德（Jonathan Pollard）案以来的低谷。

此后，美以之间就向中国转移技术所需要明确遵守的规则达成一致，或者更准确地说，美国口授了规则。此外，美国人对以色列出口给中国的大型和小型设备，以及适用于军用和民用（两用）目的的组件施加了限制。据中国消息人士透露，新规定大大阻碍了向中国的民用出口，因为所有物品都必须仔细审查、核对和反复检查以确保这些物品符合美国标准后才发往中国大陆。尽管有这样严格的检查，中国方面还是不确定以色列是否能够履行合同。此外，中国一直可以对以色列企业进行制裁，不仅在大陆而且在中国香港。这实际上也沉重地打击了以色列向世界其他地区的出口，因为其他国家对美国可能的禁运感到不确定，这严重损害了以色列的出口贸易。

以色列和中国关系的改善未能阻止中国向以色列的潜在敌人（如伊拉克和伊朗）出口武器。相反，中国充分利用了海湾国家之间的长期敌对，这种做法以不同的伪装存在了很长时间。事实上，尤其是在第二次黎巴嫩战争中，人们清楚地看到了中国、以色列和中东的新的现实已经浮现。中国现在已处在军事技术的前沿。此外，以色列担心中国会将先进武器卖给非政府组织。[①] 在第二次黎巴嫩战争中，真主党发射的一枚导弹毁坏了以色列军舰Hanit（一艘萨尔5级导弹舰），并造成四名以色列国防军士兵丧生。有人认为，伊朗精锐部队帮助发射了一枚十年前从中国购买的C－802“蚕式”

① Israel Ministry of Foreign Affairs，Http：//www. mfa. gov. il/MFA/Terrorism，July 15，2006，Retrieved July 2011.

(Silkworm) 导弹。

中以文化关系中一定程度的平静甚或倒退之后迎来了两个突出的成就：1995 年以色列爱乐乐团到北京演出，2001 年在耶路撒冷以色列博物馆举办了为期四个多月的中国传统展。从中国带来的展品数量看，这次展览史无前例。在展览现场还举办了艺术节活动，包括歌剧、杂技、舞蹈和各种其他传统活动。

2000 年秋季，以色列计划在中国的五个城市举办爱因斯坦生活展。[①] 展览最终被取消，因为中国文化部坚持将三个与这位著名物理学家生平相关的事实从展览中删除：爱因斯坦是犹太人；他支持建立犹太国家；以色列第一任总理邀请他担任第二任总统（但被这位老教授回绝）。面对加剧的阿以紧张局势，中国也许缺乏动机来转移阿拉伯的批评攻势，批评将不可避免地会反对强调爱因斯坦与犹太国家的联系。

不过，以色列和中国继续致力于尖端技术合作。大约在法尔康交易取消和爱因斯坦僵局之时，中国签署了与法尔康合同几乎同等价值的协议，购买以色列制造的 HK1 和两个卫星用来转播 2008 年北京奥运会。这提供了中国将经济和外交进行明确区分的很好例证。了解中国人的这一行为和心理有助于解释以中关系中的明显差异，例如，中国官方一方面批评以色列对巴勒斯坦权力机构的政策，另一方面又与以色列公司签署大量合同以购买高科技设备。

整体而言，2002 年和 2005 年哈比事件的双边关系及两国之间的商业关系平稳进行。一个以色列军事代表团访问了中国，一个中国代表团访问了以色列；中国副总理访问了以色列，以色列议会成员访问了中国；一个中以旱地研究中心继续它的合作研究，双方在中国西部省份寻求联合研究项目。

到 2013 年，两国之间的教育与学术联系已日益密切。中国学生

① Shai, "China and Israel – Strange Bedfellows 1948 – 2006".

在以色列的地方性大学学习并开展各自领域的研究。例如，在特拉维夫大学，孔子学院活动积极，不仅进行学术研究，而且向其成员教授中国语言，包括在校学生。越来越多的以色列学生前往中国各省份，学习中国语言、文化和特定的学科，包括中药。事实证明，两国和各自学术机构之间的各种交流活动富有建设性，取得了很好的效果。毫无疑问，不管是在官方层面还是民间层面，两个民族之间的相互认识和了解正在不断加深。在这方面，一个很明显的特点是，越来越多的中国小说和古典哲学译作被介绍给希伯来人读者。同样，很多关于犹太教、犹太人历史、以色列现代文学以及中东问题的以色列著作已经被翻译成中文并在知识界传播。中国专门关注以色列和阿以冲突的网站也很常见。

三　在中东地区获得立足点

2000 年 9 月，以色列占领区爆发了第二次巴勒斯坦人暴动。像世界上大多数国家一样，中国政府对全球恐怖主义的威胁一直高度警惕。因此，即使它已经转向对巴勒斯坦事业给予更大的支持并严厉批评以色列在巴勒斯坦地区采取的行动，中国也意识到了自己的问题，即穆斯林人口聚集的新疆维吾尔自治区出现的问题以及面临的恐怖主义威胁。[①] 甚至在 2009 年 7 月危机之前，一些巴勒斯坦人士就将新疆称为“被占”领土。中国认识到，过于强烈地提倡巴勒斯坦人和以色列阿拉伯人的自决权可能会给自己带来危害，影响新疆和西藏的微妙局势。

总体而言，到 2006 年年初，继哈马斯在巴勒斯坦民族权力机构

① For more on Xinjiang in this context see, for example, Colin Mackerras, “Xinjiang and the War against Terrorism”, in *China and Antiterrorism*, Yitzhak Shichor, “Ethno – Diplomacy: The Uyghur Hitch in Sino – Turkish Relations”, in *Policy Studies* 53, East – West Center (Honolulu, 2009).

的立法选举中获胜，以及美国对伊朗核能源计划和中东军备竞赛的强烈关注，中国在这些问题上的政策已经变得温和。中国为适应加沙的新领导人和德黑兰政府做好准备，同时它也更多地参与到阿拉伯—以色列—巴勒斯坦冲突中去，并向黎巴嫩派遣维和部队及参加那里的联合国观察团。

中国中东政策的另一个例子是2009年4月下旬前外交部部长杨洁篪对中东的访问。在讨论中，他呼吁中东和平进程取得进展："我们呼吁有关各方采取建立信任的措施以稳定局势，并为巴以和谈的重启铺路。"在与巴勒斯坦权力机构主席马哈茂德·阿巴斯（Mahmoud Abbas）会晤后，杨如是说。他还表示，希望看到以色列—黎巴嫩和以色列—叙利亚之间的和平谈判尽早开始。[①]

在会见以色列总理内塔尼亚胡时，他重申了中国的政策，并表示中国愿意为推动巴以和谈提供帮助。事实上，正如中国的高级外交官所指出的，中国希望在中东问题的解决上发挥建设性作用。[②]

2009年4月26日，杨洁篪在大马士革的举动进一步验证了中国在这一地区扮演更为积极角色的兴趣，他发表了推动中东和平进程的五点主张。"作为联合国安理会常任理事国，中方将继续同有关各方保持密切沟通、协调，为推动中东问题的全面、公正、持久解决发挥建设性作用。"在提出建议后[③]，他这样说。

然而，尽管有这样的声明而且还派出了特使，但直到最近中国在中东地区的投入几乎还是感觉不到。中国的默认立场在很大程度上是亲阿拉伯的，主要是出于能源利益和它在第三世界国家的传统

---

① Quoted in http://news.xinhuanet.com/english/2009-04/23/content_11238582.htm.

② See, for example, *China Daily*, http://www.mp3-mp4-ipod.cn/china/2009-04/24/content_7711957.htm, and http://www.china-un.ch/eng/xwdt/t558942.htm, April 23, 2009.

③ See "Foreign Minister Yang Jiechi Makes Five-point Proposal to Promote Mideast Peace Process", http://www.mfa.gov.cn/eng/wjb/wjbz/2467/t559690.htm.

政治和意识形态利益。它似乎对中东的石油有相当大的依赖。① 这也难怪，因此，中国总体上采取了对阿拉伯世界和德黑兰的包容政策。甚至有人说，中国的地缘政治力量将越来越多地取决于其是否能够获得中东地区巨大的石油供应。另一个有趣的事实表明，许多中东和非洲向中国出售石油或出让开采权的国家是中国武器的买家。军售给中国一个机会，使它在本地区获得立足点，或许从更具战略性的角度看，是为了确保其日益增长的能源利益而建立长期联系。②

然而，在21世纪的第二个十年开始之际，我们可以看到在国防和安全事务方面中以关系相对改善。2011年6月12—16日，以色列国防部长埃胡德·巴拉克访问中国。这类访问是十多年来的首次。这无疑是中以关系自2000年以来的一个重要突破。访问期间，巴拉克会见了他的中国同行——参谋长和副总理。他对中国军队进行了官方考察。虽然没有迹象表明两国就武器销售和军事技术转让达成具体协议，但应注意的是，在巴拉克访问3周后，据了解，以色列工业部门将参加在成都建设一个喷气式飞机工厂的国际招标。招标由中国航空工业集团公司（AVIC）发起，加拿大和美国公司与以色列一起参加了招标。

2011年8月14日，中国总参谋长陈炳德抵达以色列。他会见了总统佩雷斯（Shimon Peres）、总理内塔尼亚胡（Binyamin Netanyahu）、国防部长埃胡德·巴拉克和以色列国防军参谋长本尼·甘茨（Benny Gantz）。③ 双方可能对战略问题、在各技术领域的合作以及国际招标进行了讨论。

可以说，2011年夏天标志着中以关系的一个转折点。这一趋势

① For more on this topic see, e. g. , *China Daily*, http: //www. chinadaily. com. cn.

② William Pentland, "Did the U. S. Invade Iraq to Contain China?", blogs. forbes. com, Jan 7 2011.

③ Yaacov Katz, "Chinese Army Chief is Due in Israel Next Week", *Jerusalem Post*, http: //www. jpost. com/Defense/Article. aspx? id = 232878, 8 Aug. 2011. Retrieved Aug. 2013.

在2012年和2013年仍在持续，尽管中国激烈地批评以色列2012年12月在加沙采取的“防务支柱”（Pillar of Defense）军事行动。2012年8月，中国人民解放军海军第11批护航编队的“青岛”号导弹驱逐舰、“烟台”号导弹护卫舰和“微山湖”号综合补给舰抵达以色列北部的海法（Haifa）港进行为期四天的友好访问。① 这是中国海军舰艇编队第一次访问以色列。以色列官员访问了中国。一次这样的访问发生在2013年7月，以色列工业、贸易和劳工部部长纳夫塔利·贝内特（Naftali Bennett）会见了诸如国家发展和改革委员会副主任等中国官员。作为前企业家的贝内特试图解决在中国外资企业的敏感问题，并帮助以色列企业进入中国市场。② 在此访问之前，总理内塔尼亚胡于5月访问了中国。这是自2007年埃胡德·奥尔默特（Ehud Olmert）之后以色列总理首次访华。内塔尼亚胡会见了总理李克强，两国领导人决定成立一个特别工作组，研究两国经济与社会合作。他们也签署了在诸如农业、科技、金融和教育领域的合作文件。③ 内塔尼亚胡重申，中国是以色列经济持续增长的一个重要引擎。“我们不需要竞争，”他说，“我们一起努力，我们就可以在世界竞争中占据优势地位。”

在以色列总理访华期间，巴勒斯坦民族权力机构主席马哈茂德·阿巴斯也进行了自己的中国之旅。中国因此非常明确地表明，他们不再把中东和平进程只留给美国和欧洲。新一届领导人习近平和李克强的外交政策似乎发生了微妙的变化，新政策允许中国出头，不仅是作为一个领先的经济强国，而且要突出中国的外交力量。因此，中国需要解决敏感问题，主要是以色列和巴勒斯坦的冲突，并维持与以色列和巴勒斯坦双方的良好关系。中国的想法（从

---

① Chen Dianhong and MiJinguo People's Daily on Line, August 15 2012. Retrieved Sept. 6, 2013.

② Ministry of Economy (in Hebrew), http://www.moital.gov.il/NR/exeres/D46E2959-B545-4D7E-9DFD-239906B520C9.htm, 8 July 2013.

③ "China, Israel Boost Cooperation", *China Daily*, http://www.chinadaily.com.cn/china/2013-05/09/content_16486378.htm, 9 May 2013, Retrieved Aug. 2013.

未实现）是让两国领导人在中国的土地上会面，这似乎成为中国未来的一个动向。有趣的是，在内塔尼亚胡访问之前，有以色列打击叙利亚军事基地的报道。中国外交部发言人华春莹为了不破坏访问，很克制地对打击行动进行了批评并避免提及以色列。习近平和李克强在与内塔尼亚胡会晤时强调，要为双方重启谈判创造良好的条件，以推动整个地区的和平。①

中国外交政策的转变可能对华盛顿与耶路撒冷的传统友好关系带来影响。据报道，在内塔尼亚胡的访问之后，他屈服于中国施加的压力，阻止以色列前情报官员乌齐·沙亚（Uzi Shaya）在纽约的一次审判中出庭作证。该案件涉及中国银行。该银行（有人声称但没有证明）充当了一次巴勒斯坦恐怖袭击行动的资金渠道，一名美国公民在这次袭击活动中丧生。因为从以色列政府那里得到了相关以色列官员会出庭作证的保证，受害人的父母决定起诉中国银行。中国政府最有可能威胁取消内塔尼亚胡的访问，除非他阻止这次出庭作证。

一些分析家认为，当中国和美国之间因为网络安全和知识产权盗窃问题而变得紧张时，内塔尼亚胡选择了中国。美国参议院和受害者家属自然对这一决定进行批评，但是，直到今天，以色列并没有被要求为这一事件付出真正的代价。中国官员对内塔尼亚胡的访问如此描述："确定了中以关系在未来几年的方向，将双边关系提高到一个新的水平。"② 要问的问题是，耶路撒冷有没有重复十年前军售惨败的错误路径。中国人并没有表现出和平解决争端的兴趣，

---

① Multiple reports on the visits. See, for example, *The New York Times*, http://www.nytimes.com/2013/05/09/world/asia/china-dips-a-toe-into-mideast-diplomacy.html? emc = tnt&tntemail1 = y&_ r = 2&, *The Jerusalem Post*, http://www.jpost.com/Features/Front-Lines/A-match-made-in-heaven-312722Times of Israel: http://www.timesofisrael.com/china-offers-subtle-signals-of-encouragement-for-netanyahu/ All retrieved on August 2013.

② Sam Chester, "Netanyahu Favors Chinese Interests in Terror Case, Causing Dismay All Around", *Tablet*, http://www.tabletmag.com/jewish-news-and-politics/141261/netanyahu-chooses-china? all = 1 Aug. 20, 2013.

以及实际上向以色列口授了其主张这样的事实，是否是中国未来政策的迹象？新的更具参与性的中国外交政策是不是其在未来将更自信和更强求的前兆？

四　国际视角与未来展望

在国际金融危机爆发之前，中国史学家对诸如西班牙、英国，甚至美国等大国的兴衰进行了研究。这一研究的更新版本被提交给中国共产党中央政治局委员并以 12 集电视系列片的形式呈现。终究，中国本身已经成为一个帝国（虽然没有殖民地）和主要的国际力量，虽然国际舆论还没有将这一发展内化于心。中国积累了大量的外汇储备，例如，如果中国决定以谨慎和深思熟虑的方式将其很大一部分外汇储备转为欧元，这会对美国经济带来很大的损害。实际上，中国已具备了影响世界最主要大国命运的能力，更何况是其他国家。

“冷战”结束后，一个老生常谈的话题是两极体系不复存在，美国成为唯一的超级大国，并且其霸主地位历经 20 年仍不可动摇。这一共同的信念似乎没有将中国的“和平崛起”考虑在内，这一点在当前的国际金融危机爆发之前尤其明显。

因此，就以色列的大战略而言，中国的经济和财力表现以及其全球外交战略崛起的前景应引发以色列对中国全球定位重点的认真思考。此外，中国向诸如以色列这样的美国盟友国家寻求科技合作的意向很可能成为中国与美国之间争论的焦点。当影响在中东被感知的时候，这些问题将成为以色列的当务之急。

如果中国对自然资源的需求再次增加，这可能会引发华盛顿深深的忧虑，并在以色列和中东地区导致一系列危险的连锁反应。事实上，从历史上看，两个大国为争夺生存空间而产生的冲突可能会导致非常不幸的结果。正如在朝鲜战争期间的紧要关头，以色列会发现，两国争夺会对自己的处境产生深远的影响。

20 世纪 70 年代，面临预算削减，外交部决定关闭其在中国香港和韩国的使领馆，从那时至今已过去了很长的时间。在那些日子里，以色列以欧洲为中心的倾向是如此强烈，在巴黎或纽约一个外交官的任命被认为比维护在新兴东亚国家的使领馆更为迫切。

2009 年 3 月，以色列在广州开设了总领馆。这是为了加强以色列与中国广东、广西、福建和海南四省份的合作，这四个省份的人口约为 2.2 亿，面积是以色列的 30 倍。诸如加强农业与用于和平目的的技术合作、向以色列宣传中国旅游业等措施正在用来使中以贸易额增加一倍甚至两倍。鉴于目前美国向以色列施加的对华战略出口限制，这些措施似乎很有必要。这些限制和中国可能会进行的制裁（在特定情况下是针对以色列企业）可能意味着对以色列在世界其他地区出口的严重打击。因此，中以贸易增加的前景还远不确定，耶路撒冷对双边贸易关系的希望也可能不会成为现实。

以色列与中国关系的急剧变化可能会被视为是一个不明智和不成熟的举动，这可能会对以色列带来威胁，即华盛顿的充分同情和支持。在法尔康和哈比事件后，美国当局对以色列施加的限制使以色列处于艰难境地，它不得不继续无条件接受美国的要求，这无疑会令那些对以中贸易充满希望的人感到失望。尽管如此，问题仍然是：是否应该尝试采取更具想象力和创造性的措施。

从中国的角度看，改善与以色列和犹太人民的关系可能会招致中国内部穆斯林少数民族的反对，这让人想起了过去以色列与印度之间的关系。稳健的中以关系也可能危及中国与更广大穆斯林世界的关系，并妨碍其与中东石油生产商的关系。另外，中国和以色列更为紧密的联系可能会使中美关系受益。

鉴于上面的叙事和论述，尽管存在各种制约因素，现在看来，应该进一步采取措施，改善中以关系，使以色列从与中国日益紧密的关系中受益。以色列应该渐渐地阐释另一种谨慎的新政策。其决策者必须深刻地认识新的全球形势，未来的世界不再是只有一个霸权国，而是两个或三个。不管未来的世界是两极还是三极，中国都将在其中扮演重要角色。

正如前面提到的，以色列似乎应该定期对其整体中国政策进行重新评估。虽然它可以期望向中国出口更多的民用产品和技术，但是，军用物资出口要想再度兴起已不太可能，至少在可预见的未来是这样。甚至出口那些军民两用产品都会很困难。耶路撒冷也应该认真检查，看看是否已经尝试了所有的努力来加强与中国的贸易。另外，需要采取具体步骤来加强在中国知识分子中存在的亲以色列情怀，并让中国公众更多地了解以色列。各个领域的以色列人应该接近有潜力成为中国下一代领导人年轻人（既在国家层面上也在地区层面上），并寻求在“中性”领域（包括农业和科学领域）进一步深化合作。加强与中国各方面非正式的、学术与研究方面的联系也非常重要。

国际舞台上正在发生一场安静但重大的转变，耶路撒冷的决策者应当注意而不要忽略它。他们甚至应该朝中国迈出更大胆的步伐，尽管有时这似乎不切实际。

第二章 中以关系：过去、现在与未来

李绍先 陈双庆

中华人民共和国和以色列国自1992年1月正式建立外交关系以来，已走过20多年历程。抚今追昔，中华民族和犹太民族从相知、相逢到相遇，可谓历尽波折。建交后，两国关系虽总体发展顺利，但也经受了风浪的考验。展望未来，渐趋理性、成熟的中以关系前景光明，充满机遇和希望。

一 回首过去

中华文明和犹太文明都是世界“最古老现存文明”的代表，中华民族和犹太民族分别位于亚洲东端和西端，形成拥有悠久历史和灿烂文化遗产的两大古老文明体系。一端是中国，炎黄子孙在自己的国土上谱写了源远流长、绵延数千年的文明史；另一端是以色列国，亚伯拉罕的后裔在历经磨难的两千年大流散后，依然保持着民族、宗教和文化一脉相承的延续性。①

犹太民族和中华民族的关系可追溯到中国的唐朝，当时的犹太人沿着丝绸之路进入中国。到了宋朝，犹太人社团在当时的都城开

［作者简介］李绍先，宁夏大学中国阿拉伯国家研究院院长；陈双庆，中国现代国际关系研究院副研究员。

① Aron Shai, Sino－Israeli Relations: Current Reality and Future Prospects, Memorandum No. 100, September 2009, The Institute for National Security Studies, p. 17.

封生息繁衍并与当地汉族相互融合，从未发生像在欧洲等地当地民族对外来犹太民族的宗教、政治和经济歧视、排挤现象。据以色列《耶路撒冷邮报》报道，开封现有约 1000 名具有犹太人血统的居民，他们的祖先是于公元 8—9 世纪期间在中国定居并形成犹太社团的塞法拉迪犹太商人，最多时达 5000 人，后经与当地汉人通婚和同化，于公元 19 世纪期间消亡。[①] 直到 19 世纪末和 20 世纪上半叶，中国的历史学家才发现，已完全被同化的开封犹太人，从一个侧面反映了两大文明的相互兼容性。

1840 年鸦片战争后，在中国上海出现了塞法拉迪犹太商人集团。20 世纪初，大批俄罗斯犹太难民逃到中国，在上海、哈尔滨等地安家落户，形成近代犹太人移民中国的一次高潮。在 1937—1939 年的第二次世界大战期间，上海收容了约 5 万犹太难民并使他们在当地安居乐业。值得一提的是，移居中国的犹太人不必为了保护自身权益甚至安全而被迫变更其犹太人的名字或隐瞒身份，与其在欧洲和苏联的境遇形成鲜明对照。20 世纪 40 年代，一些犹太人还加入了中国国籍，并参加了中国的抗日战争，与中国共产党一起抗击日本侵略军。[②]

犹太民族和中华民族能够实现相互融合的原因是多方面的。

第一，中国传统文化本身具有兼容并包、海纳百川的胸怀和气度，也没有像基督教和伊斯兰教国家因与犹太教素有宗教矛盾、彼此“纠结”而遗留下的心理包袱，从而能够以最为温和、宽容的态度接纳犹太人。在汉语中，植根于《圣经》的“犹太”一词没有任何消极内涵。同时，两个民族在文化传统方面也都具有注重家庭、伦理、崇尚教育等多重相似性，形成潜移默化的深层次亲近感。

第二，19 世纪 30 年代，随着基督教的传入和《圣经》被译成

① Sam Sokol, China's "lost Jews" to hold first Passover Seder in Kaifeng, *The Jerusalem Post*, April 9, 2014.

② Dr. Shalom Salomon Wald, China and the Jewish People, Old Civilizations in a New Era, *Strategy Paper*, Copyrights 2004, The Jewish People Policy Planning Institute, p. 61.

中文，中国人对犹太人的概念和意识也潜滋暗长。犹太人在中国人心目中形成特有的印象，其中包括犹太人和中国人一样，都是西方“白人”的受害者和牺牲品。[①] 正是出于对两个民族这种“同病相怜”的感知，在19世纪下半叶，随着犹太复国主义的兴起和发展，真正意义上的现代犹太人进入中国人的视野。另外，曾获得奥斯卡奖、反映犹太人惨遭德国纳粹大屠杀的电影《辛德勒名单》给中国人留下深刻印象，出于深受日本帝国主义侵略、屠杀伤害的相似经历，中国人对犹太人的悲惨遭遇深表同情。

第三，犹太人善于经商是中国人对犹太人最初的重要印象之一。据早期（可追溯到1850年）对犹太人的历史记载，当时的中国旅行家和学者游历西方国家并在其著述中提到犹太人，对犹太人的总体印象大体形成，主要包括：富有、有才能，尤其是在商业领域表现突出，以及在美国的金融等领域具有巨大的影响力。[②] 在中国人心目中，犹太人具有超强的致富能力，值得尊敬和效仿。对普通中国人来讲，致富、好工作和成功是人生三大梦想，在中国人心目中，犹太人作为“财富象征”的印象与他们的成功和影响力息息相关，密不可分。“财富 + 成功 + 力量”成为许多中国人向往和追求的目标。在这方面，犹太人树立了学习的榜样。

中国人惊奇地发现，爱因斯坦、马克思和弗洛伊德等耳熟能详、为西方文明做出了卓越贡献的世界巨匠均是犹太人，犹太人中诺贝尔奖获得者比例之高令人有高山仰止之感，不禁感叹占世界人口比例如此之小的民族何以对世界文明做出如此之大的贡献？经了解得知，原来犹太人成功的一大“秘诀”在于他们历来重视教育、视教育为民族和个人立身之本，并在教育中注重智慧、能力的培养和知识的积累。这与同样重视教育的中国人殊途同归。

第四，作为区区“弹丸小国”的以色列，却拥有强大的军事能

① Dr. Shalom Salomon Wald: China and the Jewish People, Old Civilizations in a New Era, *Strategy Paper*, Copyrights 2004, The Jewish People Policy Planning Institute, p. 48.

② Ibid., p. 65.

力、超凡脱俗的情报和特工能力，特别是大名鼎鼎的以色列情报机构摩萨德创造的一个个充满传奇色彩的间谍情报故事，深深地打动了中国民众的好奇心。此外，受到改革开放大潮冲击的中国人，对同样古老的犹太文明何以"与时俱进"，成功地实现传统与现代的交融，既保留了作为民族"纽带"的犹太教，又造就了跻身西方发达国家行列、民主、现代的以色列充满敬意。

犹太人对中国的认知也由来已久。以色列开国总理本－古里安深信：犹太人与中国人有共同语言，称对犹太人来讲，寻求与亚洲伟大文明古国建立精神和文化关系十分重要。① 特别让犹太人永远心存感激的是：中国人民曾在犹太人面临"灭顶之灾"的最为艰难的时期，无私地伸出了援助之手，为惨遭德国纳粹大屠杀的犹太人提供了名副其实的避难所。时任中国驻维也纳总领事何凤山向数千犹太人发放了前往上海的"生命签证"，使他们免遭纳粹的杀害，被称为"中国的辛德勒"。1950 年 1 月，以色列在中东国家中率先承认刚刚成立 100 天的新中国，并竭力与中国建立外交关系。虽然因种种原因，两国与实现关系正常化失之交臂，但以色列一直孜孜以求、诚心诚意地向中国靠拢。究其原因，以色列一直对中国心存好感，意识到中国将成为世界上最重要的国家之一。

尽管以色列早在 1950 年便承认了新生的中华人民共和国，但直到 40 多年后中以两国才正式建立外交关系。这一曲折历程既源于不同时期国际环境的制约，也受制于两国对外战略的不同。第二次世界大战后，形成了以美国为首的西方资本主义阵营和以苏联为首的东方社会主义阵营对峙的国际格局，以色列和中国当时各分属一方，虽然无根本利害冲突，但各自的外交政策取向不可避免地与所属阵营的利益和对外战略相向而行。当 20 世纪 40 年代末苏联支持新成立的以色列国时，中国对以色列的态度也是积极的。但是，在

① Dr. Shalom Salomon Wald, China and the Jewish People, Old Civilizations in a New Era, *Strategy Paper*, Copyrights 2004, The Jewish People Policy Planning Institute, p. 47.

50 年代初朝鲜战争爆发、美国与中国成为战场上的对手后，以色列也对美国亦步亦趋，对中国实施政治孤立和物资禁运。于是，中以不仅丧失了建交良机，而且在其后的两国关系发展过程中，也打上了中国的“一边倒”政策和以色列与美西方结盟政策的烙印。

显然，中国对以政策和以色列对华政策都被限定在各自对外总体战略的框架之下。新中国成立后，面对以美国为首的西方敌视、围堵的险恶国际环境，长期以来将维护国家主权、安全和独立置于对外政策中压倒一切的位置。与之相对应，中国政府一直把支持亚、非、拉各国民族解放作为对外政策的重要组成部分，并借此在国际舞台上发挥重大影响。中国的中东政策与这一对外总体战略的高度一致，决定了中国不可能与属于西方阵营的以色列拉近关系。在以色列的全球对外战略中，一直将与美国结盟视为自身生存和发展的基石，从而使以色列对华政策不可避免地受到美国对华政策的严重影响和制约，美中长期对立也成为以中无法接近的重要原因。在地区层面，旷日持久的战争与冲突使以色列与属于第三世界的众多阿拉伯国家长期处于敌对状态，自然不可能与支持阿拉伯民族解放事业的中国走到一起。

20 世纪 70 年代末中美建交、80 年代初阿以矛盾缓和以及 90 年代初中东和平进程的开启，特别是中国改革开放后经济发展需要等因素，促使中国和以色列各自的对外战略都进行了重大调整，从而为两国最终打开实现关系正常化大门铺平了道路。其中，现实利益的需要成为两国接近的根本性驱动力。

尽管历经波折，但中华民族与犹太民族终于以中国和以色列正式建立外交关系的形式在现代历史舞台上相会。

二　中以关系的积极变化

中以两国建交后，中华民族和犹太民族的传统友谊得到了传承与发扬，中以两国在各个领域的友好交往，特别是务实合作不断扩大和深化，取得了颇为丰硕的成果。

中以关系政治轨道运行平稳，高层互访频繁，中国时任国家主席江泽民、时任全国人大常委会委员长李鹏以及中央政治局常委张高丽、政治局委员刘奇葆等先后访以。以色列前总统赫尔佐克、魏兹曼、卡察夫，前总理拉宾、奥尔默特先后访华。现任总统佩雷斯、总理内塔尼亚胡两次访华。2013 年 5 月，内塔尼亚胡率团访华期间，与中国领导人就加强两国政府间合作机制达成共识，确定成立专门工作组，就规划两国务实合作的重大和具体事项进行磋商并制订工作计划。两国政治关系的稳步发展为双边关系其他领域，特别是经贸关系的发展搭建了良好的平台。

双方在经贸、科技领域的互利合作尤为突出，成为两国关系发展的“主旋律”。中以建交时，成立了两国经贸联合委员会。江苏、广东、天津等多个省市与以方建立起经贸合作机制。中以两国建交 20 多年来，已经在贸易、避免双重征税、投资保护、航空、旅游、财政等领域签订了 20 多个合作协议。双边贸易额已由建交时的 5000 多万美元跃升到 2013 年的约 108 亿美元。[①] 以方于 2005 年 11 月正式承认中国的完全市场经济地位。中国现已成为以色列在亚洲的第一大贸易伙伴和全球第三大贸易伙伴。中国是以色列对外投资的重要目的地国，主要投资项目集中在高新技术、新能源、水技术、节能环保、农业项目、生物医药等领域。以色列是最早在中国设立非法人制合资创投人民币基金的国家，这些基金被广泛地投向中国现代农业、电子信息等高新技术产业。以色列还是中国汽车行业得以较大规模进入的第一个发达国家市场。两国政府共同努力，积极促成以色列经贸代表团到中国寻找有潜力的合作伙伴。中国前往以色列的经贸代表团更是数不胜数。2013 年，仅以色列经济部接

---

① 海关综合信息资讯网，http：//aspnet. china - customs. com/china - customs/search/customs_tax_search. asp? key_word = % D2% D4% C9% AB% C1% D0 + % D6% D0% B9% FA + % C3% B3% D2% D7% B6% EE&Submit = % CB% D1% CB% F7。

待的中国代表团就多达350个。[①] 与之相对应，中国公司对以色列的投资近年来也呈上升趋势。2006年，中土集团（CCECC）中标海法卡马尔公路隧道项目，于2009年7月竣工，2010年开通。2011年，中土集团又与丹亚·科布斯公司联合中标以色列北部吉隆铁路隧道项目，于2012年4月开工，2014年年底完工。2011年，中化集团与以方签署以24亿美元价格收购以色列最大、世界第七大农用化学产品制造商马克西姆·阿甘公司60%股份的协议。这是中以建交以来两国间最大的一个投资项目。[②] 2014年2月，中国上海光明食品集团与以色列最大食品公司特努瓦（TNUVA）达成并购协议。[③] 中国公司还通过风险资金对以色列技术公司进行投资。例如，中国电脑企业巨头联想集团投资VERTEX VC公司，在固定与移动通信、数字媒体和环保技术等领域为多家以色列公司提供资助。据报道，联想集团这一投资举措是其加强在以色列存在战略决策的一部分。[④]

科技合作成为中以经贸关系的"重头戏"和"引擎"。以色列在农业、生物技术、信息技术、新材料、水资源管理、纳米技术、医疗卫生、可再生能源等领域的发展居世界领先水平，成为中国引进先进技术的重要来源。中以两国建立了中以科技合作基金，开展了广泛的专家交流和科技培训活动。两国政府关于产业研发的技术创新协定于2012年正式启动，并在北京召开首次中以产业研发联合委员会会议，共同资助中以产业的研发合作项目。以色列出口与国

---

① Hagai Amit and Shuki Sadeh, How does it feel to be bought by a Chinese company? *Haaretz*, March 12, 2014.

② Koby Yeshayahou, "ChemChina Completes Makhteshim Agan Buy", *Globes*, Oct. 17, 2011; Guy Rolnik and Eran Azran, "Mission for Israel 2028: Stay Ahead of the Game", *The Marker*, Jan. 12, 2011, http://www.haaretz.com/business/mission-for-israel-2028-stay-ahead-of-the-game-1.336519.

③ Yoram Gabison, Tnuva sale to China's Bright Food grows closer, *Haaretz*, February 11, 2014.

④ Roy Goldenberg, "Lenovo Invests in Vertex's New Venture Capital Fund", *Globes*, Feb. 27, 2012.

际合作协会将中国列为以色列出口的重要市场，特别设立了中国小组，专门帮助以色列高科技企业寻找与中国同行合作的机会，还开设了如何与中国做生意等培训课程。两国在科技方面的合作已从基础研究、农业科技、水资源管理扩展到信息技术、生物、能源、空间等高技术研发领域。中以已签订多项科技领域的合作协定，其中，包括5个政府间科技合作协议、16个部门和地方合作协议。以政府向中方承诺优惠贷款13亿美元，中方累计生效贷款项目达200多个，遍及中国29个省份，项目主要集中于高科技领域。

中国是一个农业大国，以色列的农业高科技举世闻名，中以在农业领域的合作空间广阔。中以两国早在1993年就签署了《中以农业合作谅解备忘录》，1997年成立了中以农业合作联合委员会。以色列在华建立了中以国际农业培训中心、中以示范农场、中以旱作农业培训示范中心以及农业培植和花卉种植、奶牛饲育等示范基地。2013年5月，中以两国又签署了《中以关于促进农业科技创新合作协定》。中以两国相关部门合作在中国新疆建立了农业节水示范项目，已实现节省15%生产用水的效益。在中以奶牛示范农场，因为使用了以色列的饲养技术，使中国的牛奶年产量由原来的4000升达到1.1万升，增加了两倍多，而且没有用任何转基因的东西。[①]以色列在水务管理领域拥有非常全面的技术，海水淡化处理技术、农业灌溉（特别是滴灌）技术更是世界领先，十分适合中国干旱地区的需求，中以双方已在相关领域展开广泛合作。中国水利和农业部门多次组团参加以色列国际农业博览会、国际水和环境技术博览会等。

中以两国军事联系早在建交前便已存在。中以两国建交后，两军高层往来和专业团组互访增加很快，军工、军技合作较为密切。2000年前，两军在坦克改造、军用通信、电子战、无人机、战斗

---

① 《以色列驻华大使安泰毅谈促进中以关系全面发展》，人民网强国论坛，2009年9月10日。

机、空空导弹等领域进行过多项合作，签署了60多个军事合同，据非官方保守统计，总价为10亿—20亿美元。[①] 2007年，经过大幅波折并一度陷入停滞的两国军事交流重启，双边军事关系逐步恢复。中以两军高层互访及交流活动也进入了一个新阶段，2011年，中国人民解放军总参谋长、海军司令访以，以色列副总理兼国防部长访华。2012年，以色列国防军总参谋长访华，中国海军护航编队访以。2013年，以色列国防军军情部长访华，中国国防大学校长、空军参谋长助理等访以。中以两军在后勤、反恐、救灾等领域逐步展开培训合作。

中以两国在文教、旅游等领域的合作也获得长足发展。在教育领域，两国互派留学生，实现人员互访，开发合作研究项目。中国于1992年开始向以色列高校和科研机构派遣留学、进修人员，迄今已达2000多人次，集中在理、工、农、生物和医药等领域。以色列赴华留学人员每年为50—70人，主要学习中文、中国文化和中医等课程。以色列特拉维夫大学已成立孔子学院，希伯来大学也于2013年5月与中国国家汉办签署了建立孔子学院的协议。目前，以色列国内民众的“汉语热”和“中国热”不断升温。以色列于2011年将中文列入中学教学内容，并于同年7月首次举行全国汉语考试，以色列民众学习中文的热情日益高涨，无疑将为以色列未来开展同中国合作提供了更多支持和便利。中以两国于1993年签署第一个文化合作协定，迄今已签署6个文化交流年度执行计划，推动双方在文化、艺术、文物、电影、电视、文学等领域交流与合作迅速发展。2011年，中国文化部长蔡武在访问以色列并出席总统会议之际，与以方签署了两国政府间文化合作协定2011—2015年度执行计划。2012年，包括“电影周”在内的中以建交20周年系列庆祝活动颇具成效。2014年“欢乐春节”活动在以色列6大城市共举行

---

① Ze'ev Schiff, "U. S. Orders Israel to Increase Control of Security Exports", *Haaretz*, June 12, 2005.

11 场演出，在以色列民众中受到广泛欢迎。2005 年，中国宣布给予以色列作为中国公民出境旅游目的地国地位。2007 年，中国国务院批准将以色列定为中国公民组团出境旅游目的地。以色列除在北京设有驻华大使馆外，还在上海、广州、中国香港设有总领馆，并于 2014 年开设成都总领馆。中以两国建交以来，已建立 18 对友好城市关系。

中以经贸关系的持续发展，主要归功于中国政府的务实态度、中国公司和企业获取以色列高科技的强烈意向，以及以色列政府与中方保持良好关系的真诚意愿。

三　展望

建交 20 多年来，中以关系发展总体平稳，为两国进一步夯实互利合作关系打下了良好的基础。展望未来，随着国际和地区局势的发展变化，中以两国关系的进一步发展与深化正面临一个难得的机遇。

2010 年年底，“阿拉伯之春”爆发以来，中东地区进入结构性剧烈动荡，地区格局正处于深刻调整过程之中。作为中东地区外部主导力量，美国应对“阿拉伯之春”不力，在埃及、突尼斯、利比亚变局和叙利亚危机中的表现乏善可陈、捉襟见肘，围绕伊核问题与沙特等海湾阿拉伯国家关系出现龃龉，加上从伊拉克撤军，美国地区影响力下降。在为乌克兰局势所困后，美国对中东局势的掌控更显力有不逮。美国从中东地区战略收缩之势大局已定，牵一发而动全身，带动大国层面博弈与地区地缘政治力量重新分化组合。

地区大国与美国“离心”倾向明显上升。作为昔日阿拉伯世界“领头羊”的埃及成为地区格局转换的“风向标”，在军方推翻穆斯林兄弟会政权并控制局势后，美国暂停部分对埃援助，同时暂停根据合同应向埃方交付的坦克、战机和导弹等军事装备，埃美关系陷入低潮。埃及既加强与沙特等海湾阿拉伯国家关系，同时开始在域外转向俄罗斯寻求新的“靠山”，并“借船出海”，使用沙特等提供的数十亿美元经援购买俄罗斯武器装备。沙特等海湾阿拉伯国家对美国在伊朗核问题和叙利亚危机的政策颇为不满，“向东看”趋向有所加强，与日本、印度等亚洲大国加强关系，虽在叙利亚问题上对中国颇有微词，但鉴于中国日益上升的国际地位和影响力，也“放下身段”，向中国示好。2014 年 3 月 13—16 日，沙特王储萨勒曼访问了北京。

以色列与美国关系也面临调整。以方虽然总体上仍与美保持战略同盟关系，但近年不时出现摩擦，在伊朗核问题上，以美国对伊朗拥核威胁的“紧迫感”迥异，以对美国的“绥靖”政策颇为忧虑；围绕叙利亚危机，美国关键时刻在化武问题上对叙利亚政权“手软”、埃及局势突变后美对埃军政权施压均使以甚为不满。以色列高官对美中东政策的批评溢于言表。[①] 而巴以和谈重现僵局也使美国十分沮丧和尴尬。美国时任国务卿克里甚至一度暗示以方应负主要责任。不仅如此，美国对以色列在俄罗斯接管克里米亚问题上的“中立”立场也深感愤怒。[②]

在美国实施战略收缩和域内外大国围绕构建新的地区力量平衡博弈加剧的背景下，2013 年 9 月，中国国家主席习近平在上海合作组织首脑会议上提出了“新丝绸之路”经济带的倡议，此举将为中国更积极地发展与中东国家的关系创造了条件。

实际上，从中国自身来看，在因经济持续高速增长而跃升为世界第二大经济体后，中国的国家利益范围不断扩展，政治影响力也同步攀升。“阿拉伯之春”带来的地区动荡使中国与该地区国家的

---

① Israel's Defense Minister Moshe Yaalon Says John Kerry Messianic, *Obsessive*: *Report*, Jan. 14, 2014. http: //www. huffingtonpost. com/2014/01/14/israel – yaaolon – john – kerry_ n_ 4594452. html.

② Barak Bravid, U. S. Officials Angry: Israel doesn't Back Stance on Russia, *Haaretz*, April 13, 2014.

传统关系受到影响，对中国在该地区的能源利益和商机形成冲击，中国对中东三大地区热点问题（伊朗核问题、叙利亚危机及巴以和谈）的介入力度正不断增大，发挥着越来越重要的作用。特别是在巴勒斯坦问题上，中国政府已一改以往相对超脱的做法，明显加大了对以巴和谈的投入。自 2002 年起，中国已派出三任中东问题特使，频繁地穿梭于以巴之间，发挥增进双方沟通的“桥梁”作用。2013 年 5 月，习近平主席分别会见同期访华的巴勒斯坦总统阿巴斯和以色列总理内塔尼亚胡，提出了中方关于解决巴勒斯坦问题的四点主张。[①] 以巴领导人访华时间有重叠，引起各方关注和猜测。对此，中国外交部发言人华春莹在例行记者会上说，如果巴以两国领导人有在华会面的意愿，中方将乐于提供必要的协助，并表示中方衷心希望巴以双方能尽快恢复和谈并取得实质进展，愿为此发挥积极和建设性作用。[②] 与欧美国家相比，中国在巴勒斯坦问题上具有独特的优势，即中方与以巴双方均保持良好关系，与两边都“说得上话”。以巴也都希望中方在巴勒斯坦问题上发挥更大的作用，双方领导人都曾分别在不同场合表达过上述意愿。可以预见，在巴勒斯坦问题上将听到更多的“中国好声音”。

应该说，在中国参与中东事务意愿更加积极的条件下，中以两国开展互利合作，特别是在科技创新领域的合作大有潜力可挖。

---

① 第一，应该坚持巴勒斯坦独立建国和巴以两国和平共处这一正确方向。建立以 1967 年边界为基础、以东耶路撒冷为首都、拥有完全主权的独立国家是巴勒斯坦人民不可剥夺的权利，也是解决巴勒斯坦问题的关键。同时，以色列的生存权和合理安全关切也应该得到充分尊重。第二，应该将谈判作为实现巴以和平的唯一途径。巴以双方应该顺应时代潮流，坚持走和谈之路，互谅互让，相向而行。当务之急是，在停建定居点、停止针对无辜平民的暴力活动、解除对加沙地带封锁、妥善解决在押巴勒斯坦人问题等方面采取切实措施，为重启和谈创造必要条件。巴勒斯坦内部实现全面和解有助于重启并推进巴以和谈。第三，应该坚持“土地换和平”等原则不动摇。有关各方应该在“土地换和平”原则、联合国有关决议、“阿拉伯和平倡议”等既有成果基础上，全面推进中东和平进程向前发展。第四，国际社会应该为推进和平进程提供重要保障。国际社会有关各方应该增强责任感和紧迫感，秉持客观公正立场，积极劝和促谈，并加大对巴勒斯坦人力资源培训、经济建设等方面的援助。

② 《中以关系将迈入新阶段》，新华社耶路撒冷电，2013 年 5 月 5 日。

以色列总理内塔尼亚胡于2013年5月访华时称，以方非常愿意与中方开展交流合作，不断提高双方创新水平。以色列完全可以成为“中国的研发实验室”。[①] 中以两国在创新领域的合作正逐步展开，2013年年底，两国政府官员和企业家就双方合作在浙江省湖州市南浔区建立创新工业园进行了探讨和论证，计划将其建设为涵盖能源与环境保护、医疗仪器、电子信息、清洁能源、新材料和智能设备六大领域的工业研发中心。[②] 中以双方还筹划在水资源利用项目、医疗服务、食品或农业等领域开展务实合作，正在探讨分别选择一个中国城市在水资源利用和远程医疗领域开展试点合作，再逐步推广到其他城市。两国经贸、科技关系迅速发展的主要动因是互补性强。当前，中国正致力于转变经济发展方式，实现可持续发展，而以色列在发展绿色经济、推行节能环保、实现科技创新、实行社会福利等方面经验丰富，都是中国亟须借鉴、利用的“他山之石”。中国不仅需要引进以色列的高科技，而且迫切需要学习和借鉴以色列的创新经验，在这一新领域，双方合作潜力有待进一步挖掘。据以色列“出口与国际合作”研究所估测，以色列的高技术公司还远未能在中国发挥足够的作用。[③] 以色列需要中国市场。以总理内塔尼亚胡称，中国是一个巨大的、快速发展的市场，如果以色列取得一部分份额，出口将会大幅增长，获得做大经济“馅饼”的成效。[④]

---

① 环球视线：《专访以色列总理内塔尼亚胡》，央视网，2013年5月13日，http：//news. sohu. com/20130513/n375674722. shtml。

② Sharon Udasin, China – Israel innovation industrial park to be built in Nanxun, China, *The Jerusalem Post*, Dec. 25, 2013.

③ The Estimation is Based on Comparison between China's Import Growth Rate, the Growth rate of Israel's Export to China, and the Share of Israeli Export in the Total Import of China. The Israel Export and International Cooperation Institute, The Economic and Information Division, “Sin – Israel: Potentzial Hayetzu Veyaadim Lepeilut Astrategit” [China – Israel: Export Potential and Goals for Strategic Activity], Unpublished Report, Oct. 2010.

④ Sam Peretz, Netanyahu: Chinese Counterpart Ink Deal to Increase Exports, *Haaretz*, May 9, 2013.

值得一提的是，在两国军事关系出现较大幅度波折后，中以双方都吸取了经验教训，正视两国关系，特别是军事关系发展过程中受到“美国因素”制约的现实，并采取积极态度，妥善应对这一制约因素。中方能够高瞻远瞩，既不为两国间军贸关系个案失败而过于计较得失，同时也不因噎废食，而是从地区和全球战略角度出发，着眼于长远，沉着冷静地审视和运筹中、以、美三方关系，在接受美国在中东地区主导战略地位的同时，不背包袱，不视之为其自身与该地区国家发展军事关系的障碍。危机过后，中方理智地搁置“敏感”领域的交往，以积极的姿态与以方探讨转向其他领域寻找新“增长点”的可能性。实际上，除军工技术设备外，中方还十分看重以色列在情报和反恐等方面的“专长”。对以色列而言，如果能够争取中国在防止武器扩散等方面与以方进行协调与合作，对巩固其地区安全环境具有重要意义，因此，中方能够主动摆脱过去两国关系危机的阴影并摈弃前嫌，对以方来讲，可谓“求之不得”。经过长期“磨合”，以方也逐渐认识到，中方的政策很多时候受到超越双边关系的、广泛利益的影响。中国需要在不牺牲与广大伊斯兰国家关系的前提下与以色列加强关系。

近期，由于中国市场对以色列出口的重要性不断增长，以政府已经开始考虑改变对华出口策略。据报道，以色列总理办公室、经济部和外交部官员准备就有关如何放松对华出口限制问题开展讨论。特别是在受到美国关注和限制的军民两用技术出口问题上，以方认为，民用技术可转为军用，军用技术也可以促进民用发展。以总理内塔尼亚胡称，以中两国可以在所有民用和军民两用技术领域开展互利“双赢”合作。

应当指出，中以两国关系发展过程中仍面临一些消极因素，除前面提到的美国因素外，阿以矛盾、台独、藏独、法轮功等外在因素，以及部分以色列人对中国的误解（如民主、人权等）和疑虑等内在因素，均时不时地会发酵并影响两国正常关系。围绕中国光明集团对以色列特努瓦（TNUVA）食品公司的收购，以色列国内出现反对声音，以色列情报机构摩萨德前领导人哈列维认为，此举将对以色列食品安全构成威胁，并有可能导致以色列的食品制造技术失窃。以色列工党议员布瑞曼敦促公众举行针对此案的示威抗议活动。尽管如此，我们仍有理由相信，中以两国领导人会以高度的政治智慧，牢牢把握双边关系发展的“主流”和“大势”，趋利避害，进一步推动两国在各个领域的互利合作，努力取得“双赢”成效并实现可持续发展，造福两国人民。

第三章　以色列的高科技行业

吉尔·阿乌纳米里希

一　背景介绍

以色列的高科技是全国最发达的行业之一。科研人员在以色列人中所占比例以及科研费用占国内生产总值的比例都是全世界最高的。按每百万人中科学出版物的数量来衡量，以色列的科学活动在全世界排名第四。以色列科学论文数量与人口的比例几乎比世界平均水平高出10倍。在以色列，每万名员工中就有140个科学家、技术人员和工程师，这一数额居世界首位。以色列科学家已经促进了农业、计算机科学、电子学、遗传学、医疗、光学、太阳能和工程学各个领域的进步。

在建国之初，以色列就具有强大的科学和技术基础。安全问题是以色列在1948年建国后不得不面对的难题，这使其第一任总理戴维·本-古里安制定了国防指导方针——以色列必须永远在技术上优于它的敌人。因此，政府一直鼓励建立发达的军事研发产业，这又及时地成为高科技产业的基础。这一趋势在1967年的“六日战争”（Six Days War）后进一步加强，因为法国对以色列实

［作者简介］吉尔·阿乌纳米里希（Gil Avnimelech），以色列奥诺学术学院（Ono Academic College）创业研究中心主任、高级讲师。

行军事禁运，这就切断了以色列的武器来源。这一禁运迫使以色列开始生产武器，并导致以色列做出要加强军事研发产业和商业部门研发产业的战略决策。以色列在建国后的几十年中，遭到阿拉伯国家的联合抵制，这对很多全球性公司产生影响，也促使以色列开发自己的技术和生产能力。这些针对以色列的政治行动导致了向技术倾斜的教育体制，在这一体制下培养出来的以色列人后来成为高科技企业中的第一代工人。此外，以色列是由散居在世界各地的犹太人排除万难进行移民建成的，这些移民有着很强的创业精神，而他们的下一代就是在这样的创业文化中接受教育的。

最后，教育和创新一直是犹太文化所欣赏和提倡的。不墨守成规和充满创业精神是以色列社会的特点。还值得一提的是，以色列经济规模很小，而且高度集中。这就促使以色列企业在建立之初就必须要面向全球市场。上述条件也许单独存在于其他国家，但它们在以色列却同时存在，这推动了以色列信息和通信技术集群的发展。

以色列促进高科技产业发展的政策因素大致可以归纳如下：

（1）稳定计划（1985 年）：政府赤字被迅速消除，政府逐渐减少其产品消费开支，一直持续到 1994 年。

（2）减少军事开支（1985—1989 年）：作为稳定计划的一部分，政府减少了军费开支，使数千名经验丰富的科学家和工程师从军事领域转移出来。

（3）经济自由化（自 1985 年开始）：继稳定计划之后，政府逐渐减少对当地货币和资本市场的干预，消除对资本国际流动的限制，并增加金融机构之间的竞争。

（4）劳动力市场改革（自 20 世纪 90 年代初开始）：以色列劳动力市场变得更加灵活，主要是由于来自苏联的移民。劳工总会的弱化和雇主对国民保险贡献率大幅下降导致了其他变化。

二　20世纪90年代高科技快速增长

20世纪90年代，以色列的全球高科技集群快速增长，达到世界领先水平。初创企业的数目从1991年的约300家上升到2000年的近3000家。20世纪90年代，以色列的风险投资总资金近60亿美元，而与之相比，在80年代则仅为5000万美元。20世纪90年代末，超过150家以色列公司在全球资本市场进行交易（大部分在美国纳斯达克），而10年前还不到20家。与高科技产业相关的许多其他指标也呈现快速增长态势，包括活跃在以色列的跨国公司研发中心的数量、以色列信息和通信技术的销售及出口、在美国发行的专利，以及跨供公司对以色列初创公司的收购。

这一强劲增长的根源可以追溯到20世纪70年代和80年代所创造的条件以及90年代早期实施的政策。① 1969年，以色列形成了统一连贯的技术政策，这成为其高科技产业取得发展的背景（Teubal, 1993）。然后，始于1985年的多个事件成为以色列经济的宏观环境和金融市场的转折点②，这促成了企业文化的逐渐变化。最后，从1993年开始，以色列不但在创新和科技政策上出现了显著变化（开始实施积极和有针对性的政策，专注于形成密集的高科技产业群），而且其商业文化也发生了重大改变（更具创业精神和创新性）。③

三　创新与科技政策

1969年，以色列在工业和商业部下创建了首席科学家办公室

---

① Avnimelech and Teubal, 2004, 2006.

② Ben－Bassat, 2002; Shoham and Avnimelech, 2012.

③ Avnimelech, 2008; Avnimelech and Teubal, 2008; Avnimelech et al., 2010.

(Office of the Chief Scientist)。创建该办公室的目的是促进公司的商业研发项目。此前，政府只向国家研发实验室、学术研发、农业研究以及与国防相关的研发提供支持（Trajtenberg, 2002)。1969 年首席科学家办公室的成立标志着以色列开始形成连贯一致的创新和技术政策（ITP)。第一个首席科学家办公室计划（常规研发计划）曾经是并依然是以色列创新与技术政策的支柱（Teubal, 1997)，为已获批准的、旨在开发新的出口导向型产品的工业研发项目提供其成本 50% 的有条件贷款。在首席科学家办公室和常规研发计划创立后，工业研发快速增长。根据 Teubal（1997）的看法，以色列自 1969 年开始实施的“创新与技术政策”可以被定性为“横向技术政策（Horizontal Technology Policy，HTP)，其目的是促进技术本身的进步，并且在部门、行业和技术方面是中性的[①]，“创新与技术政策”另一个显著的发展是 1984 年的《工业研发鼓励法》。该法规定了政府对产业研发政策的参数，它的主要目标是发展以科学为基础、以出口为导向的产业，这将促进就业并改善国际收支状况。这项法律也将软件视为工业的一个分支，有权获得研发补助，并且通过提供 66% 的扩展补助来增加对创业的支持。这一立法的成果是研发补助的显著增加和高科技产业的迅速增长。

以色列经济在 1985 年后的结构性变化后，在 20 世纪 80 年代末和 90 年代初又出现了一系列新的国家创新与技术优先事项。这些新优先事项的出现受到几个因素的影响：（1）军事工业的缩减使几千名受到良好训练的工程师失去了原来的工作，其中很多人转而投入到企业活动中去；（2）在 20 世纪 90 年代初，苏联大量的移民来到以色列，这促使政府想办法安置数千名的移民工程师；（3）常规研发补贴被日益认为缺乏效率。[②]

---

① 与“水平技术政策”相反，有针对性的政策仅适用于特定的产业、技术或部门。

② 首席科学家办公室的常规项目最初在克服创业活动的文化市场失灵和创造商界研发经验的临界规模方面非常成功。然而，当工业进入一个新的阶段时，新的系统失灵和新的战略重点使首席科学家办公室常规项目变得不那么有效，这就需要新的或补充性方案。

政府的结论是：问题不仅在于公司创新过程中后研发阶段资源的缺乏，而且在于管理和市场营销能力的不足。政府在解决问题的过程中将风险投资和对初创企业发展的支持作为创新与技术政策的新重点（Avnimelech and Teubal，2006）。其结果是在20世纪90年代初出现了一系列新计划。最重要的是Yozma、科技孵化器和磁铁计划。在推出这些新计划的同时，常规补贴计划继续运作并显著扩大。

20世纪90年代初的主要创新与技术政策主要有以下六个方面：

（1）首席科学家办公室的创立（1969年）：以色列政府面向商界的创新或技术政策的开始与最近创立的首席科学家办公室的“研发工业基金”相一致。就商业部门而言，这一计划是以色列研发、创新、技术战略的骨干。

（2）研发新法（1969年）：其目的是通过扩大科学和技术基础设施及开发现有人力资源来支持知识密集型产业，创造就业机会（包括吸收移民科学家和工程师）等。其结果是给予工业的研发资金显著增加。

（3）英巴尔（Inbal）（1992年）：政府所有的保险公司，为公开上市的风险投资基金提供担保（70%）。根据英巴尔法规成立了四家风险投资工资。该计划影响有限，已经停止运行。

（4）Yozma（1993—1997年）：一个政府所有的1亿美元的风险投资公司，它投资了10个在以色列运作的私有基金（每个基金800万美元）。其中，9个为有限责任合伙经营。Yozma促进了以色列风险投资业的兴起。

（5）磁铁计划（1992年）：一个横向计划，支持涉及两个或更多公司和至少一所大学的一般合作研发。该计划今天仍在运作，并被广泛认为是成功的。

（6）技术孵化器计划（1992年）：在种子期对创业公司进行支持，为期两年。“孵化器”由私人拥有和管理（直到最近它们才从政府那里获得支持）。在“孵化器”框架内运行的项目，可以从政府那里获得财政支持。

四 21世纪头10年高技术发展趋势

在21世纪头10年，20世纪90年代末的全球风险投资泡沫导致了一场严重的危机。这场危机使首席科学家办公室的决策者以及其他市场代理商在创新与技术政策领域寻找新的国家重点。首席科学家办公室的预算窘迫和私人风险投资行业可获资本的显著减少，进一步触发了这一过程。这一危机的最初结果使人们日益认识到发展大型的、影响力大的高科技公司和使与高科技集群有关的技术及资产向其他经济部门扩散的重要性。

新的战略思想导致了一系列新的创新与技术计划：Tnofa（自2000年起）支持在前期种子阶段缺乏经验的创业者；Magneton（自2001年起）向产学合作提供资助，其中，包括一个学术项目、一个工业公司和一个通过大型高科技公司向常规研发项目提供支持的计划（自2002年起）；Heznek基金（自2003年起）由私人风险投资基金提供种子资金，但政府分担风险；Nofar（自2004年起）在生物技术和专业孵化器领域为生物技术初创公司提供产学联结（2004年起）；Katamon（自2004年起）支持水过滤技术领域的工程；Tamir（自2004年起）支持通过与以色列创业公司的技术战略协定从跨国公司进行知识转移；Nataf（自2005年起）支持纳米技术方面的研发项目、加强传统产业的研发（自2006年起）、生物技术创业投资基金（自2010年起），以及为以色列养老基金和在风险投资与Angle Law下的（自2011年起）保险公司提供担保。2000年后，首席科学家办公室开始研究新的机制，以支持高科技产业中新的战略重点。一方面，这一过程是由高科技产业对研发补贴需求的不断增长（这导致了预算窘迫）所引发。预算窘迫被2000年年底开始的全球高科技危机所加剧。另一方面，20世纪90年代先进的信息和通信技术部门出现后，以色列高科技产业一直在寻找经济增长的新诱因。对新战略重点的寻求导致了一些新的创新和技术政策计划的产生。

风险投资行业在2004—2010年复苏。2001—2010年，新创企业的速度继续增长，大约有6000家新公司成立，比20世纪90年代创立公司的数目高出两倍。风险资金投资从20世纪90年代的60亿美元增加到2001—2010年的150亿美元。我们还观察到以色列高科技出口的持续增长，从2001年的100亿美元增长到2010年的200亿美元，同时，在美国发行的以色列专利从2001年1190个增加到2010年的2234个（USPTO，2014）。2001—2010年显著增长的另一个重要现象是跨国公司研发中心进驻以色列的数量。20世纪90年代64个跨国公司研发中心进入（50%为绿地投资，50%为以色列新公司的并购），2001—2010年216个跨国公司研发中心进入（80%为以色列新公司的并购）。

表3-1　建立的风险投资、高科技创业公司和筹集的资金

年份	筹集到的风险投资（总市盈率）	风险资金投资（%，外国）	成立的初创企业	首次公开募股中募集的资金（百万美元）	在并购中募集到的资金（百万美元）
1990	40（5）	不适用（—）	69	20	3
1995	108（133）	不适用（—）	197	455	660
1996	317（937）	不适用（—）	233	862	488
1997	643（777）	440（43%）	272	901	817
1998	653（686）	589（44%）	354	966	1301
1999	1160（1418）	1011（57%）	622	1939	4214
2000	2712（2778）	3233（59%）	693	6031	16889
2001	1319（2007）	1985（59%）	387	398	512
2002	497（519）	1138（58%）	376	527	2040
2003	6（117）	1011（58%）	427	1383	1094
2004	589（1654）	1465（55%）	588	2528	1941

续表

年份	筹集到的风险投资（总市盈率）	风险资金投资（%，外国）	成立的初创企业	首次公开募股中募集的资金（百万美元）	在并购中募集到的资金（百万美元）
2005	1644（2674）	1337（51%）	568	1446	2713
2006	903（1444）	1620（60%）	632	210	10005
2007	1096（1271）	1759（61%）	730	1218	3218
2008	803（388）	2076（62%）	647	0	2640
2009	256（1030）	1122（63%）	693	22	2540
2010	0（604）	1262（71%）	720	133	2040
2011	796（525）	2139（70%）	814	126	5100
2012	607（1345）	1920（73%）	996	6	9948
2013	526（NA）	2300（76%）	1025	1400	6640

资料来源：IVC（2014 年）。

表 3－2　　以色列高科技指标 1980—2012 年的增长情况

年份	高科技出口（百万美元）	高科技出口（%）	信息和通信技术进出口（百万美元）	信息和通信技术员工	专利	跨国公司研发中心
1980	280	21	不适用（—）	不适用（—）	140	9
1985	820	20	不适用（—）	不适用（—）	184	15
1990	1660	22	2100	55800	325	23
1995	3569	29	3800	83200	613	40
2000	11073	53	13600	160900	969	87
2005	11609	46	14200	176200	1116	151
2010	20128	49	20750	205700	2234	314
2011	21517	47	22182	不适用（—）	2372	338
2012	20985	47	不适用（—）	不适用（—）	2980	350
2013E	21000	47	不适用（—）	不适用（—）	3615	370

资料来源：CBS（2014）和 IAEI（2014）。

五　新趋势与挑战

目前，以色列风险投资和高科技产业面临着几个重大挑战。

第一个挑战是风险投资行业的低回报。经历了20世纪90年代非常高的回报率之后，全球风险投资行业（以及以色列风险投资行业）已经经历了十年的接近于零或负收益（Kaplan and Lerner，2010；Robinson and Sensoy，2011）。此外，在过去的十年中，即使是风险投资管理中表现很好的，仍然有低于5%的投资不能偿还（IRR）（Cambridge－Associates，2010）。然而，这在最近几年正在发生改变，因为风险投资行业的洗牌（低性能的风险投资被退出市场）。

第二个挑战与风险投资的运作模式有关。在风险投资市场几乎没有出现什么重大的变化。一方面，世界各地的技术竞争已经白热化，高科技员工的工资增加，以及公开发行已经变得更加昂贵和困难。另一方面，跨国公司倾向于收购早期阶段的公司，而且其估值显著较低。这样的环境对风险投资来说是有问题的。此外，企业家和私人投资者已经变得更加有经验和相互联结。最后，相当明显的是，许多互联网创业公司的模式只有在成功相当明显之后才需要大量的资金。这已经导致了风险投资附加值和潜在回报的降低。这样一来，我们见证了一些新的风险投资模式，如专门从事新媒体创业公司的微型风险投资，正在改变行业成本结构的精益风险投资，正在试图创造显著附加值和协助创造数十亿美元新创公司的超级活跃风险投资。

此外，在21世纪头10年，其他投资模式有着显著增长。第一种模式是天使投资基金（Angels）、超级天使投资基金（Super Angels）和天使团体投资基金（Angels' Groups）。很难量化这种现象的程度，因为关于天使投资基金的数据有限，但是，非正式的信息表明，在以色列目前活跃的天使投资基金有几百个，它们负责约一半的以美元计算的在创业公司的投资和以交易计算的 80% 的投资。在以色列有几个天使团体（如 Startup Factory、TechAviv、Tevel Angels AfterDox、Proxima 和 Arbel Capital），并有几个持续投资的超级天使投资基金。从天使投资基金的角度看，它们自己投资的管理有一个很大的优势，包括风险投资管理费用的规避和投资时间灵活性的增加。此外，越来越多的富人有着丰富的创业和高科技经验。这些人有能力对初创公司进行筛选和增值。此外，许多互联网、软件或移动相关的创业公司并不需要大量的资金，因此不适合风险投资。第二种模式是私人孵化器的拟定。在以色列有超过 20 个私人孵化器，为风险投资行业创造了显著的交易量。第三种快速增长的模式是启动加速器。目前，在以色列有 10—20 个加速器。这些加速器经常在初创公司的早期发展阶段对其进行支持。一个普通的加速器在 3—4 个月的加速器计划中包括 10—20 个初创企业。它们往往遵从精益创业方法，其目标是使它们的毕业生能够轻松地筹集投资者的资金。第四个日益增长的模型是微观风险投资（例如，Lool Ventures and Kima Ventures），管理着 2000 万—3000 万美元，在它们资助的每个公司投资 10 万—25 万美元。这些新型的风险投资都是基于这样的理解：很多互联网和移动创业公司并不需要大量的钱也不需要大量的附加值，但是，受到严重的上市时间约束。此外，这些初创企业的退出通常会在 1000 万—3000 万美元。因此，快速和高效的投资过程很重要。

第三个挑战是资金短缺，短缺集中在增长阶段。这样的结果是，许多被外国公司收购的以色列公司减产甚至关闭了当地的活动。

以色列高科技集群在接下来的一年将要面对的另一个主要挑战是需要发展新的增长源。以色列高科技集群深度依赖的信息通信技术革命不可能一直是唯一的增长引擎。因此，以色列高科技集群需要新的增长发动机，以确保它先进技术界的前沿主导作用。一些新的目标行业包括清洁技术和可再生能源（它们目前是以色列的战略重点）或纳米技术和生物技术（以色列在学术界有显著实力）。

最后，但并非最不重要的是，以色列经济目前正试图将高科技部门的成功经验扩展到其他经济部门。这包括显著增加研发活动和在传统行业的技术实施，以及将在传统产业和服务业传递企业文化作为一个杠杆。

参考文献

Avnimelech, G., "A Five - Phase Entrepreneurial Oriented Innovation and Technology Policy Profile: The Israeli Experience", *European Planning Studies*, 2008, 16 (1), pp. 81 - 98.

Avnimelech, G. and Teubal, M., "Creating Venture Capital (VC) Industries that Co - evolve with High Tech Clusters: Insights from an Extended Industry Life Cycle Perspective of the Israeli Experience", *Research Policy*, 2006, 35 (10), pp. 1477 - 1498.

Avnimelech, G. and Teubal, M., "From Direct Support of Business Sector R&D/Innovation to Targeting Venture Capital/Private Equity: A Catching - up Innovation and Technology Policy Life Cycle Perspective", *Economics of Innovation and New Technology*, 2008, Vol. 17, No. 1, pp. 153 - 172.

Avnimelech, G. and Teubal, M., "Venture Capital - Start Up Co - evolution and the Emergençe and Development of Israel's New High Tech Cluster - Part 1: Macroeconomic & Industry Analysis", *Economics of Innovation and New Technology*, 2008, 13 (1), pp. 33 - 60.

Avnimelech, G., Rosiello, A. and Teubal, M., "Systemic and Evolutionary Interpretation of Venture Capital Development and Policy in Israel, Germany, UK and Scotland", *Science and Public Policy*, 2004, 37 (2), pp. 101 - 102.

Ben - Basset, A., The Obstacle Course to a Market Economy in Israel. In Ben - Bassat, A. (ed.), *The Israeli Economy*, 1985 - 1998: *From*

Government Intervention to Market Economics, Cambridge, Mass: MIT Press, 2002.

Cambridge Associates, "Cambridge Associates LLC U. S. Venture Capital Index and Selected Benchmark Statistics. Non – Marketable Alternative Assets, Official Performance Benchmark of the National Venture Capital Association", June 30, 2010, Cambridge Associates.

CBS, Central Bureau of Statistics Website, "Data on the Israeli Economy: Obtained through the Internet", http://www. cbs. gov. il/reader [Accessed date January 2014].

IAEI, "Israel Association of Electronics and Information Industries", Obtained through the Internet, www. iaei. org. il. [Accessed date January 2014].

IVC, "Israel Venture Capital Research Centre, Online Database, Obtained through the Internet", www. ivc – online. co. il. [Accessed date January 2014].

Kaplan, S. N. and Lerner, J., "It ain't Broke: The Past, Present, and Future of Venture Capital", *Journal of Applied Corporate Finance*, 22 (2), 2010, pp. 36 – 47.

OCS, *The Office of the Chief Scientist (OCS) at the Ministry of Industry and Commerce*, Annual Reports and Website Obtained through the Internet, <www. israeltrade. gov. il>, Israel. [Accessed date January 2014].

Robinson, D. T. and Sensoy, B. A., "Cyclicality, Performance Measurement, and Cash Flow Liquidity in Private Equity", *National Bureau of Economic Research Working Papers*, NBER 17428, 2011.

Shoham, A. and Avnimelech, G., "The Development of the Successful High Tech Sector in Israel, 1969 – 2009", *World Review of Entrepreneurship, Management and Sustainable Development*, 2012, 8 (1), pp. 53 – 69.

Teubal, M., "The Innovation System of Israel: Description, Performance and Outstanding Issues", In Nelson, R. R. (ed.), *National Systems of Innovation*, Oxford, UK: Oxford University Press, 1993.

Teubal, M., "A Catalytic and Evolutionary Approach to Horizontal Technology Policies (HTPs)", *Research Policy*, 1997, 25 (8), pp. 1161 - 1188.

Trajtenberg, M., "R&D Policy in Israel: An Overview and Reassessment", *National Bureau of Economic Research*, Working Paper Series 7930, October 2000.

Trajtenberg, M., "Government Support of Commercial R&D: Lessons from the Israeli Experience", In Jaffe, A. B., Lerner, J. and Stern, S. (eds.), *Innovation Policy and the Economy*, National Bureau of Economic Research, 2002.

USPTO, *United States Patent and Trademark Office*, Patents Data Base Obtained through the Internet, www. uspto. gov, U. S. [Accessed date January 2014].

第四章　以色列的安全政策

艾萨克·本·以色列　利奥尔·塔邦斯基
迪加尼特·帕考夫斯基　吉尔·巴拉姆
崔文星译

在以色列短暂的历史中，它不断地受到安全威胁，其中的很多威胁在今天依然存在。在建国后最初的34年中，以色列与周边国家的军队联盟之间不断爆发全面战争：1948—1949年的独立战争、1956年的西奈战争、1967年的“六日战争”、1969—1970年的消耗战、1973年的赎罪日战争和1982年的黎巴嫩战争。此外，远离中东和非洲的国家也参加了针对以色列的战争。例如，1973年赎罪日时，朝鲜派出了米格-21空军中队与埃及并肩作战。1991年海湾战争（以色列并没有参加）爆发后，伊拉克向以色列城镇发射了42颗飞毛腿弹道导弹。这是自1948年以来对以色列城市的第一次空袭。

此外，还存在着非传统的威胁。比如，叙利亚拥有弹道导弹和化学武器；伊拉克核计划引发了以色列的忧虑，并使其在1981年进行了大胆的空袭，以摧毁伊拉克的奥西拉克（Osirak）核反应堆。①据外国的资料，叙利亚核反应堆的建造在2007年以色列发动的空袭后停止。持续的伊朗核计划是以色列和其他地区大国对国家安全一个根本性的关注。以色列认为，一个拥有核武器的伊朗是现实存在

［作者简介］艾萨克·本·以色列（Isaac Ben Israel）、利奥尔·塔邦斯基（Lior Tabansky）、迪加尼特·帕考夫斯基（Deganit Paikowsky）、吉尔·巴拉姆（Gil Baram）均在特拉维夫大学任职。

① Amos Perlmutter, Michael Handel and Uri Bar - Joseph, *Two Minutes over Baghdad* (London: Vallentine, 1982).

的威胁。

反复出现的常规战争增加了经常存在的边界冲突、渗透、巴勒斯坦和伊斯兰恐怖主义，其形式包括刺杀、绑架、射击、种植简易爆炸装置、自杀式爆炸和迫击炮或火箭炮袭击。来自准军事组织的游击战争是一个处于发展中的非对称威胁。例如，1995—2005 年的 10 年间，包括与巴勒斯坦和叙利亚的和平进程、自杀式炸弹袭击者起义、从黎巴嫩和加沙地带撤军，以及恐怖主义组织大规模火箭弹威胁的增加，这些组织已成为准国家行为体——在黎巴嫩的真主党和加沙的哈马斯。

以色列的国家安全环境非常不稳定，在威胁和频率方面都很极端，其特征是高度的不确定性。

一　当前的地区权力平衡及对以色列安全的影响

地区权力均衡是不稳定的，而且具有戏剧性的进程继续塑造着战略格局。

2008 年的国际经济危机已经使美国和欧洲的姿态及其影响力减弱。美国对阿富汗和伊拉克 12 年的占领使美国深感疲惫，因此，它开始寻求在海外军事介入程度的最小化。

自 2010 年以来，整个中东地区的动荡（曾被贴上“阿拉伯之春”的标签）正在使近百年历史的赛克斯 - 皮科（Sykes - Picot）地区秩序趋于解体。沿着教派和宗教形成的界线正在擦除超级大国于 1916 年绘制的边界。一些国家的政府在其领土上不再拥有完全的主权或者说武装力量的垄断。[1] 在整个中东地区，阿拉伯国家的治

① 至 2014 年夏天，叙利亚、伊拉克、苏丹、利比亚、也门、埃及和黎巴嫩都经历了不同程度的国内武装叛乱。

理危机导致了地区动荡和全球性的战略变化。以色列周围不受控制的地区对以色列平民和军事资产构成了直接威胁。叙利亚的一些地区已被无情的内战弄得四分五裂，而且还吸引了全球圣战运动的激进战士，这对以色列的安全构成了特别严峻的挑战。美国的“重返亚洲”政策未见到实际效果，在亚洲出现的一系列危机（如“阿拉伯之春”、叙利亚、伊朗和乌克兰）需要奥巴马政府直接关注时，华盛顿却表现出在推动国际安全方面的力不从心。

阻止伊朗获得核武器仍然是以色列重要的战略利益。伊朗的核浓缩计划尚未停止。然而，以色列和伊朗之间不太可能发生直接的对抗。如果目前的伊朗政权获得核能力，其战略结果将是整个逊尼派中东地区核竞赛。一旦美国的盟友土耳其和沙特不顾美国的意志而决定追求核武器，全球防扩散机制将会瓦解。

目前，战略格局的走向尚难预测，但以色列在其动荡的历史上已经历过类似的突变。2014 年，以色列在该地区仍然享有强大的战略态势，这有效地阻止了它的主要潜在对手——民族国家。这样的一个小国是如何在不断克服各种威胁的同时成功地建设了自由和繁荣的社会？为了理解这一点，我们现在需要对以色列国家安全的理论进行分析。

二　以色列国家安全观的要素

与当地阿拉伯人的冲突爆发于 20 世纪初。以色列与阿拉伯邻国的冲突持续不断。阿拉伯人反对联合国分治计划，接下来的 1948 年战争并没有解决这个矛盾。以色列不寻求对阿拉伯土地或居民的永久性政府，但它寻求阿拉伯国家承认以色列作为一个犹太国家的存在。

以色列在该地区显著的地缘政治劣势使 20 世纪初以来犹太复国主义运动的思想家和领导人深感忧虑。亚博廷斯基（Ze'ev Jabotinsky）在他1923年的文章《铁壁》（我们和阿拉伯人）中提出了“铁壁”（Iron Wall）的概念[①]，为以色列的大战略提供了一个突出的说明。犹太复国主义的目标是建立以色列犹太国家（于1948年实现）并使它得到发展。但是，是否能够通过和平手段实现一个和平的目标，完全取决于阿拉伯人对犹太人和犹太复国主义的态度。由于当地阿拉伯居民不会自愿放弃他们的土地，因此，犹太复国主义“只有在独立于当地人口的权力的保护下前进——在当地人口无法突破的铁壁之后”。[②] 它是一堵墙，而不是一把剑——以色列从未有过任何扩张主义或帝国主义的愿望。

用现代语言来说，以色列的大战略是防御性的。为了在众多的地缘政治问题中保持犹太国家的存在，强大的防御会造成威慑。这是说服中东地区阿拉伯人相信犹太人的存在无法被武力消除的必要条件。这一“铁壁”最终将使他们承认独立的以色列国是一个事实。

尽管在犹太复国主义政治运动中存在相互冲突的意识形态，但是，在需要强大的国防这一点上却存在共识，大卫·本-古里安[③]在这方面与亚伯斯基的看法相似。

但是，阿拉伯国家在土地和人口方面享有巨大的优势[④]——本-古里安将之描述为“以少对多”。[⑤] 其结果是，在以色列看来，

---

① Ze'ev Jabotinsky, "The Iron Wall", *The Jewish Herald*, 6 November 1937, 1923.

② Ibid..

③ 戴维·本-古里安，以色列第一任总理，被认为是国家在战略和政治上的精神之父。

④ 如今，围绕以色列的阿拉伯人口数量为3亿，而与之相比，以色列的公民只有800万人，相邻阿拉伯国家的人口比以色列高出15倍。大多数与以色列不接壤的国家也参加了针对以色列的敌对行动（伊拉克和伊朗），甚至相距遥远的国家也参与其中（苏联和朝鲜）。

⑤ 一些国家已经和以色列签订了和平协定：埃及（8300万）和约旦（600万）。叙利亚和黎巴嫩加在一起人口为2400万。大多数与以色列并不接壤的中东国家也参与了针对它的敌对行动（伊拉克和伊朗以及其他国家）。上述地缘战略态势一直存在，到今天也是如此。唯一的显著变化是以色列力量的加强：从1948年的60万人增加到今天的800万人；人均国内生产总值从2000美元到今天的39000美元。

任何一次失败都意味着犹太复国主义目标（以色列犹太国家）的结束。然而，仅仅在敌对行动中幸存下来或战成平局是远远不够的，以色列必须在战争中取得“决定性胜利”，才能实现对敌人的威慑。因此，以色列的安全学说是基于三个不变的原则：威慑、早期预警和决定性胜利。

鉴于地缘政治的现实，这些战略目标如何才能实现？

以色列安全概念的一个信条是与主要大国结成战略同盟以加强以色列的安全。这个话题不属于本章的重点，因此，不做进一步讨论。

推动以色列国家安全理论的中心思想是重视质量以平衡数量上的劣势：通过在所有民用和军事领域建立并维持质量优势。这明确地包括提供给民众的教育、科学家的专业知识、研发水平、武器系统的质量、战争的艺术、以色列国防军内部的士气和动力。本着这一精神，本-古里安将科技发展作为最优先事项：“为了保持我们在未来的能力，我们必须汇集以色列和犹太人所能提供的最强的科技力量……并使他们的行动与安全需要和国家发展相适应。”①

质量可以通过三种方式实现：人的素质、武器的质量和优质的应用力。因此，在以色列建国初期，质量优势的概念（特别是科学技术）就被视为以色列与邻国保持权力均衡的一个核心要素。为此，以色列多年来一直致力于促进科研和国防技术，并发展本土国防工业。②

质量优于数量原则在多年后仍然适用。在应对常规战争、恐怖主义和低强度冲突中，它也被证明是行之有效的，下面将对此进行讨论。

---

① 本声明引自本·以色列（Ben Israel），第 269 页。

② Shimon Peres, *David's Sling*（London: Weidenfeld & Nicolson, 1970）.

三　质量优于数量原则在以色列安全政策中的应用

在传统战争中，一次又一次的胜利导致以色列的一些敌人寻找新型的威胁：在以色列城市进行自杀式恐怖主义袭击，从平民人口中心发射导弹，以及新兴的网络战。质量优于数量原则推动以色列对下面章节中讨论的威胁进行回应。

四　外层空间

以色列是能够独立建造卫星并依靠本国能力将卫星发射到太空的少数几个国家之一。以色列太空计划是本国主动性和发展的产物，是建设独立能力的重要基石，具有使以色列力量倍增的效果。

对于以色列来说，空间技术的发展是一个至关重要的需要。以色列的战斗舞台可能远在数千公里之外，涉及伊朗、伊拉克、叙利亚、苏丹和利比亚发生的事件。在这种情况下，利用空间资产收集情报的重要性不断增加。

以色列国土狭小，为了应对突然袭击，早期预警就变得很重要。空间资产有助于缓解以色列战略纵深的严重不足。在太空建立存在并从太空进行观察增加了以色列的战略纵深，以为这使远程观测成为可能并在需要时进行早期预警。从太空对敌方领土进行观察是解决以色列所面临军事问题的一个科学技术解决方案。

以色列太空计划取得进展需要其在不同领域取得科技进步，如电子、电子光学、通信、硬化和集成。这些费用高昂的努力是以色列质量优于数量原则在实践中应用的一个例子。

总体而言，以色列军用和民用航天基础设施提升了以色列的科技优势，使其能够提高防御能力。此外，在太空计划上的投资也为国防之外一些领域的发展做出了贡献。因此，以色列太空计划是其国家安全的关键。

五　打击恐怖主义

2000—2005 年的自杀式炸弹袭击造成逾千名以色列平民伤亡和长期的政治、社会及经济危机。第一年的自杀式袭击使西方式国防力量看起来几乎束手无策。然而，凭借其经验和原则，以色列充分动员企业家精神、创新文化和人力资源。信息通信技术的核心贡献是充分利用信息优势进行精确打击。通过获得来自各种传感器的实时情报，并通过运营商进行实时处理和散发，以色列国防军能够精密地进行有针对性的预防工作。这打乱了恐怖组织，同时避免了地面机动和不可接受的附带损害。① 根据质量优于数量原则，在发动了一场长时间运动后，自杀式恐怖主义被制服，以色列家门口的安全逐渐恢复。以色列最终通过先进的高科技信息通信技术能力的创新应用打败了自杀式恐怖主义。

六　网络防御

计算机技术的进步开启了信息时代。网络空间包括世界上所有

---

① Isaac Ben - Israel, Oren Setter, and Asher Tishler, "R&D and the War on Terrorism: Generalizing the Israeli Experience", *NATO Science Series V: Science and Technology Policy* 51 (2006).

Lior Tabansky, "The Anti - Terrorism Struggle in the Information Age: Palestinian Suicide Bombers and the Implementation of High Technologies in Israel's Response, 2000 - 2005" (TAU, 2007). 'אינתיפאדתהמתאבדים'וההתמודדות הישראלית עמה בסיוע טכנולוגיות עיליתאוני' ת"א, 2006 ליאור טבנסקי, המאבק בטרור בעידןהמידע.

计算机装置和每一个计算机控制的设备（通常由各种数字通信网络连接）。尽管网络连接不是必需的，但是，任何计算机设备都是网络空间的一部分。[①]

网络空间带来了一系列的风险和机遇。在基于科学和技术原理的质量优于数量原则指导下，近年来，以色列国防军在广泛领域使用计算机革命的技术和业务。以色列空军和情报部门密切关注计算机及电子产品技术的发展，包括与加密和信息安全相关的方面。网络问题（与电子战共享技术基础）通过配备了电子产品和计算机的国防力量的持续参与而得到发展。一些以色列国防军的分支机构拥有计算机的巨大潜力，并早在20世纪90年代开始使用各种类型的计算机工作站。

如今，网络是以色列国防军的一个优先领域。最近，以色列国防军负责网络事务的责任领域已被分为情报科（进攻）和远程信息处理科（防御）。2014年1月，两个指示性的声明值得注意："在我看来，网络将很快成为战争领域的最大革命，超过火药和在过去一个世纪中空中力量的使用。"军事情报局负责人阿维夫·柯查威（Aviv Kochavi）少将这样说。在同一场合，总参谋长本尼·甘茨（Benny Gantz）中将说，网络是"我们需要最充分利用的一个领域，并且我认为以色列国可以而且应该比现在做得更多"，以色列"必须处于超级大国的水平，而且它可以处于一个超级大国的水平"。[②]

七 网络防御：民用部门

民用国家关键基础设施面临的网络风险是一个主要的新问题。[③]

---

① Lior Tabansky, "Basic Concepts in Cyber Warfare", *Military and Strategic Affairs* 3, No. 1 (2011).

② Intel chief, Hundreds of cyber attacks hit Israel last year - Diplomacy and Defense, *Haaretz*, 29. 01. 2014.

③ Lior Tabansky, "Critical Infrastructure Protection from Cyber Threats", *Military and Strategic Affairs* 3, No. 2 (2011).

国家应如何应对这一风险？这一严重的问题在西方国家尚未得到解决。以色列的做法是相当独特的。

以色列在20世纪90年代中期就开始实施国家网络安全政策。国防部门率先采用网络技术，既是由于操作方面的挑战，也是因为它有这个资金实力。但是，一些国防部门的领导人既有兴趣也有能力将他们的理解传递给民用部门，而且最终政府开始全面解决网络问题。自2002年以来，以色列已经形成了独特的制度安排，以保护国家私人和公共所有的基础设施。它不是由灾难性事件或危机驱动的。相反，它应被视为是一个难得的政府的积极倡议。

近年来，网络空间的风险大幅增加。随着网络空间的加速增长，网络风险进一步加剧。因为社会的很大一部分被暴露出来，这使有关政策变得越来越不足（见图4－1）。

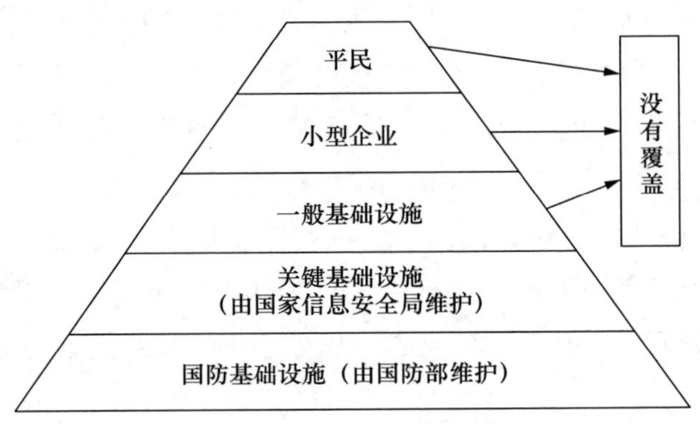

图4－1　2010年以色列网络保护措施

为了应对这些变化，2010年网络政策的“国家网络倡议”以不同于以色列政策制定过程的方式，由外部专家委员会执行，委员会由退役准将艾萨克·本·以色列教授、研究与发展国家委员会负责人、科学和技术部的科技最高委员会（the Supreme Council on Science and Technology at the Ministry of Science and Technology）主持。该委员会的关注超越了网络威胁的范围，并建议实行全面的政策以增加国家的安全，同时抓住网络为经济、工业和外交政策带来的机会。

2011年批准的关于网络政策的新政府决议采纳了这份报告的建议。[①] 这个雄心勃勃的愿景成为政策目标。因此，设立一个中央协调机构（以色列国家网络局），直接向总理报告。[②] 以色列国家网络局协调民用、商业、学术、政府和国防部门中各相关组织的活动，并处理组织、立法和其他方面的障碍，以实现以色列官方政策的目标：到2015年成为全球五个网络超级大国之一。[③]

八　发展质量：网络安全教育情况

近年来，对人才的需求正在迅速增长，而以色列国防军主要关注高科技服务领域年轻人才的储备，包括网络技术。因此，以色列国防军直接参与到民用学校体系中去，类似于人力资本开发的早期情况。Magshimim课外计划的重点是对在地缘社会边缘的特殊学生进行网络技术的培训，以开发服兵役前的工作人员。该计划包括每周两次的下午课程，每次课持续3个小时，从10—12年级共上5个或6个学期。课程由以色列国防军和学术界的专家讲授，包括三个领域：计算机语言和算法思维能力；理解计算机和网络的结构；开发分析能力和创造性思维。此外，该计划还包括社会活动、参观高新技术产业、智力军团基地和一个夏令营。该计划主要由政府、国

① Government Decision 3611 "Promoting National Capacity in Cyber Space", August 7, 2011, www. pmo. gov. il/PMO/Secretarial/Decisions/2011/08/des3611. htm.

② The Government Spokesperson, "The Prime Minister Announced on the Establishment of a National Cyber Bureau", May 18, 2011, www. pmo. gov. il/PMO/Archive/Spokesman/2011/05/spokecyber180511. htm, Tel - Aviv University, Yuval Ne ' eman ' s Workshop on Science, Technology.

③ Lior Tabansky, "Critical Infrastructure Protection Policy: The Israeli Experience", *Journal of Information Warfare* 12, No. 3 (2013).

防军和非政府组织资助，家长只需支付约200欧元。

Gvahim课程计划是专为学业成绩优异的学生设置并使他们为“网络防御”预科考试做准备，除数学和计算机科学的最高水平之外。该计划在10所高中的20多个班级实施，并计划进一步扩展到约50所学校。为了弥补了现有教师的不足，从防御部队来的几位专家正在协助教学并准备教学大纲和考试。

在以色列国防军网络防御部队中，女性工作人员占多数，但参与上述计划的学生中只有10%是女生。从事研发工作的女性数量仍然非常低。以色列国防军的Hadarim计划为高中最后一年的女性青少年提供一年之久的电脑入门课程，由微软培训师讲授。当计划参与者从高中毕业并被编入国防军时，军队的电脑学校教他们网络管理、系统管理、编程和网络防御。[①] 以色列国防军C4I分部分发小册子，鼓励11年级的女生参加“技术女性的下一代”并为有前途的女高中生提供受资助的培训。

九　以色列安全理论的质量优于数量原则在网络防御上的表现

处理网络威胁与以色列安全理论相符：使用以色列本国的能力，依靠本土发展和全球技术创新的结合。这一领域为以色列年轻人所熟知，以色列最近被看成“启动民族”[②] 并且以质量至上为基础。

自以色列成立至今，它的安全学说一直是建立在质量优于数量原则的基础之上的。显然，它运作得很好。网络安全世纪是符合这项原则的：自主开发的网络安全能力和工具明确体现了质量优于数

① http://blogs.wsj.com/middleeast/2013/11/14/israels-idf-lures-female-recruits-for-computer-corps/tab/print/.

② Amos Yadlin, "Cyber-Warfare-a New Dimension in Israel's National Security Doctrine", *Mabat Malam*, January 2010.

量原则。网络工具需要专业人才的培训，而不是大量物质力量的消耗。网络操作有助于提升以色列的威慑能力，并从志同道合的国家那里获得国际威望。

以色列先进的网络技术是其注重技术进步与人力资源开发并遵守国家安全观核心原则的结果。另一个原因是政策方面：考虑到风险的性质，单独的军事回应是不够的。

十　中国与以色列在变化中的中东地区的合作：潜力与障碍

中国经济实力的增长自然伴随振兴及更多地参与全球事务的愿望。中国对中东和非洲的兴趣似乎在上升，这使一些国际行为体感到不适。然而，以色列的观点是基于实用主义和价值观的结合。尽管在人口和地缘政治方面存在巨大差异，但是，中国和以色列都是有着古老历史的独立文化。更重要的是，这两个国家没有相互敌视或冲突的历史。

中东动荡在近年来不断深化，在缓解局势方面，中国贡献的潜力在不断增长。如果中华人民共和国选择利用其在中东和非洲的影响力，它可以在该地区发挥稳定作用。如果中国不扩散导弹，其稳定作用可以迅速实现。中国在一些中东国家的投资可以促进当地的经济发展，并最终打击失败国家的激进势力和暴力活动。一旦该地区国家将注意力转向国内经济发展，中国的巨大经济实力及其发展经验可以促进中东地区的发展、安全和稳定。

十一　经济领域：贸易和研发

近年来，经济发展导致以色列加入了经合组织。与其他西方国家一样，以色列对发展与中国的经济关系感兴趣。[①] 双边贸易持续增长，如今中国是以色列的第二大贸易伙伴。仅次于美国，中国是以色列首席科学家办公室高科技项目的第二大合作国，并且最近已经超过欧洲，成为高科技投资的第二大来源。自2010年以来，中国企业在以色列信息和通信技术、化工、医疗器械和农业科技产业的投资额超过5亿美元。

中华人民共和国有助于增进贸易联系，以色列公司渴望在日益增长的中国市场进行竞争。一个领域是以色列的高科技出口。另一个领域是以色列新兴的“绿色”技术可以帮助中国政府进行环境保护和改善公众健康的努力。再一个领域是以色列进行工业创新和提高业务效率的成功实践可以帮助中国从在制造业领域的竞争成本优势向更具可持续性的经济增长模式转变。

为了回应基层的需求，以色列于2009年3月又在广州开设了一个总领事馆。其目的是加强以色列与中国东南部四省份（广东、广西、福建和海南）的合作，这四个省份的人口约2.2亿，面积是以色列的30倍。

尽管安全环境恶劣，但是，以色列已经成为全球研发中心之一。近年来，以色列的创新被更好地认识，许多领先的跨国公司已经在以色列建立或扩大了尖端的研发活动。这一点在信息和通信技术、软件、安全、“绿色”技术、纳米材料、生物技术和医疗行业表现得尤其明显。中国正致力于建设创新型经济，并加大在科学和技术领域的投资，这使中以合作研发的潜力增加。

十二　障碍

中以合作中存在的障碍也不能忽视。中国和以色列之间有着巨

---

① Yoram Evron, “Chinese Investments in Israel: Opportunity or National Threat?”, INSS Insight 358 (2014), http://www.inss.org.il/index.aspx?id=4538&articleid=6842.

大的差异。虽然从面积上看中国是世界第二大国，但是，以色列国土面积在世界上仅排在第 152 位。中国人口居世界各国首位，而以色列人口只有 800 万，相当于中国的一个城市。

从 1979 年开始至 21 世纪头 10 年（双方于 1992 年 1 月建立正式双边外交关系），国防联系一直是中以联系的支柱。[①] 然而，由于美国介入以色列国防事务，中以国防合作被多次中断。

1999 年 10 月，美国总统克林顿正式反对以色列向中国出口法尔康空中预警和监视系统（Phalcon Airborne Early Warning and Surveillance Systems，AWACS），理由是以色列技术破坏了中国台湾的安全利益。2000 年 7 月，总理胡德·巴拉克在美国的威胁和恐吓几个月后宣布取消这笔交易。在 2003 年 1 月的决定中，以色列决定暂停与中国的一切军事出口联系。

2004 年 12 月，布什政府反对以色列修复和升级由以色列飞机工业公司制造并于 20 世纪 90 年代出售给中国的颇具杀伤力的哈比无人机。

此外，没有显著的新的防卫合作在政治上是可行的。

另外，中国制造的先进武器在以色列的敌人那里找到了销路，这一行为的影响表现在 2006 年 7 月 14 日的事件中。在第二次黎巴嫩战争中，真主党发射的一枚导弹毁坏了以色列军舰 Hanit（一艘萨尔 5 级导弹舰），并造成四名以色列国防军士兵丧生。有人认为，伊朗精锐部队帮助发射了一枚十年前从中国购买的 C－802 “蚕式”（Silkworm）导弹。中国和美国在战略影响力方面的竞争（包括在中东地区）将会继续并影响到中以合作。

尽管有上述障碍，但以色列没有理由反对中国在中东的利益。

---

① H. A. M. Luiijf et al.，“Ten National Cyber Security Strategies：A Comparison”, in Critical Information Infrastructure Security ed.，Sandro Bologna et al.，Lecture Notes in Computer Science（Springer Berlin Heidelberg，2013）.

十三　中以未来的合作需要从国防领域转到科学领域

在中东的动荡中，以色列可以作为稳定锚帮助中国与该地区的互动。这需要重建信任，中国向以色列决策者明确阐述其在该地区的利益有助于信任的建立。尽管发生了法尔康和哈比危机，但这两个国家恢复了联系。[①] 2007 年 1 月，总理胡德·奥尔默（Ehud Olmert）抵达中华人民共和国进行了为期三天的国事访问。2011 年，中国军队领导人首次访问以色列。2013 年 5 月，总理内塔尼亚胡访问了中国，之后佩雷斯总统在 2014 年 4 月对中国进行访问。技术合作得以恢复，并且早在 2010 年中国企业就在以色列建立了研发中心。

在学术界，两国之间的联系日益密切。以色列学习中文的大学生数量庞大且不断增长，超过了其他任何外国语言，这体现了以色列民众对中国的真正兴趣。以色列大学正在目睹中国毕业生的涌入，他们承认以色列高等教育的领先水平。在 1999 年，只有不到 100 万中国大学毕业生；2013 年中国大学毕业生达到近 700 万。中以在学术、科学和技术领域的合作潜力正浮出水面，但仍有待实现。

价值数亿美元的合作协议已经在以色列和中国领先的学术机构之间签署。2014 年 5 月，以色列特拉维夫大学和清华大学在北京签订了具有里程碑意义的协议，建立了辛中心（XIN Center），致力于在未来数年中共同投资 3 亿美元联合进行纳米技术研究项目——尤其是医疗和光学的应用，但这一项目后来可能会扩展到原材料、水

① H. A. M. Luiijf et al.，“Ten National Cyber Security Strategies: A Comparison”，in Critical Information Infrastructure Security ed.，Sandro Bologna et al.，Lecture Notes in Computer Science（Springer Berlin Heidelberg，2013）.

处理和环境问题。广东以色列理工学院——由李嘉诚基金会（Li Ka Shing Foundation）捐资 1.3 亿美元创办——是以色列理工学院[①]、广东省和汕头市人民政府与汕头大学前所未有的合作。广东省和汕头市人民政府为建设拨款并提供一块面积 33 万平方米的校园用地，位于汕头大学旁。广东以色列理工学院的目标是成为广东省最好的科技学校，并在 20 年内成为中国最好的科技学校之一。中国的同行希望获得以色列在多学科的创新研究、灵活的教育进步和企业家精神等方面的合作。以色列学术机构看重与中国文化的接触、越来越多的人力资本和巨大的经济机会，并对真正的跨文化交流保持开放。

结　论

以色列的安全环境从一开始就极具挑战性。持久的安全仍然是以色列大战略的主要目标。地缘战略方面的劣势使以色列的开国领袖们努力通过质量上的优势平衡数量上的不足。以色列的安全观可以通过始终坚持其安全理论原则来实现：质量优于数量以及获得一个超级大国的支持。通过本章的简短分析得出的结论是：有很多理由支持以色列继续坚持其国家安全观。需要对质量优于数量原则进行动态和灵活的调整，以满足以色列国家安全未来的挑战。不断地、迅速地适应变化的威胁，例如太空、反恐和网络安全领域——是以色列安全的主要来源。对目前以色列在动荡地区的安全能力评估确认了以色列仍然是一个强大的地区大国。

动荡地区中，一个安全的以色列将继续作为发达国家的支柱。

① 以色列理工学院成立于 1912 年，在纳米技术、生命科学、干细胞、水资源管理、可持续能源、信息技术、生物技术、材料工程、航空航天和工业工程等领域享誉全球。它是世界排在前 100 名的大学之一，而且是世界上 10 个建造和发射卫星的大学之一。在过去九年中，有 3 名以色列理工学院的教授获得了诺贝尔奖。最近，与康奈尔大学一起，以色列理工学院在国际竞争中获胜，要在纽约市中心建立一个研究所。

随着中国在该地区经济和外交利益的增长，中国可以受益于以色列在地区动荡中的稳定。与以色列的互利合作（考虑到以色列的安全关切）可以推进中国在中东的战略利益。因此，一个安全的以色列应与中国的战略利益相协调。

此外，中国可以成为地区发展和稳定的积极与稳定的力量。从短期来看，中国可以为导弹防扩散做出贡献。更为显著的是，正如总统佩雷斯在2014 年对北京进行正式访问时所说：“中国可以向该地区国家展示如何自救、如何用自己的手建设自己的国家，不是通过美元或卢布，而是通过真正动员人民团结起来实现发展。”①

这两个国家有过国防联系的短暂历史，但是被破坏和阻碍。以色列仍然有能力为中国提供先进的国防技术。此外，已经被认可的以色列创新有益于中国经济的很多非国防部门如农业、能源、环境、商业实践和科学技术的研究与开发。鉴于中国国家战略正在向创新型经济与社会转变，中以合作严格限制在国防领域显然是不够的。独立学术机构之间的科研合作关系包含着中以合作的巨大潜力。尽管技术产品很容易测量，但基础研究是创新的基石。最近，特拉维夫大学和以色列理工学院的大胆举措是中以两国基础研究互利合作的例证。这样的学术轨道可以成为中以合作的首选，因为它可以避免一些明显的障碍，最大限度地提高潜在的共同利益。

尽管存在很多分歧，但中以关系可以使两国都受益。两个古老的民族没有相互仇视和敌对的历史，在合作中所遇到的障碍也不是根本性的。中以合作前景光明，特别是在双边学术研究领域。

参考文献

Ben - Israel, Isaac, Oren Setter, and Asher Tishler, “R&D and the War on Terrorism: Generalizing the Israeli Experience”, *NATO Science Series V: Science and Technology Policy* 51 (2006), pp. 51 - 63.

① http: //il. china - embassy. org/eng/sgxw/t1144983. htm.

Evron, Yoram, "Chinese Investments in Israel: Opportunity or National Threat", *INSS Insight* 358, (2014). http: //www. inss. org. il/index. aspxid =4538&articleid =6842.

Jabotinsky, Ze'ev, "The Iron Wall", *The Jewish Herald*, 6 November 1937, 1923.

Luiijf, H. A. M., Kim Besseling, Maartje Spoelstra, and Patrick de Graaf, "Ten National Cyber Security Strategies: A Comparison", Chap. 1 In *Critical Information Infrastructure Security*, edited by Sandro Bologna, Bernhard Hämmerli, Dimitris Gritzalis and Stephen Wolthusen, Lecture Notes in Computer Science, 1 –17: Springer Berlin Heidelberg, 2013.

Peres, Shimon, *David's Sling*, London: Weidenfeld & Nicolson, 1970.

Perlmutter, Amos, Michael Handel, and Uri Bar –Joseph, *Two Minutes over Baghdad*, London: Vallentine, 1982.

Tabansky, Lior, "The Anti – Terrorism Struggle in the Information Age: Palestinian Suicide Bombers and the Implementation of High Technologies in Israel's Response, 2000 –2005", TAU, 2007; "Basic Concepts in Cyber Warfare", *Military and Strategic Affairs*3, No. 1 (May 2011), "Critical Infrastructure Protection from Cyber Threats", *Military and Strategic Affairs* 3, No. 2 (December 2011); "Critical Infrastructure Protection Policy: The Israeli Experience", *Journal of Information Warfare* 12, No. 3 (2013).

Yadlin, Amos, "Cyber – Warfare – a New Dimension in Israel's National Security Doctrine", *Mabat Malam*, January 2010.

第五章　美国与以色列的关系

吉姆·扎诺蒂

尽管美国与以色列关系的复杂性使得很难对其进行概括，但是，大致来看，美以关系可以分成三个历史阶段：（1）“冷战”早期阶段（从1948年以色列建国到20世纪60年代），两国合作有限。（2）以后的“冷战”阶段，随着以色列后劲的显露和潜在战略价值变得更加明显，两国的双边合作加强。（3）“冷战”后阶段，美国努力营造一个更安全和繁荣的国际秩序，争取全面的阿以和平是其重点，这一时期美以密切合作。

两国之间以及在地区和全球政治中的几个戏剧性的发展（包括伊朗核问题和巴以争端）所导致的疑问是：第三阶段的美以关系是否已经发生变化，正在向一个新阶段转变。正如在过去时代中所发生的，美国领导人寻求在安全方面安抚以色列，并在满足以色列安全需要与这样做会对整个区域安全所产生的影响之间取得平衡。然而，随着全球、地区和国内的安全、政治及经济环境随着时间的推移而发生变化，确定什么构成对过去的根本突破是很困难的。一个复杂的因素是：自2011年阿拉伯国家广泛的政治变迁以来，许多毗邻国家靠近以色列的边境地区（埃及西奈半岛、黎巴嫩和叙利亚）陷入长期不稳定和缺乏治理的状态。

自从以色列开国总理戴维·本-古里安的时代以来，分析家发

［作者简介］吉姆·扎诺蒂（Jim Zanotti）是美国国会研究服务中心中东事务专家。本章中所有分析和意见都是作者本人的，不反映美国国会研究服务中心的立场。

现，以色列国家安全原则包括三个方面：（1）最大限度地发挥本国能力来保卫自己；（2）培养地区盟友或合作伙伴；（3）获取至少一个外部大国的支持。虽然美国对以色列的支持及其与它的合作只能直接解决上面提到的第三个方面，但以色列安全政策的其他两个方面在很大程度上也依赖于它与美国的关系。有证据表明，以色列的军事实力、先进的技术能力和情报共享对美国有价值。然而，一些观察家担心美国帮助以色列提高能力可能会损害美国的利益或声誉，即使是在无意的情况下。

美国或以色列（或者这两个国家都有）对当前合作伙伴关系的性质所感到的不安全感可能会导致未来几年两国领导人认真考虑一个更为正式的双边安排。以色列的潜在对手可能会通过新的方式来发现和利用它的弱点，这在一定程度上成为美以对其安全合作各种模式进行调整的驱动因素。以色列与中国和其他非西方国家建立多维合作伙伴关系的前景可能会因为美国的反对而变得暗淡，同时也因为这些国家中有很多都是严重依赖从以色列的穆斯林敌国进口能源，以及它们与以色列的关系缺乏美以关系所存在的道德、文化和政治联系。

一 概述

自 1948 年以色列建国以来，美国与以色列一直保持着密切的关系，尽管两国关系的性质在随后的几十年中经历了很多变化和发展。这种演变既受到两国政府在各类议题上的相互联系，也受到两国公民社会和私营部门行为体之间交往的影响。美国是世界上犹太人最多的国家，美国的许多犹太教和基督教团体及个人都成为资金、理念、旅游，甚至移民（在犹太人中间）的重要来源，这有助于推动以色列经济和公民社会的发展。与此同时，近几十年来，随着以色列军事和经济能力的成熟，以色列政治和社会发展也在美国产生了共鸣。

几十年来，美国一直是世界上最杰出的政治、军事和经济行为体，它通过与很多国家发展不同类型的关系来促进其全球和地区的利益。美国与以色列的关系已经成为美国在中东政策的决定性特征。美国和以色列关系的动态变化往往会影响到美国官员和美国人民如何看待该地区所产生的特定机遇与挑战。反过来，这又会以何种方式影响到美国解决这些问题和与该地区其他国家合作的能力，具有塑造两国关系未来轨迹的潜力。

纵观两国关系的历史，以色列领导人已经确定并向美国人强调他们的优势和弱点。以色列强调自身的优势或许是想让美国人相信，与以色列保持密切关系能够为美国带来价值，有助于美国维持地区和国际秩序的努力。以色列对自身弱势的强调是为了表明它需要美国的支持和援助，以弥补其人口少、领土小以及它在区域政治上的困难——与一些阿拉伯国家和穆斯林人口占多数国家的历史仇恨。以色列领导人似乎经常关注在向美国观众所传达的以色列长处和弱点之间保持平衡，这至少部分是为了防止美国人严重质疑美国支持和援助以色列的价值或需要。

二　美国和以色列关系的历史分期简评

（一）第一阶段：1948 年至 20 世纪 60 年代

尽管美国与以色列关系的复杂性使得很难对其进行概述，但是，大致可以将其划分为三个历史阶段。第一阶段是从以色列建国到 20 世纪 60 年代。在这一阶段，以色列努力使国际行为体相信：它在面临阿拉伯国家反对时的承受能力，以及它有能力整合来自不同背景的犹太移民和难民。当时，美国政府在“冷战”早期的政策是寻求在以色列和阿拉伯国家之间保持同等的距离以避免将其中的任何一方推向苏联。因此，美国一般维持对整个地区的武器禁运，其反映是 1950 年与英国和法国签订的三方协定。在武器供应方面，以色列依靠其他国家，主要是法国。艾森豪威尔总统要求以色列从它在1956年苏伊士运河危机期间占领的埃及领土上撤军（还有他反对在以色列军事行动之前英国和法国设计的方案），这进一步暗示美国不愿积极卷入阿以冲突的任何一方。

（二）第二阶段：20世纪60年代至1991年

在第二阶段（从20世纪60年代直到1991年），随着以色列在该地区的后劲和战略价值变得更加明显，美国开始形成与以色列更为明显的“冷战”伙伴关系。约翰·肯尼迪总统于1962年开始向以色列大规模出售武器（防空导弹），之后林登·约翰逊总统在1965年和1966年又向以色列出售了坦克和攻击机。根据两名以色列专家的说法，肯尼迪认定：“与一个能够得到保卫自己所需资源的以色列相处更为容易。这样以色列就不会犯野或做出不可接受的行为”。[①]

1967年6月，以色列在与阿拉伯邻国战争中的胜利成为处于萌芽中的美国和以色列伙伴关系的分水岭事件。一方面是因为它清楚地显示出以色列的常规军事力量，另一方面也是因为法国不愿再向以色列提供军事支持，以色列需要寻找其他的外部支持。[②] 在此后，以色列与埃及和叙利亚发生冲突时美国的政策是在背后支持以色列，后来美国又将埃及拉进自己的阵营并促成了《1979年以色列—埃及和平条约》（该条约在今天仍然是预防两国发生重大战争的基础）的签署而使苏联在中东的角色边缘化。该条约还为美国对以色列和埃及持续地进行大规模物质支持提供了基础。

（三）第三阶段：1991年以来的“冷战”后时期——阿拉伯和以色列进一步的和平努力以及来自伊朗的威胁

在第三阶段，美国一直寻求利用其在“冷战”和1991年海湾

---

① Dan Raviv and Yossi Melman, *Friends in Deed* (New York: Hyperion, 1994), pp. 94 –95.

② 法国总统戴高乐指出，以色列军事行动先发制人的性质是法国终止对其军售的原因，但是，很多历史分析得出的结论是：法国这样做的动机是希望改善与阿拉伯国家（包括石油出口国）的关系。See e. g., Gary J. Bass, “When Israel and France Broke Up”, *New York Times*, March 31, 2010.

战争胜利后所获得地位使自己成为中东无可争议的权力经纪人。美国“冷战”后的战略是要建立一个更加安全和繁荣的国际秩序，作为这一战略的一部分，美国对中东地区给予特别的重视并努力争取实现全面的阿以和平。20 世纪 80 年代后期，在约旦河西岸和加沙地带爆发的第一次巴勒斯坦起义有助于使一些行为体（包括美国和以色列）对是否能够通过以“土地换和平”的方式（1967 年战争后安理会制定的 242 号决议）来实现阿以的持久和平（包括巴勒斯坦的行为体）。[①]以色列之所以愿意接受这样的安排，其中的部分原因是它对阿拉伯人口在其自 1967 年以来所控制的历史上巴勒斯坦领土内（以色列、约旦河西岸和加沙）人口未来增长趋势的担忧。以色列担心阿拉伯人口会超过犹太人口，如果在约旦河西岸和加沙地带的巴勒斯坦人被无限期剥夺政治参与的权利，这会导致以色列在将自己定位为民主国家时存在困难。在此阶段，美国所支持的外交努力的一个持久结果是以色列和约旦在 1994 年签订的和平条约。但是，缔造全面阿以和平努力的复杂性为美国和以色列提出了一些挑战。

1991 年，美国和衰落的苏联在马德里举行会议，旨在促进阿拉伯和以色列走向和平。此后，到 20 世纪 90 年代中期以巴开展秘密外交，这导致了亚西尔·阿拉法特的巴勒斯坦解放组织（Palestine Liberation Organization，PLO）正式放弃了其先前的暴力方式和恐怖手段，承认以色列的生存权，并结束流亡生活临时执政加沙地带和约旦河西岸部分地区。新的巴勒斯坦民族权力机构（开始是将其设计为一个五年期的临时机构）依然受以色列军事机构管辖，同时以色列和巴解组织（PLO）试图谈判达成一项永久性和平协议。

---

① 联合国 242 号决议要求实施下列两个原则：“（1）以色列撤离在最近冲突中所占领土；（2）终止一切交战要求或交战状态，尊重和承认该地区每个国家的主权、领土完整和政治独立及其在牢固和被认可的疆界内和平地生活而免遭武力的威胁或行为的权利。”

尽管美国多次从中调停，但双方一直无法实现和解，这似乎反映也进一步加强了以色列和巴勒斯坦政界、学术界和军界之间的紧张关系，它们要么拒绝联合国 242 号决议，要么认为这一决议根本就无法实施。自 2001 年以来，以色列执政联盟一直是根植于政治权力的政党领导。在包括东耶路撒冷在内的约旦河西岸地区（1967 年战争中由以色列军事占领）的定居点建设仍在继续，定居者及其支持者有着显著的影响力，有时候通过以色列政府的行动或无所作为表现出来。以色列对巴勒斯坦人的控制常常招来巴勒斯坦人和国际社会批评，指责以色列对巴勒斯坦人及其住所、财产、资源和公民自由进行不公正的待遇。

作为巴勒斯坦人怀疑和失望的表现，后“冷战”时期的特点是，哈马斯和其他巴勒斯坦武装组织（包括一些巴解组织派别）的兴起。其中一些武装分子融合了伊斯兰意识形态与民族主义目标和恐怖主义战术，它们往往不对军事和民用目标进行区分。哈马斯和其他一些群体反对巴解组织领导人关于在实现巴勒斯坦独立过程中放弃暴力手段的声明，并拒绝接受以色列存在的权利。在第二次巴勒斯坦起义期间（2000—2005 年），一些美国和以色列官员坚持认为，阿拉法特要么串通一气，要么间接地批准了巴勒斯坦人针对以色列人的恐怖袭击，发动恐怖袭击的包括阿拉法特自己的派别法塔赫。

虽然据报道 2014 年夏天以色列—哈马斯冲突使在约旦河西岸和加沙的巴勒斯坦人关于“两国方案”的态度基本上是各占一半，而且这些巴勒斯坦人中大部分都支持武装抵抗而不是谈判[①]，以前的一些民意调查表明，大多数以色列人和巴勒斯坦人会接受两个国家的

---

① 在拉马拉（Ramallah）巴勒斯坦政策与调查研究中心（Palestinian Center for Policy and Survey Research，PCPSR）于 2014 年 8 月对约旦河西岸和加沙地带的巴勒斯坦人投票结果的统计可参见 http：//www. pcpsr. org/en/node/489（笔者于 2014 年 9 月访问）。该调查显示，巴勒斯坦人中有 49% 支持两个国家的解决方案，50% 反对；并且 53% 认为武装冲突是建立巴勒斯坦国的最佳方式，而 22% 认为谈判是最佳方式，20% 倾向于“非暴力抵抗”。调查还显示，24% 支持 75% 反对“替代的一国解决方案”。

解决方案。尽管如此，两个民族在很多核心问题上依然存在重大分歧，比如，边界、安全安排、定居点、耶路撒冷地位和巴勒斯坦难民。[①] 有这些分歧尚未解决的领域，美国决策者常常使自己在下面的任务之间交替：

（1）试图说服以色列人和巴勒斯坦人进行或准备进行谈判，以阻止不进行谈判的潜在后果；

（2）支持以色列对付哈马斯和巴勒斯坦武装分子的努力，同时寻求培养以色列和巴解组织或巴勒斯坦民族权力机构领导人在约旦河西岸的合作；

（3）当暴力事件爆发时，支持以色列保卫自己的行动，同时最大限度地减少冲突的持续时间、范围和对以色列人与巴勒斯坦人的人道主义影响，并防止冲突的再次发生。

在总统行政部门内部以及在行政部门和国会之间的差异已经导致在一段时间内出现各种不同的方法和重点。

另外，在美国与以色列关系的第三个阶段，伊朗核计划已经发展壮大，成为国际社会面临的最大问题之一。伊朗核问题是许多国家包括“五常加一”（P5 +1）（美国、中国、俄罗斯、英国、法国和德国）和一些中东阿拉伯国家在很大程度上是由于这一问题对国际核不扩散机制、波斯湾稳定以及与能源相关的商业构成挑战。然而，这一问题的紧迫性可以说是源自以色列的担忧。以色列的一些领导人谈到拥有核武器或核武器能力的伊朗或者直接威胁到以色列或者削弱以色列应对来自伊朗盟友［如黎巴嫩的什叶派组织真主党（与以色列在2006年进行过长达一个月的战争）和叙利亚的阿萨德政权］威胁的能力。伊朗核武能力的巨大进步也会削弱以色列在中

---

① 参见2013年12月由哈里·S. 杜鲁门和平促进研究所（Harry S. Truman Research Institute for the Advancement of Peace）（在耶路撒冷的希伯来大学）和PCPSR联合进行的一项民意调查结果（http://www.pcpsr.org/en/node/378，2014年8月访问）。调查结果显示，63%的以色列人和53%的巴勒斯坦人支持建立一个巴勒斯坦国（两国方案），同时提供了受访者在一些存在分歧的核心问题上的观点。

东地区的核垄断和威慑效果，这也会显然改变以色列虽拥有核武器但并不宣布的政策。[①] 在某些方面，对来自伊朗威胁的共同看法可能已经导致以色列与和它尚未建立正式外交关系的阿拉伯国家（如沙特阿拉伯和阿拉伯联合酋长国）进行某些非正式协调。[②]

虽然以色列并不直接参与国际社会和伊朗之间就解决其核计划问题而进行的外交，但它通过多种方式影响了美国以及就此议题进行的国际算计，包括：（1）情报活动（包括一些可能会延迟或阻碍伊朗核计划的活动）[③]；（2）与那些直接参与该问题的国家发表政治声明或进行磋商，特别是美国；（3）威胁对伊朗核设施进行军事打击。与伊朗达成的一个“五常加一”临时协议已经将更长久协议期望的关注点放在2014年11月这一最后期限上，问题主要围绕以色列的立场和可能采取的行动。

它已经成为高科技领域的领先者，几家美国顶尖的公司收购了以色列创业公司[④]并在该国建立了自己的存在。然而，以色列的经济实力也使它在某些方面变得更加脆弱，一些巴勒斯坦人以及其他个人和团体认为，对以色列采取惩罚性的经济行动可以有效地迫使以色列在关键问题上让步。[⑤]许多以色列官员和政治分析家坚持认

---

① 关于以色列的核武器状态的信息，请参阅2012年11月由蒙特雷国际问题研究所（Monterey Institute of International Studies）詹姆斯马丁不扩散研究中心（James Martin Center for Nonproliferation Studies）进行的国际研究，http：//www. nti. org/country – profiles/israel/nuclear/（2014年8月访问）。

② See e. g. , Anshel Pfeffer, “Mossad chief Reportedly Visited Saudi Arabia for Talks on I-ran”, *Haaretz*, July 26, 2010.

③ 这种努力可能包括以色列对参与核计划的伊朗人进行定点清除，以及和美国共同制造计算机蠕虫以瘫痪铀浓缩离心机。William J. Broad et al. , “Israeli Test on Worm Called Crucial in Iran Nuclear Delay”, *New York Times*, January 15, 2011.

④ Joshua Mitnick, “The Waze – Google Deal: Introducing the Next Generation of Israeli Tech”, *Wall Street Journal Online*, June 10, 2013, accessed by author in August 2014 at http: //blogs. wsj. com/middleeast/2013/06/10/googles – waze – interest – a – sign – israels – start – up – nation – ready – for – the – world/.

⑤ “Palestinian Civil Society Calls for Boycott, Divestment and Sanctions [BDS] against Israel Until it Complies with International Law and Universal Principles of Human Rights”, July 9, 2005, accessed by author in August 2014 at http: //www. bdsmovement. net/call.

为，很多团体和国家想用抵制、撤资和制裁（boycott，divestment，and sanctions，BDS）措施来隔离以色列或使其非法化——在国际论坛上有很多人对巴勒斯坦持同情态度，他们常常提出这样的倡议。① 在某些方面，以色列认为，巴解组织或巴勒斯坦权力机构在努力通过成为国际组织的成员来增加国际社会对其国家地位的承认，或通过提高其在国际组织中的地位来使以色列“非法化”。② 以色列一直寻求美国帮助它应对批评以色列或支持巴勒斯坦建国的国际倡议，而且美国经常投票或鼓励其他国家投票支持以色列的立场③，有时很少或几乎没有其他国家这样做。

（四）在奥巴马和内塔尼亚胡执政下的美国和以色列：美以关系正在向一个新阶段过渡吗？

美国总统奥巴马和以色列总理内塔尼亚胡的任期基本上吻合，他们都于2009年上台并且都获得连任——奥巴马（2012年11月）和内塔尼亚胡（2013年1月）。考虑到20世纪90年代内塔尼亚胡曾担任过总理，因此，这是他的第三个任期。撇开很多观察家对奥

---

① See e. g.，“Us and Them”，*Economist*，August 2，2014；Reut Institute，Building a Political Firewall Against Israel’s Delegitimization，March 2010，accessed by author in August 2014 at http：//reut - institute. org/data/uploads/PDFVer/20100310%20Delegitimacy%20Eng. pdf；Herb Keinon，“Netanyahu convenes strategy meeting to fight boycotts”，*Jerusalem Post Online*，accessed by author in August 2014 at http：//www. jpost. com/National - News/Netanyahu - convenes - strategy - meeting - to - fight - boycotts - 340904.

② 在2011年秋天，巴解组织曾尝试以“巴勒斯坦国”名义获得联合国成员国资格，但是未能成功。它在安理会没能获得充分支持，部分原因是美国的强烈反对。然而，联合国教科文组织的大多数成员在2011年11月投票承认巴勒斯坦的成员身份。2012年11月，联合国大会投票（138∶9，41个成员国弃权）将巴勒斯坦提升为非成员观察员。巴解组织执委会主席马哈茂德·阿巴斯和其他巴勒斯坦领导人经常指出，如果巴以谈判不能满足巴勒斯坦的民族愿望，它们可能会寻求会员资格或其他国际机构的认可。最近的炒作主要集中在巴勒斯坦人可能会寻求国际刑事法院（International Criminal Court）接受关于以色列对巴勒斯坦人不公正待遇的诉讼。Barak Ravid and Jack Khoury，“Palestinians threaten to turn to ICC if date not set for return to 1967 lines”，*Haaretz Online*，August 28，2014，accessed by author in August 2014 at http：//www. haaretz. com/news/diplomacy - defense/1. 612918.

③ Haim Malka，Crossroads：The Future of the U. S. - Israel Strategic Partnership（Washington D. C.：Center for Strategic and International Studies，2011），p. 2.

巴马和内塔尼亚胡意识形态与个性差异的讨论，他们基本同步的执政时间已经包含了两国之间以及在地区和全球政治中的几个戏剧性发展。这些发展已经导致了人们在讨论是否美以关系第三阶段的一些构成条件已经发生了重大变化，使两国关系正在向一个新阶段过渡。这类问题包括：

（1）在与以色列利益相关的地区和全球问题上，美国的参与水平是否在发生显著变化？

（2）以色列周边国家发生的变化会怎样影响到以色列面临的威胁以及以色列对这些威胁及其应对手段的认知？

（3）人口发展趋势和舆论在多大程度上会影响两个国家内部的事件以及两国之间的双边关系？①

美国和以色列领导人及主要选民如何回答这些问题会影响到以色列向美国观众对自身力量和弱点的描述。这可能会影响到美国和以色列在未来几年甚至几十年对美国以各种方式支持以色列的价值和需要的认知。

由于在奥巴马—内塔尼亚胡时代很多美以之间的互动一直集中在已经困扰两国过去领导人多年的问题，因此很难辨别2009年以来这些议题处理方式的变化是仅仅反映了肤浅的环境变化还是它们构成了实质性的历史性转变。在伊朗和巴勒斯坦问题上，这些年来，美国和以色列之间的差异在很大程度上取决于每个国家如何界定自己的安全利益以及它如何敏锐地感到这些利益所受到的威胁。以色列领导人在向美国和其他国际行为体表达他们观点时主要是依据他们对直接攻击的威胁或其保卫本国公民和机构的时间、领土和威慑的变化的感知。不论是在“冷战”时期、“冷战”结束后、“9·11”事件后还是“阿拉伯觉醒”（Arab Awakening）后，这些问题对美国的直接威胁通常来说都更为遥远。美国领导人寻求在安全方面

① Haim Malka, Crossroads: The Future of the U. S. – Israel Strategic Partnership (Washington D. C.: Center for Strategic and International Studies, 2011), pp. 19 – 21, 33 – 34, 41 – 52.

对以色列进行安抚，并对以色列安全需要和会影响到整个地区安全的需要进行平衡。

例如，在2013年年底和2014年年初举行的巴以谈判中，美国国务卿约翰·克里（John Kerry）和美国上将约翰·阿伦（John Allen）努力解决在签署巴勒斯坦建国的和平协定、以色列从约旦河谷（约旦和以色列管理的西岸之间的边境地区）可能的撤军后以色列的安全关切。虽然克里—阿伦提议的具体细节没有公开，但有媒体指出，他们专注于向以色列提供最先进的技术边界，并最终用一支包括美军的国际部队取代以色列安全部队。[①]这些建议，以色列显然不愿意接受这支国际部队替代以色列全面控制安全，以及任何重新部署的时间选择，都反映了美国和以色列立场的差异，这些差异在之前美国对以色列人和巴勒斯坦人进行调停的大多数努力中都存在。[②]从最近的一段历史看，以色列从黎巴嫩南部和加沙地带撤军（2000年从黎巴嫩，2005年从加沙）反而使以色列受到的威胁加剧，这似乎增加了公众对从西岸撤军或重新部署的怀疑。

此外，随着奥巴马—内塔尼亚胡时代解决伊朗核问题的国际努力一直在持续，美国和以色列对威胁认知的差异已经为两国在预防性军事行动可能的门槛问题上的区别所证实。这种区别在2012年的几个月中令人印象深刻，有一些新闻报道暗示，内塔尼亚胡和以色列安全内阁可能会对伊朗核设施实施打击。奥巴马政府显然成功地劝阻他们这样做——主要是基于其对地区和国际成果潜在危害的担忧。以色列官员经常说，他们的目的是阻止伊朗获得制造核武器的能力——通常认为，伊朗已经获得了浓缩铀、弹头小型化和引爆技术，以及为武器组装所必需的运载系统。美国阐明的政策是防止伊

① Barbara Opall - Rome, "Israelis Rally Against US Plan for Strategic Jordan Valley", *Defense News*, January 25, 2014.

② Nitsan Alon and Natan Sachs, "An International Force in the West Bank and Gaza Strip: The Security Aspects", Washington Institute for Near East Policy, *Policy Watch* No. 380, May 9, 2002.

朗实际建造核武器。[①]

然而，美国和以色列之间的差距显示，2012 年这几个期间两国的“红线”好像不会开始或结束。20 世纪 90 年代，以色列已故总理拉宾开始主张伊朗核计划对以色列安全构成严重威胁[②]［“9·11”事件后发现了伊朗在纳坦兹（Natanz）的地下铀浓缩地点］，几年后，美国和其他国际行为体将这一问题置于全球优先事项名单的顶部。即使在美国总统乔治·W. 布什于 2002 年宣布伊朗为“邪恶轴心”国之一（与伊拉克和朝鲜一起），在与伊朗的国际会谈停滞不前，伊朗总统马哈茂德·艾哈迈迪内贾德（Mahmoud Ahmadinejad）对以色列及其存在使用挑衅性语言，美国官员推迟对伊朗采取直接的军事行动而支持基于经济制裁的“强制外交”。这一努力始于布什时期，在奥巴马时期得到延续，用以获得“五常加一”和欧洲、亚洲与中东其他主要政治和经济行为体的支持，使用严格的多边和会议的措施来对待伊朗（包括它的石油出口和进入全球金融体系），这可能最终促成了正在进行的谈判。在此期间，在阿里埃勒·沙龙（Ariel Sharon）、埃胡德·奥尔默特（Ehud Olmert）和内塔尼亚胡执政下的以色列政府一直催促美国和国际社会采取更具紧迫性的行动，因为他们面临着持续的困境。简单地说，困境使以色列领导人几乎普遍认为，以美国为首的军事行动在推迟伊朗核计划方面比以色列的单边行动更有效，但只能控制他们自己的军事决定。据说这已经导致以色列在是采取还是推迟行动方面的艰难决定，其基础是在决定美国军事行动的潜在性质和时间上，以色列领导人在多大程度上相信美国人的利益评估与以色列的利益评估令人满意的重合。[③]

---

① Herb Keinon, “Analysis: US, Israel Differ on Iran over only 1 Word”, *Jerusalem Post* online, August 1, 2012, accessed by author in August 2014 at http://www.jpost.com/Iranian-Threat/News/Analysis-US-Israel-differ-on-Iran-over-only-1-word.

② Efraim Inbar, *Rabin and Israel's National Security* (Washington D. C.: Woodrow Wilson Center Press, 1999), p. 138.

③ Crispian Balmer, “Iran Nuclear Program: Israel Pressured Not To Strike Iran Alone”, *Reuters*, August 31, 2012.

因此，在奥巴马—内塔尼亚胡时代，当对巴勒斯坦问题和伊朗核问题进行考察时，美以关系是否正在向一个新的历史阶段转变仍不明朗。连续性因素与有时渐进有时突然的发展同时出现，在连续性中，两个国家密切配合同时，在各自的方式上也存在一些差异；而当问题或这些问题的政治背景发生变化的时候，两国关系也会有新的变化。确定什么构成对过去的根本性突破是困难的。例如，美国支持的以色列—巴勒斯坦谈判一再动摇，一轮轮的以巴暴力接踵而至，这无疑使2014年国务卿约翰·克里鼓励以色列进行其前任克里斯托弗（Warren Christopher）和奥尔布赖特（Madeleine Albright）在1993年“原则宣言”即《奥斯陆协议》（*Oslo Accord*）后谨慎乐观的早期岁月中所设想的那种外交变得更为困难。怀疑和立场僵化（从那时起已经发生在以色列人和巴勒斯坦人之间，伴随着两个民族之间物理、经济和文化的日益分离）应该更多地被理解为与早期岁月（基于特定行为体的政策偏好）的根本性背离，还是这些早期事件的逻辑顶点？

一个类似的问题涉及奥巴马执政下的美国与伊朗就其核计划协商签订一个“五常加一”临时协议，为更为持久的外交协议奠定基础，而该协议或许并不能完全解决以色列对伊朗在未来发展核武器能力的担忧。[①] 鉴于两国对如何看待伊朗核计划威胁一直存在差异，这一最近的发展在多大程度上与美国和以色列领导人在过去几年中进行协调的方式相一致或不一致，以及他们如何寻求促进各自的利益？

或许当这两个问题（巴勒斯坦问题和伊朗）被放在较大的地区和全球背景下进行考虑的时候，人们才更容易辨别美以关系向一个新历史时代的转变。在大部分阿拉伯世界发生戏剧性的政治变化和动荡的同时，美国已开始准备从伊拉克和阿富汗收缩力量。其结果

① Scott Stearns, “US Faces Israeli, Saudi Concerns Over Iran Nuclear Talks”, *Voice of America Online*, March 6, 2014, accessed by author in August 2014 at http://www.voanews.com/content/us-faces-israeli-saudi-concerns-over-iran-nuclear-talks-/1865964.html.

是，当埃及、利比亚、叙利亚和伊拉克（在美国于2011年军事撤退之后）创造了更具挑战性的复杂状况时，以色列和美国在中东的其他传统盟友或伙伴（如约旦和沙特阿拉伯）保持密切关注。其中的一个复杂情况是，许多与以色列相邻的国家（埃及、黎巴嫩和叙利亚）正日益面临长期不稳定和缺乏治理的影响。

虽然以色列自然的反应一直是加强现有的边境安全措施并引进新措施，而且认为，随着时间的推移，情况将变得更加不稳定，但一些国内和国际的辩论已经开始探讨这些反应对以色列政治算计的影响。希望海湾国家和其他阿拉伯国家（这些国家在巴勒斯坦问题未得到解决之前不能公开与以色列进行合作）共同对抗地区不稳定的影响，这些发展会增加以色列寻求与巴勒斯坦人签署和平协议的紧迫感吗？还是考虑到目前的趋势可能会危及巴勒斯坦领导人和阿拉伯政权（以色列依赖这些人的努力来实现外交突破），以色列将会更加怀疑外交的潜在好处？这样的突破在制约民粹主义、宗教极端主义和经济机会主义（它们至少部分地助长了以色列边境地带的不稳定状态）方面的可能性有多大？

在该地区困难议题增加时，阿拉伯觉醒的新问题也显著地增加了美国、以色列和其他行为体在解决涉及很多相同行为体的问题（如伊朗核问题、巴勒斯坦问题和打击恐怖主义）时的难度。一方面是难以满足地区伙伴的期望，另一方面是国内似乎“厌战”和“警惕战争”的选民主要关注国内的财政和社会问题，奥巴马政府被一些人视为在解决伙伴国满意度方面捉襟见肘。①这种变化可能会被从乌克兰到南中国海发生的事件进一步强化，美国的资源和注意力将会被进一步稀释并导致一系列国家（如俄罗斯、中国和印度）

① See e. g. , James F. Jeffrey, “Why Some U. S. Allies Disapprove of the Iran Agreement”, Washington Institute for Near East Policy, Policy Watch 2176, accessed by author in August 2014 at http: //www. washingtoninstitute. org/policy - analysis/view/why - some - u. s. - allies - disapprove - of - the - iran - agreement; Amos Harel, “America's interest in Israel and the Middle East is Waning”, *Haaretz*, March 8, 2013.

在各自地区乃至更大的范围扮演更为重要的角色。①

关于困扰中东的很多问题，尽管许多国家的领导人在公开场合将各问题分开来单独对待，但是，这些问题之间可能存在某些联系，不论是在高级别的外交谈判中还是在各行为体内部的感知和算计中。例如，以色列可能会将美国在叙利亚、乌克兰和近来伊拉克北部的参与作为其确定美国在伊朗核问题以及向巴勒斯坦人进行领土让步过程中是否会如其所声称的那样保护以色列利益的参考。它可能也会留神观察美国在波斯湾和世界各地其他地区性枢纽的军事部署和武器销售。这样的算计是否有助于描绘美国力量的长期趋势是另外一个问题。

如果美以关系正在发生历史性转型，这与其说是美国和以色列寻求相互关联方式的变化，不如说两国领导人和公众试图通过适应不断变化的世界尽可能地保持两国关系的现有方面。从这个意义上说，新阶段很快会到来，并不一定预示着美国和以色列亲密关系或互动模式会从根本上重新排序，但它可能预示着美国人和以色列人有机会或需要重新审视，并可能会重新调整现有的合作模式，以从这种合作中实现互惠互利。

（五）在以色列安全三方面背景下的美国和以色列安全合作

至少从 20 世纪 70 年代以来，安全合作一直是美国和以色列关系的支柱。如上所述，在重新审视美以两国合作的各个方面时，一个起点或许是对目前的优势和弱点进行评估。从这里出发，美国和以色列可以参考目前的做法来确定关键的优先事项——要增加什么类型的合作，修改什么，在某些情况下要去除什么。

自从以色列开国总理戴维·本－古里安时代以来，分析家已经发现，以色列的国家安全学说包含三个方面：（1）使保卫自己的能

① See e. g. , Steven Metz, " Strategic Horizons: Russia ' s Ukraine Invasion Signifies a Changing Global Order", *World Politics Review Online*, accessed by author in August 2014 at http: //www. worldpoliticsreview. com/articles/13607/strategic – horizons – russia – s – ukraine – invasion – signifies – a – changing – global – order.

力最大化[①]；（2）培养地区盟友或合作伙伴；[②]（3）获得至少一个外部大国的支持。[③]尽管美国对以色列的支持只与第三个方面直接相关，但以色列的安全政策其他两个方面的实现也严重依赖与美国的关系。

例如，从20世纪70年代后期以来，美国国会每年向以色列提供大量的军事援助（根据一份到2018年的美以谅解备忘录，目前略超过30亿美元）。这个数额中的大部分（有些人估计占以色列国防预算的20%左右[④]）被用来资助以色列从美国公司购买武器。然而，根据每年的拨款立法，国会通常允许以色列使用其中26%以上的比例用来在国内购买武器——任何美国的其他军事受援国都没有这一特权。这有助于以色列建立一个强大的国防工业，它提供了本国的很多需要，甚至成为一个主要的武器出口国。[⑤] 此外，虽然美国近些年来已经逐步取消了对以色列的经济援助，但美国的国防援助（在经济援助逐步取消的同时国防援助逐渐增加）有效地资助以色列经济的其他部门。国防出口和非国防贸易优势（至少部分的是由这一援助促进）鼓励了其他国家考虑与以色列建立更密切的关系。

当然，美国也通过积极的外交更直接地促进以色列和其某些邻国之间的联系（或在某些情况下显著缓解紧张态势），有时通过明示或暗示与以色列更大程度的合作与相互对抗相比的利益所在。在

---

① David Rodman, "Israel's National Security Doctrine: An Introductory Overview", *Middle East Review of International Affairs* (MERIA) Journal, Vol. 5, No. 3 (September 2001), accessed by author in August 2014 at http://www.gloria-center.org/2001/09/rodman-2001-09-06/.

② 以色列历史学家本尼·莫里斯曾写过以色列的周边政策。该政策由以色列开国总理戴维·本-古里安在20世纪50年代提出。其提出的背景是1948年以后阿拉伯世界对以色列的猛攻。本-古里安试图加强与以色列敌人的敌人即在阿拉伯邻国周围或内部的国家和少数族裔（如伊朗、土耳其、库尔德人、黎巴嫩和苏丹南部的基督徒）的联系。Benny Morris, "Israel's New Allies", *National Interest Online*, February 2, 2012, accessed by author in August 2014 at http://nationalinterest.org/commentary/israels-new-allies-6441.

③ Rodman, op. cit.

④ Malka, op. cit., p. 1.

⑤ "Israel's Now One of top Arms Exporters", *UPI*, September 8, 2012, accessed by author in August 2014 at http://www.upi.com/Business_News/Security-Industry/2012/09/18/Israels-now-one-of-top-arms-exporters/UPI-35031347995154/.

不同的时间，美国的斡旋在促进以色列与诸如伊朗（在1979年伊斯兰革命前）、土耳其、埃及、约旦，甚至一些海湾国家的合作方面一直扮演着举足轻重的角色。美国在这方面的努力似乎仍在继续。一个显著的例子是，在美国诺贝尔能源公司（Noble Energy）帮助以色列在东地中海发现大量天然气资源后，奥巴马政府一直鼓励其他国家与以色列进行能源贸易合作。美国希望以色列和土耳其从两国之间天然气管道的建设中获得更多的经济利益，以推动美国这两个盟友之间关系的长期化。[①] 过去十年中，这些原本密切的关系在土耳其总统（前总理）埃尔多安（Recep Tayyip Erdogan）执政下变得紧张。以色列已经与约旦、巴勒斯坦权力机构和一个在埃及经营天然气液化业务的国际财团达成了天然气出口协议。[②]

如果假设帮助维护以色列安全是美国的长期利益，这一利益是基于道德和伦理以及历史、宗教和文化的亲和力，乃至共享的社会和民主价值观，那么这似乎会得出美国政策制定者相信使以色列拥有保护自己的能力会给美国带来机会。这样做，大概会减少美国因保护以色列而被直接卷入冲突的风险。正如已经提到的，美国的援助（包括军售）在很大程度上是为了实现让以色列有能力保护自己这一目标。美国与以色列的其他安全合作方式（如联合演习与训练、咨询和情报共享）也是旨在提高以色列本国的军事能力。然而，以色列军事能力的增加也有着让美国感到不安的一面——以色列有可能会使用在美国帮助下提升的军事能力采取进攻行动，此类行动又可能会将美国拖下水。

---

① See e. g. , Matthew Bryza, “Israel – Turkey Pipeline Can Fix Eastern Mediterranean”, *Bloomberg View*, January 20, 2014, accessed by author in August 2014 at http: //www. bloombergview. com/articles/2014 – 01 – 20/israel – turkey – pipeline – can – fix – eastern – mediterranean.

② Calev Ben – David and Shoshanna Solomon, “Noble to Sell Israel Gas to Fenosa’s Egypt LNG Plant for Export”, *Bloomberg Business Week*, May 6, 2014, accessed by author in August 2014 at http: //www. businessweek. com/news/2014 – 05 – 06/noble – to – sell – israel – gas – to – fenosa – s – egypt – lng – plant – for – export.

事实上，以色列军事战略在很大程度上是防御性的，主要是因为以色列领土狭小和密集的人口使其缺乏战略纵深。[①] 很多例子可以阐明这一点，例如，1956 年的苏伊士运河危机、1967 年战争、1982 年入侵黎巴嫩以及 1981 年和 2007 年分别对伊拉克和叙利亚核设施的空袭。在某些情况下，此类行动可能已经获得一定程度的国际认可，主要是考虑到以色列所面临的威胁，如何衡量其应对威胁的预防措施，以及行动有多么成功。尽管如此，认为以色列比例失调或无效的看法可能使美国在扮演以色列主要军事和政治支持者时遇到困难。

因为如果以色列能够因为美国的帮助而深化其安全政策的第三个方面（获得外部大国的帮助），这可以推出美国人期望看到任何能够促进以色列安全政策的另外两个方面（自身防卫能力和与第三方的关系）的举动，以深化美国的政治、经济和军事利益。有证据表明，近年来，在很多情况下，以色列的军事实力、先进的技术能力和情报共享对美国有重要价值。许多观察家（包括前美国官员）指出，与以色列的合作伙伴关系可以通过很多方式（一些是技术性和短期，而另一些则更加抽象与持久）给美国带来利益。[②] 此外，尽管美国在以色列没有军事基地，但以色列是美国在该地区发挥影响力的“滩头阵地”（如政治、军事和领土方面），在需要时以色列可以为美国的优先事项提供极大的便利。然而，一些观察家也担心在美国推动下以色列能力的增强可能会损害美国的利益或声誉，即使是在无意的情况下。[③]

---

① See e. g. , Rene Louis Beres, Chair, *Israel's Strategic Future*: *The Final Report of Project Daniel*, April 2004, accessed by author in August 2014 at http://www. acpr. org. il/ENGLISH - NATIV/03 - ISSUE/daniel - 3. htm.

② Robert D. Blackwill and Walter B. Slocombe, *Israel*: *A Strategic Asset for the United States*, Washington Institute for Near East Policy, 2011.

③ Malka, op. cit. , p. 62, 写道：“以色列最近的军事行动使其受到更大的批评，包括在美国。在美国的批评既来自左派（批评以色列的军事战术和平民伤亡）也来自右派（批评以色列未能果断地打败敌人并塑造新的政治现实）。每次以色列采取单边行动，美国都被迫为其进行辩护。即使是在布什政府时期，官员有时也在限制以色列军事行动造成的破坏方面感到紧张。”

例如，自2008年以来，在以色列与哈马斯和以加沙为基础的巴勒斯坦武装分子的周期性冲突中（最近的一次是在2014年夏天），美国官员经常对以色列保护自己免受火箭弹攻击的权利表示支持，这些火箭弹被武装分子任意发射到以色列境内而且不对平民和军事目标进行区分。然而，与此同时，由于以色列在加沙造成大量巴勒斯坦平民伤亡，且大量使用美国提供的武器，这使美国官员在国际和国内都面临压力，美国被要求鼓励以色列将武器的使用严格用于防御性目的。[①] 很难对进攻和防御性武器及其使用做出明确的区分，特别是对以色列来说它一直将防御性的策略和战略纳入其自卫概念（如上所述）。[②] 美国官员试图在一般性地支持以色列的防卫努力和影响以色列特定防卫行为之间取得平衡，但是，美国所面临的挑战是它缺乏对以色列决策的控制。

此外，美国官员似乎反对以色列利用在美国支持下发展起来的国防工业与那些会在全球和地区层面上对美国构成竞争的国家分享技术或向其出口武器，特别是中国。21世纪10年代早期到中期，以色列对它之前卖给中国的哈比无人机进行升级，据报道，这导致了美以安全合作部分地暂时中断。[③] 或许是在乔治·W. 布什政府的

---

① Sudarsan Raghavan and Ruth Eglash, "Fatalities in Gaza Prompt Scrutiny of U. S. Weapons Sales to Lsrael", *Washington Post*, August 24, 2014.

② 2014年夏天，以色列对加沙发动袭击并造成平民死亡，它声称袭击中使用了美国提供的"地狱之火"（Hellfire）导弹，这显然导致了奥巴马政府减缓其向以色列提供更多的此类导弹。同上。

③ Scott Wilson, "Israel Set to End China Arms Deal Under U. S. Pressure", *Washington Post*, June 27, 2005. 在20世纪70年代和80年代，因为美中关系的改善，到90年代，以色列得以成为中国第二大武器供应商。然而，在20世纪90年代，美国官员指责以色列非法向中国提供爱国者导弹、幼狮战斗机和法尔康机载雷达系统等武器。在这十年的最后几年，美国要求以色列取消法尔康交易的压力达到白热化。2000年，中国国家主席江泽民对以色列进行历史性访问，总理胡德·巴拉克向客人保证法尔康交易会如约履行。但是，两个月后，以色列领导人对美国做出让步，取消了这笔数十亿美元的交易。Sam Chester, "As Chinese - Israeli Relations Enjoy a Second Honeymoon, America Frets", *Tablet*, June 28, 2013, accessed by author in August 2014 at http://www.tabletmag.com/jewish-news-and-politics/136348/china-israel-united-states. 这是美国和以色列就以方对其出售给中国的哈比无人机进行升级所发生争论的背景。

坚持下，以色列不能将具有潜在敏感性的武器出口到第三方国家。[①]这显然有效地结束了以色列作为中国武器提供商的决策。2013 年，一名负责以色列国防出口的官员辞职，其原因是他之前向一家法国公司提供了可用于导弹的冷却系统，而该公司又将这一系统重新出口到中国。[②] 看来，美国的一个期望是，作为以色列的主要外部合作伙伴，美国应能够避免以色列使用美援来破坏美国的全球战略目标，或者降低源于两国独特关系的杠杆效应。近年来，印度成为以色列国防出口的主要目的地[③]，至少有来自美国官员默许。

美国和以色列双方都很难想象从根本上对其安全合作的性质和水平进行根本性改变，而且到目前为止，也尚未看到这种改变发生的迹象。尽管如此，在以色列是否已经考虑或可能会考虑未来与其他国家建立可与以美关系相比的国防合作伙伴关系这一问题上，一些以色列政界人士认为，以色列应使其对外关系更加多元化——利用其在国防产品出口、高新技术产业领域的优势作为与其他国家进一步发展关系的资本。以色列对支持多样化原则的声明更加突出，主要是因为：（1）近期在该地区发生的动荡；（2）以色列和其他行为体对美国承诺水平的质疑；（3）其关于巴勒斯坦问题不受欢迎的立场可能会对以色列和欧洲以及拉丁美洲的贸易联系产生影响。[④]以色列尤其看重亚洲的新兴市场，其很多来自苏联的移民也将俄罗斯视为潜在合作伙伴。[⑤]

---

① Wilson, op. cit.

② “Israel’s Defense Ministry Won’t Identify Arms Clients”, *UPI*, January 14, 2014, accessed by author in August 2014 at http://www.upi.com/Business_News/Security-Industry/2014/01/14/Israels-Defense-Ministry-wont-identify-arms-clients/UPI-18841389713336/.

③ “Israel Eyes Big Arms Deals with Longtime Buyer India”, *UPI*, December 2, 2013, accessed by author in August 2014 at http://www.upi.com/Business_News/Security-Industry/2013/12/02/Israel-eyes-big-arms-deals-with-longtime-buyer-India/UPI-64231386010346/#ixzz3Bta156C7.

④ “Latin America Comes out in Force against Israel”, *Agence France Presse*, August 1, 2014.

⑤ Malka, op. cit., pp. 89-90.

不过，看来好像与非西方国家建立超越贸易关系的努力（如通过定期高层磋商和其他形式的联合行动）尚处在非常早期的阶段，而且会面临一系列的障碍，包括美国的反对或疑虑。此外，以色列与中国和其他亚洲国家建立多维合作伙伴关系的潜力还受到这些国家对以色列敌国能源的依赖的影响，而且以色列与这些国家的关系缺少以美关系中的道德、文化和政治连接。[①]

衡量美国援助在多大程度上增强了以色列防卫能力的一个关键标准是"军事质量优势"（Qualitative Military Edge，QME），QME 在两国都为防卫政策相关人士所熟知。2008 年，QME 被写进了美国的法律，在很大程度上是"消极"条款（in largely "negative" terms）。法律规定，不要求美国政府维持对以色列一定类型和水平的援助，而是禁止向以色列所在地区的其他国家销售武器，如果此类销售被认为对 QME 有不利影响。[②] QME 的法律定义[③]（适用于评估区域军售的要求），在 QME 的评估方面在很大程度上仍需进一步解释。例如，哪些国家或非国家行为体应被视为属于"以色列的区域"？就出售给其他国家的武器类型和数量或这类武器可能的用途而言，什么在决定一起军售是否对以色列 QME 有不利影响方面具有决定性或重大相关性？

从实用目的来看，QME 法律为以色列官员提供了一个可以用来和美国官员进行讨论或反对其向阿拉伯国家军售的机制。举一

---

① Malka，op. cit.，p. 90.

② 适用法律，2008 年的《海军舰艇转移法》（*the Naval Vessel Transfer Act*）修正了《武器出口管制法》（the Arms Export Control Act）（22 U. S. C. 2751 et seq.）下的认证要求："向中东地区以色列之外国家出口的国防产品或国防服务应不损害以色列的军事质量优势。"虽然法律规定美国向以色列所提供援助的特定类型和水平，但有"积极要求"（positive requirement）要求总统"对以色列军事质量优势的基础进行经验和质量评估"并每四年向国会提交评估报告。

③ 在法律中（P. L. 110－429），QME 被定义为："对抗并击败来自任何个别国家或可能的国家联盟或非国家行为体的任何可信的常规军事威胁，同时保持最小的损失和人员伤亡，通过使用卓越的军事手段、拥有充足的数量，包括武器、指挥、控制、通信、情报、监视和侦察能力，其技术特点是在能力上优于任何其他国家或可能的国家联盟或非国家行为体。"

个例子来说，美国前国防部长罗伯特·盖茨（Robert Gates）在他的回忆录中谈到了2010年他就美国向沙特阿拉伯出售价值600亿美元的战斗机和直升机可能会对以色列QME造成的潜在影响与以色列官员进行磋商：

> ［以色列国防部长胡德］巴拉克认为，向沙特阿拉伯出售武器损害到他们的QME。我告诉他，我认为，以色列和沙特阿拉伯现在有一个共同的敌人——伊朗——以色列应该欢迎加强沙特的能力。我也指出，在以色列的所有战争中，沙特一枪都没有开过。我催促说，如果以色列不能将沙特视为潜在盟友，他至少应该在战术上承认其敌视伊朗符合以色列的利益。务实地看，我警告说，如果沙特不能从我们这里购买先进的作战飞机，他们一定会从法国或俄国人那里购买，那样以色列人……可以确定那些国家不会顾虑到以色列的QME。"
>
> ……
>
> ［总理内塔尼亚胡问］"我们如何对以色列方面进行弥补?"……进一步补偿?"除F－35联合攻击战斗机外，你们已经得到空中和导弹防御合作"……巴拉克和内塔尼亚胡谈过，并且到7月底，内塔尼亚胡已同意不反对向沙特军售——以换取更多的军事装备，包括20架F－35战机。[①]

因此，似乎美国决策者和立法者保持向以色列提供援助及军售以安抚以色列领导人，美国与该地区其他国家的关系或交易不会损害以色列的QME。[②]

---

① Robert M. Gates, *Duty*: *Memoirs of a Secretary at War* (New York: Alfred A. Knopf, 2014), pp. 396－397.

② See e. g., Transcript of Remarks by Andrew J. Shapiro, U. S. Assistant Secretary, Bureau of Political－Military Affairs, *Washington Institute for Near East Policy*, Washington D. C., November 4, 2011, accessed by author in August 2014 at http://www.state.gov/t/pm/rls/rm/176684.htm.

QME 法律（适用于向第三方国家的军售）仅专门谈及以色列应对和战胜传统军事威胁的能力，这就预设了以色列在地区保持常规军事优势是维持其安全的关键因素。尽管传统平衡可能是以色列安全经久不衰的一个重要原因，但是，美国如何帮助以色列应对已经出现或可能会出现对非传统（或许是非对称）威胁。这些威胁包括以下实例：

◆大规模杀伤性武器（核武器、化学武器、生物武器或放射性攻击武器的威胁）；

◆激进团体，如哈马斯（Hamas）、巴勒斯坦伊斯兰圣战组织（Palestine Islamic Jihad）（总部主要设在加沙地带）和真主党（Hezbollah）（驻黎巴嫩），它们使用一些非对称战法（自杀式爆炸袭击、绑架、火箭弹和迫击炮袭击）攻击以色列平民；

◆入侵计算机网络、重点商业或民用基础设施。

一些以色列人甚至按照上面提到的诸如隔离或非法化等做法对国家、团体和个人进行分类，他们通过法律、政治和经济措施破坏以色列的国际地位（有时被一些以色列人和其他评论家称为“Lawfare”）。①

以色列的潜在对手正在寻求通过新的方式来发现和利用以色列的弱点，这在一定程度上需要对美以安全合作进行调整。也许最突出的一个例子是两国反火箭弹和导弹防御计划的共同努力。美以在导弹防御上的合作始于20世纪80年代，在1991年海湾战争期间受到广泛关注，当时美国在以色列部署爱国者系列导弹以应对伊拉克的飞毛腿导弹，但该尝试并不成功。美国提供的爱国者导弹和长期

---

① See e. g. , Charles J. Dunlap, Jr. , “What ‘Lawfare’ Means in the Palestinian – Israeli Conflict”, *Al – Monitor*, July 31, 2014, accessed by author in August 2014 at http://www. usnews. com/news/articles/2014/07/31/what – lawfare – means – in – the – palestinian – israeli – conflict; Tom Wilson, “Europeans Fund Lawfare Against ‘Allies’ Israel and Canada”, *Commentary Online*, March 23, 2014, accessed by author in August 2014 at http://www. commentarymagazine. com/2014/03/23/europeans – fund – lawfare – against – allies – israel – and – canada/.

的“箭计划”（Arrow Program）是为了用来应对诸如伊朗之类国家的更为远程的威胁。不过，随着加沙、黎巴嫩甚至埃及西奈半岛的非国家行为体部署数以千计的火箭弹和导弹，在过去的十年中，美以在这方面进行合作的全面性和紧迫性有所增加。这些炮弹可以从邻近位置向以色列主要人口中心发射。

2011年，以色列的铁穹系统（Iron Dome System）首次亮相，该系统将成为以色列防御来自加沙炮弹的基石。虽然铁穹系统是由以色列自主开发，但是，美国承诺提供9亿多美元以加速该系统的生产，生产成功后，该系统可以部署在全国多个地点，并从这些地点发射拦截器。[①] 根据以色列的评估（一些外部分析家提出质疑），铁穹可能是同类产品中最成功的一个。根据美国和以色列在2014年签订的一份协议，美国公司正准备与以色列共同生产铁穹部件，这可能是美国获得该系统的技术以备将来使用或出口。除合作开发更为先进的应对远程威胁的“箭系统”，美国与以色列也在合作开发应对黎巴嫩真主党中短程火箭弹和导弹威胁的系统，被称为“大卫投石索或魔棒”（David's Sling or Magic Wand）[②]。据报道，美国军方自2009年以来已在以色列的内盖夫沙漠（Negev desert）运行一个雷达站，以进一步提高以色列的空中和导弹防御能力。[③]

尽管铁穹取得了明显的成功，但官员们警告说，任何导弹防御系统都无法保证密不透风的保护。此外，这样的系统是否符合成本

---

① Bradley Klapper, “Congress Backs MYM225 Million Aid Package for Israel's Iron Dome”, Associated Press, August 1, 2014, accessed by author in August 2014 at http: //www. pbs. org/newshour/rundown/congress - backs - 225 - million - aid - package - israels - iron - dome/.

Congressional appropriations committees have proposed providing approximately MYM300 million more for Iron Dome for Fiscal Year 2015.

② Ibid. .

③ Karl Vick and Aaron J. Klein, “How a U. S. Radar Station in the Negev Affects a Potential Israel - Iran Clash”, *Time Online*, May 30, 2012, accessed by author in August 2014 at http: //content. time. com/time/world/article/0, 8599, 2115955, 00. html.

效益仍是一个问题。[1] 存在的问题还有：它们是否会提供反常动力，或者使以色列更频繁地发动更具危险性的军事行动[2]，或者使其对手更积极地挑战这些系统的局限性，或者甚至可能认为，这些系统的有效性或许为他们提供了各种象征性的政治优势。[3]

其他一些命名和立法努力能够为使美以安全合作以及更广泛的双边关系适应新的现实提供一定的基础。自1987年以来，以色列一直被命名为一个“主要的非北约盟国”，这一命名为它和其他被如此命名的国家[4]提供了一些与国防有关的优惠待遇，包括在武器出口和获得超额国防物品方面。目前，美以两国也在实施或考虑一些其他举措，以应对安全合作方面新的挑战与机遇。2012年，国会通过了《美国和以色列加强合作法案》，以鼓励能够使双边关系更为密切的举措。2013年和2014年，美国国会参众两院都考虑了《美以战略伙伴关系法案》的各种版本，该法案将鼓励充实双合作的其他措施，包括国土安全试点项目、网络防御合作，以及在国防相关

---

① See e. g. , Matthew Fargo, “Iron Dome - A Watershed for Missile Defense?”, Center for Strategic and International Studies Online, December 3, 2012, accessed by author in August 2014 at https: //csis. org/blog/iron - dome - watershed - missile - defense.

② 根据一则分析，“在任何情况下，铁穹可能会对以色列行为产生显著影响。像任何国家一样，它必须满足其公民对受到保护的渴望。在没有防御的情况下，它必须依靠进攻性行动来展示决心——如2008—2009年的‘铸铅行动’(Operation Cast Lead)。拥有防御此类火箭弹的盾牌可以为以色列领导人寻求解决冲突提供余地，甚至包括努力寻求外交解决办法。另外，如果以色列人在这样的防御盾牌后感到安全，他们可能觉得没必要再进行要求做出让步的谈判。” Peter Dombrowski et al. , “Demystifying Iron Dome”, *National Interest*, July - August 2013.

③ 根据一则对2014年夏以色列与哈马斯冲突的分析，“而且从另一种方式来看，铁穹会给以色列带来灾难：毫无疑问，面对哈马斯发射的火箭弹以色列的空中和地面回应有限，此后以色列对加沙地带发动的袭击造成大规模的破坏和大量巴勒斯坦平民的伤亡，这已严重损害了以色列在自由、人道的西方人心目中的形象。‘不成比例’一直是大家议论的焦点。如果有特拉维夫被击毁的建筑物和躺在海岸城市阿什杜德和阿什凯隆街道上的死者和垂死者的镜头（Ashkelon），在世界各地很少有人会谴责以色列对凶残的哈马斯进行大规模的空中和地面袭击。” Benny Morris, “Should Israel and the U. S. Rethink Iron Dome's Usefulness?”, *Los Angeles Times*, August 21, 2014.

④ 其他主要的非北约盟友包括阿富汗、阿根廷、澳大利亚、巴林、埃及、日本、约旦、科威特、摩洛哥、新西兰、巴基斯坦、菲律宾、韩国和泰国。

贸易上更多的优惠待遇。[①] 此外，该法案的各种版本都将宣布以色列是美国的“主要战略伙伴”。“主要战略伙伴”一词在美国并没有相关的法律规定，但它有着象征意义并且可能通过以后的立法或政府行动取得更大的意义。

三 结论：美以关系的趋势、形式、领导权与未来

美以关系未来的要旨和动力可能取决于两国所面临的地区及全球性挑战和威胁如何演变。如果以色列寻求从美国那里获得更高水平的物质支持（如援助、技术、培训和其他专业知识），或许还有美国代表以色列对国际论坛上的政治和法律挑战以及来自前贸易伙伴的经济挑战进行更多的干预，美国可能会寻求和期待更多的利益回报，特别是当它认为自己所提供的支持从本质上相当于确保以色列安全和繁荣的正式条约义务或保证。[②]

面对这种情况，美国和以色列将会倾向于更为正式的联盟吗？以色列领导人大概忍住了，没有寻求美国明确的安全保证，至少其部分原因是它担心美国会因此提出更多的要求，从而危及以色列在诸如阻止伊朗获得制造核武器的能力或解决巴勒斯坦谈判诉求等问

① The House of Representatives Passed One Version of This Bill, H. R. 938, in March 2014. 美国众议院通过了一个版本的这个法案，HR938，2014 年 3 月。

② 根据一份媒体报道，美国和以色列已开始就一个军事援助“一揽子”计划进行磋商，该计划将涵盖两国当前谅解备忘录期限之后的十年时间，以色列寻求增加援助并讨论“将重点放在一系列以色列所关注的问题上，包括军事现代化的需要、来自地区不稳定的新威胁以及由于美国在中东军售而造成的对以色列‘军事质量优势’（QME）的侵蚀”。Barbara Opall - Rome, “Israel Seeks Increase in Annual US Aid”, *Defense News*, August 15, 2013.

题上采取行动的独立性。[①] 保护以色列独立性的愿望或许可以解释为什么一些美以紧密关系的坚定支持者仍然定期地主张以色列不要过于依赖美国的物资援助。对以色列来说，减少这种援助以及其他方式的美国支持是否可行目前还不清楚。对美国领导人而言，尽管向以色列安全提供有约束力的承诺可能会为美国影响以色列的对外政策决定提供一些额外的杠杆作用，但美国仍然担心这样做会使自己在采用以色列关于自卫的宽泛解释上面临压力，在这种情况下，为保护以色列而参战可能会与美国维持地区稳定的利益相冲突。然而，即便没有这样正式的义务，美国仍然可能会面临两难，因为在美国、以色列以及世界各地，美国的多份总统声明和国会决议使人们普遍认为当以色列受到攻击时美国会提供帮助。

鉴于国内、地区和国际环境的变化，美国和以色列对它们目前伙伴关系的不安全感是否会使两个国家考虑更为正式的双边安排，这是未来数年中美国和以色列领导人需要面对的一个问题。现在和未来，领导人的个性特征和决策影响着他们塑造及回应环境及趋势变化的努力，这反过来又会对两国关系的发展轨迹产生显著影响。

---

① See e. g. , Chuck Freilich and Richard Rosecrance, "Confronting Iran: A US Security Guarantee for Israel?", bitterlemons - international. org, July 6, 2006, accessed by author in September 2014 at http: //www. bitterlemons - international. org/inside. php? id = 570.

第六章　从“保护边缘”到ISIS的兴起

——中东地缘政治性质的变化

乌兹·拉比　崔文星译

一　引言

2014年的整个夏天，全世界的注意力主要集中在中东地区。尽管哈马斯与以色列之间新一轮的冲突受到媒体显著也许是不成比例的关注①，但大多数国际政策制定者首先要关注的依然是在伊拉克和叙利亚这两个正在迅速瓦解的国家中发生的显著事件。本章将采取更具全面性的方法对“阿拉伯之春”（Arab Spring）后的中东进行考察。

“阿拉伯之春”的悖论是，“阿拉伯街”（Arab Street）对现代社交媒体工具的使用使很多分析家都错误地以为这必然会导致进步——激进主义将被边缘化，而国家和社会将会变得更加开放与自由。年轻人——解放广场（Tahrir Square）上受过西式教育的世俗自由派——所表达的愿望被视为所有8500万埃及人愿望的证据。但事

［作者简介］乌兹·拉比（Uzi Rabi），特拉维夫大学莫舍·达彦中东研究中心（Moshe Dayan Center for Middle Eastern Studies）主任。

① For an excellent analysis of the reasoning behind such disproportional media coverage, see Matti Friedman, "An Insiders' Guide to the Most Important Story on Earth", *Tablet*, 26 August 2014, tabletmag. com.

实远非如此。[①] 可惜的是，从利比亚到伊拉克，独裁者的灭亡和他们铁腕统治的松动或解除给该地区留下了一些破碎的国家，在这些国家中，像伊斯兰国家（Islamic State）这样的组织得以涌现。伊斯兰运动和它们的圣战分子基本上被边缘化，而民族国家已经发展成为一个坚实的框架，这样的希望被证明是错误的。

突尼斯水果摊贩绝望的自焚行为在整个阿拉伯世界激起波澜，并导致了现有的独裁政权被推翻。然而，在自我认同中，对原始身份的再次强调并非始于2011年的“阿拉伯之春”，也不是“阿拉伯之春”引发了逊尼派和什叶派之间的地区教派流血冲突，这一冲突使叙利亚、伊拉克和黎巴嫩作为具有凝聚力的民族国家的图景幻灭。虽然这两个群体之间的冲突几乎和伊斯兰教本身一样古老，但是，其在现代的重演可以追溯到两伊战争（1980—1988年），在打击苏联入侵阿富汗过程中，圣战组织（Jihadi Groups）的出现，以及2003年萨达姆·侯赛因在伊拉克下台后什叶派多数在该国最终掌权。两个伊斯兰派别之间的分歧在2006年夏天因真主党（Hezbollah）与以色列之间的战争而进一步激化。虽然逊尼派和什叶派之间的冲突十分古老，但是，今天它与信仰没有太多关联。相反，它与区域政治的现实有着紧密的联系。[②]

虽然埃及的情况有所不同，但有凝聚力的民族国家形象很快在叙利亚和伊拉克成为虚幻。复兴社会党（Ba'Athist）政权面对血腥和暴力的叛乱一直设法保持了权力的表象，目前，这一叛乱的先锋是一个激进的沙拉菲运动（Salafi Movement）——伊斯兰国家（IS，原the Islamic State of Iraq and al－Sham）。与此同时，伊拉克什叶派主导的政府面临着多重挑战。其中，最突出的是逊尼派的疏离、IS

① Asher Susser，“The ‘Arab Spring’：Competing Analytical Paradigms”，*Bustan：The Middle East Book Review* 3，2012，pp. 110－112.

② For further detail on the salience of the Sunna－Shi'a conflict pre－“Arab Spring”，see：Uzi Rabi and Brandon Friedman，“The Geopolitical Dimension of Sunni－Shi' i Sectarianism in the Middle East”，in *International Intervention in Local Conflicts：Crisis Management and Conflict Resolution Since the Cold War*，London：I. B Tauris，2010，pp. 177－201.

带领的叛乱和库尔德独立运动。

日益明显的是，这些涌现出来的激进的伊斯兰运动正试图主宰该地区的政治节奏。它们正在以不同的方式挑战已经存在了一个世纪的地区现状。此外，伊斯兰政治（不论是较为温和的还是更为极端的形式）是今日的主流学说。它已经使过去的意识形态黯然失色，并取代了一人独裁和此前争夺阿拉伯世界爱戴与忠诚的杂乱无章的自由运动。虽然许多其他运动（不论是逊尼派还是什叶派）肯定扮演着一定的角色，但穆斯林兄弟会（The Muslim Brothers）、哈马斯（Hamas）和伊斯兰国家（The Islamic State）是这些群体成功地在本地区赢得人心的最突出例子。

因此，最近以色列与哈马斯的冲突必须放到宗派主义、激进伊斯兰势力的发展以及为应对这些挑战而出现联盟和忠诚的重组这一地区大背景下进行考察。

二　与哈马斯的冲突

2012年11月，以色列发动的“防卫支柱行动”（Operation Pillar of Defense）构成了与哈马斯冲突的一个高潮。尽管以色列对其进行了密集的空袭，但哈马斯成功地保持了对加沙地带的控制，同时展示了其向以色列中心地区发射火箭弹的能力。这也提高了该组织在约旦河西岸的吸引力。① 与此同时，哈马斯还可以指望在阿拉伯世界的朋友。卡塔尔埃米尔（Emir）给予了哈马斯4亿美元，而埃及曾有一位对哈马斯友好的总统，该总统属于哈马斯的母体运动（Parent Movement）——穆斯林兄弟会。在叙利亚内战的背景下，这样的外交和财政支持使哈马斯从“抵抗轴心”（伊朗、叙利亚、真

---

① Based on the Results of a Poll Carried out by the Palestinian Center for Policy and Survey, 13 – 15 December 2012. See：http：//www. pcpsr. org/sites/default/files/p46e. pdf.

主党和伊斯兰圣战组织）后退，并放弃了一些它曾经从伊朗收到的经济和军事支持。

但是，在大约“防卫支柱行动”半年后，哈马斯发现，自己处于其历史上最困难的时期。埃及总统穆尔西（Morsi）被赶下台，在埃及哈马斯被宣布为恐怖运动，而且埃及军队摧毁了为加沙地带（特别是哈马斯的税收收入）提供经济命脉的大部分走私渠道。2014年6月，《和解协议》后不久，卡塔尔给的钱用完了。哈马斯无力再为其重要基础设施（如电力）提供资金，也没钱为其4万名雇员发工资。这种状况成为哈马斯寻求与巴勒斯坦权力机构在4月下旬签署《和解协议》的主要动机，在该协议中，哈马斯处于极端不利的位置。事实上，它接受了巴勒斯坦权力机构的大部分要求。作为交换，哈马斯希望巴勒斯坦权力机构首先缓解其财务困境并为其雇员支付工资。此外，它也希望缓解其在该地区的隔离状态。[①]

然而，哈马斯与巴勒斯坦权力机构的和解对最近的巴以和平努力是一个致命打击。该《和解协议》以及临时联合政府的组建（承诺在未来会举行选举）为以色列内塔尼亚胡政府所憎恶。后者仍致力于拒绝与任何有哈马斯参加的巴勒斯坦政府进行谈判，并希望在国际社会通过外交努力使哈马斯非法化。[②] 6月12日，三名在西岸“搭便车”的以色列青少年被绑架随后被杀害，这使安全形势进一步恶化。以色列认为，哈马斯应对此负责，这种说法起初存在争议，但后来被哈马斯运动核实。[③]

绑架事件的主要影响是它打破了以色列和巴勒斯坦权力机构之间在约旦河西岸自第二次起义以来就已经存在的现状，以及自2012年11月“防务支柱行动”以来存在于各冲突场所相对平静的时期。

---

① Orouba Othman, “Hamas Eager to Form Unity Government”, *Al – Akhbar*, 14 May 2014.

② Joel Greenberg, “Netanyahu Calls on World To Reject Unity Government”, *Financial Times*, 1 June 2014.

③ *Al – Jazeera TV* (Qatar), 20 August 2014.

在那之前，以色列在许多西岸地区的军事存在已经大大减少。虽然以色列的意图或许不是集体惩罚，但在很大程度上巴勒斯坦人是这样认为的，因为他们的日常生活已经受到影响。它也破坏了《和解协议》，因为哈马斯用它作为借口为其在西岸的武装“抵抗”获得立足点。①

2014 年，哈马斯军事行动的升级是其新战略方向的一部分，它试图利用 7 月 2 日犹太极端分子谋杀一名巴勒斯坦青年事件（为报复之前三个以色列男孩被绑架和谋杀）。通过这样做，哈马斯希望改变其困难的地缘政治、经济和在巴勒斯坦内部的地位。在这方面，哈马斯将在 Shu'afat 的东耶路撒冷邻近地区和以色列境内的阿拉伯社区中发生的暴动（在巴勒斯坦青年被谋杀后）视为机遇。哈马斯希望以这些暴动作为手段，推动在西岸进行更为积极的抵抗，认为在西岸和以色列更为积极的巴勒斯坦“街”（Palestinian “Street”）将使巴勒斯坦人的敌意转向以色列和巴勒斯坦权力机构，并使哈马斯摆脱财政挑战和政治孤立。哈马斯决定向以色列平民发射火箭弹是为了火上浇油，希望以色列的报复行动会进一步激怒西岸和加沙的巴勒斯坦人。

因此，以色列的“以静对静”似乎误解了哈马斯的目标以及以色列—哈马斯冲突“内部语法”发生的变化。哈马斯不希望安静，因为在没有任何其他选择的情况下，它将以色列行动的扩大（不论是在近期的“保护边缘行动”还是其他）视为自己打破外交和经济孤立的契机。

这似乎是以色列和埃及实现停火尝试最初并不成功的主要原因。政治领导层的声明并没有揭示出内部分歧，而是相反——他们非常好战，并且从其与巴勒斯坦权力机构的统一已明显分裂那一刻开始一直如此。尽管面临困难，哈马斯仍然证明了它对加沙地带的控

① Mitch Ginsburg, “Israel Says It Foiled Hamas Plan For Massive Attacks On Israel, Coup Against PA”, *Times of Israel*, 18 August 2014.

制，这反映在其军事行动逐渐和有控制的升级，直到“保护边缘行动”的爆发和2014年8月26日停火的实施。

直到“保护边缘行动”开始，这样的现实反映了哈马斯利用持续动荡的愿望。当哈马斯发言人开始要求以色列不仅停止其有目标的暗杀行动也要消除对加沙地带的封锁时，我们可以看到这方面的证据。在整个冲突过程中，解除封锁是哈马斯叙事的支柱，对于加沙人、阿拉伯人和国际社会既有象征意义也有现实意义。7月7日，哈马斯增加了一个额外的要求：以色列必须释放那些作为2011年10月《沙利特协议》（Shalit Deal）的一部分被释放而后又被重新逮捕的囚犯，而埃及必须开放拉法口岸（Rafah Crossing）。随着战斗的继续，哈马斯还将建设海港和机场作为停火的条件。哈马斯充分认识到以色列或埃及默许这种情况的可能性极低。因此，哈马斯睁大了眼睛进行军事对抗。

三　保护边缘行动：人员伤亡

“保护边缘行动”历时50天，并证明也许是哈马斯和以色列之间迄今为止最具破坏性的对抗。哈马斯向以色列家门口发射了数以千计的火箭弹，同时通过使用攻击隧道开展一项雄心勃勃的向以色列境内进行渗透的活动。这些隧道在某些情况下有几公里长。这些隧道的工程极为复杂，对以色列军事和文职领导人构成了意想不到的挑战。以色列强大的民防体系，结合“铁穹”反导弹技术，能够减轻以色列平民的伤亡。然而，军人伤亡人数达到了2006年与真主党战争以来的最高。此外，居住在加沙边界的以色列平民的日常生活受到严重干扰。在加沙一侧，平民伤亡和财产破坏是相当高的。哈马斯不顾多次停火建议，而且也不考虑其平民人口受到的伤害，坚持发动攻击。尽管以色列试图尽量减少对平民的袭击，但据称哈马斯直接施加压力，要求其人口留在原地，利用他们充当所谓的

“人体盾牌”。

尽管面临着来自以色列安全内阁的压力，地面操作最终被限制在对隧道采取的行动。总理内塔尼亚胡对夺回加沙地带和驱逐哈马斯之类时间更长且代价更高的要求进行了成功抵制。最终，一些哈马斯高级指挥官被有针对性地清除，也许包括哈马斯军事部门指挥官穆罕默德·戴夫（Mohammad Deif）。可能是这一最后的行动，而不是加沙平民遭受的苦难最终说服哈马斯默许埃及在 8 月 26 日的斡旋停火。尽管以色列遭受到国际社会的一些谴责和一些经济损失，但以色列平民表现出非凡的忍耐力，没有被无情的哈马斯运动所打破。这似乎出乎后者的意料，哈马斯一直深信以色列无法承受长期的斗争损耗。

四　停火之路

在“保护边缘行动”期间，实现停火的多次尝试可以作为现代中东政治过渡性质的“晴雨表”。日益明显的是，与以往不同，“保护边缘行动”不仅是以色列与哈马斯的冲突或巴以冲突。相反，它越来越多地反映出是一个地区的组成部分。除了“射击战争”（Shooting War），三个国家（卡塔尔、土耳其和埃及）之间的激烈竞争为争取和平蒙上了阴影，每个国家都试图维护其在该地区作为对话者和关键行为体的影响力。在这个过程中，有迹象表明，以色列的敌视不再是阿拉伯国家政策制定的全部。[①] 虽然现在说还为时过早，但我们可能会看到，为了共同利益而进行的重组，在这一重组过程中，以色列很可能是作为合作伙伴而存在。

在叙利亚冲突后，不论是卡塔尔还是土耳其都扮演穆斯林兄弟

① David D. Kirkpatrick, “Arab Leaders, Viewing Hamas as Worse Than Israel, Stay Silent”, *New York Times*, 31 July 2014, A1.

会和哈马斯赞助者的角色。卡塔尔在海湾合作委员会（the Gulf Co-operation Council，GCC）一直扮演着局外人（Outlier）的角色，与其他成员（特别是沙特阿拉伯）发生激烈争执。[①] 作为哈马斯的主要盟友，卡塔尔充当着援助者、倡导者以及哈马斯政治派别头目哈立德·马沙尔（Khalid Mashöal）宿主的角色。它还对各种叛乱组织提供支持，并为媒体渠道半岛电视台（Al－Jazeera）提供赞助，该电视台一直是传播卡塔尔对“阿拉伯之春”看法的有用工具。与此同时，以前陆军元帅塞西（Marshal Abd Al－Fattah Al－Sisi）为首的埃及政府也希望收回在阿拉伯世界的领导地位，同时深深反对加强哈马斯的地位。

卡塔尔和土耳其提供了一个停火协议草案，基本上反映了哈马斯的条件。美国认为，可以以此草案作为起点，但被以色列所拒绝了。与此同时，埃及提出的停火协议反映“防卫支柱行动”后达成的现状。据传，卡塔尔在整个冲突过程中向马沙尔施压，要求其不要接受这些条款。埃及的调节最终取得成功，这成为卡塔尔难以下咽的苦果。

五　两个冲突领域：逊尼派—什叶派竞技场与激进—温和派竞技场

在“阿拉伯之春”后的中东地区，众多恶化的矛盾逐渐显现出来，而巴以问题的重要性则被边缘化。首先是逊尼派和什叶派之间的冲突，这场斗争在目前（2014 年）叙利亚和伊拉克内部的冲突中表现得最为突出。

在穆巴拉克统治下，埃及对什叶派的官方意见是，他们是政治

① For a more detailed explanation of Qatar's political role in the Middle East, see Bruce Maddy－Weitzman，“Dueling Mediators”，*The Jerusalem Report*，25 August 2014，21.

颠覆分子和伊朗第五纵队的代理人。穆巴拉克本人表示，什叶派忠于伊朗，而不是他们所生活的国家。尽管什叶派被逮捕的表面理由常常是政治原因，但他们所面临的起诉和审讯不可避免地显示出宗教倾向。最高国家安全检察官在2010 年拘禁了12 名什叶派穆斯林，其理由是“宗教轻蔑”和“伪造《古兰经》”。[①] 约旦国王阿卜杜拉二世警告说，“什叶派新月”（Shi'I Crescent）（阿尔希拉尔人，什叶派）将会分裂阿拉伯和穆斯林世界。[②] 在伊拉克，后萨达姆时代的叛乱几乎都带有宗派仇恨的色彩。

对伊朗来说，“晒草要趁天晴”，它通过在该国大力资助非国家行为体和民兵来趁热打铁。随着长期受压迫的伊拉克什叶派少数派掌权，逊尼派部落领导人开始担心该国将很快成为伊朗的势力范围。

2006 年，以色列和黎巴嫩真主党的战争使对立情绪进一步扩大。逊尼派宗教学者（尤其是在沙特阿拉伯）增加了反什叶派的声音，而埃及宗教学者 Shaykh Yusuf Al – Qaradhawi 在 2006 年 8 月警告什叶派正企图向逊尼派阿拉伯国家“渗透”。[③] 在叙利亚冲突中，巴沙尔·阿萨德（Bashar Al – Asad）领导的阿拉维（Alawi）政权正努力维持在叙利亚的权力并受到什叶派国家伊朗、它的代理人真主党和各种害怕逊尼派掌权所带来后果的少数民族群体的支持。总的来说，逊尼派世界反对阿萨德继续统治，那里的冲突已经呈现出宗派主义的维度。此外，叙利亚内战促进了伊斯兰团体的崛起，这些团体代表着反政府力量的主导因素。

同时，冲突的第二个舞台是萨拉菲圣战组织（Salafist Jihadist

---

① “Egypt”, International Religious Freedom Report 2012, Bureau of Democracy, Human Rights and Labor (Washington D. C. : U. S Department of State, 2013), 9; EmanuelleDegliEsposti, “The Plight of Egypt's Forgotten Shia Minority”, *New Statesman*, July 4, 2012; Cam Mcgrath, “Shia Hope for New Chapter”, *Africa News Service*, April 11, 2011.

② Interview with the King of Jordan Abdallah ibn Hussein, *Al – Sharq Al – Awsat*, 23 January 2007.

③ “Qaradawi Speaks to Asharq Al – Awsat”, *Asharq Al – Awsat*, 29 September 2008.

Groups)，最突出的是 ISIS，它正致力于挑战中东秩序。在当前情况下，古老的格言“敌人的敌人就是我们的朋友”为联盟的重新组合打来了大门，面对 ISIS 和类似组织，地区行为体对他们的优先事项和政策重新进行评估。这些恶化的冲突已经创造了一个矛盾：在某些领域出现利益的融合，而在其他领域则出现利益的分化。真主党、伊朗、伊拉克的什叶派政府、库尔德地方政府和美国在伊拉克反对 ISIS 方面有着相似的目的，但美国不愿采取行动对付叙利亚境内的同一组织，因为它担心这样做会帮助阿萨德和真主党，美国将这两者视为非法行为体。与此同时，库尔德地区政府并没有放弃其对伊拉克中央政府的不满，尽管他们在反对 ISIS 上结成联盟。①

面对此凶兆，伊拉克和叙利亚的邻国深感焦虑。约旦与伊拉克的主要边境通道 Turaybil 已被 ISIS 占据，这使约旦王国高度关注。尽管约旦的民族构成相对单一，但大批叙利亚难民涌入已使其深感困扰，而且大约有两千名约旦公民是伊斯兰武装团体的成员。他们已经表明，希望约旦成为下一个目标。② 约旦的反应是在其与伊拉克 181 公里长的边界部署大量军队。与此同时，武装分子已经沿着通过边境通道的巴格达—安曼公路设立了检查站。③

经济后果将是相当大的。两国大量贸易是通过陆地边境往来，而这些边境现在正受到威胁。事实上，由于叙利亚内战，伊拉克货物一直经过约旦运抵以色列的运输站。④ 此时，这种安排似乎不可能持续下去。巴士拉（Basra）和亚喀巴（Aqaba）之间的伊拉克—约旦联合石油管道（目标是使其成为一个 180 亿美元的项目）⑤ 目

---

① CaleSalih, “Kurdistan Isn't About to Leave Iraq Amid ISIS Fighting”, *Time*, 6 August 2014.

② Abdul – Rahman Abu Sneineh, “ISIS sets its sights on Jordan”, *Al – Akhbar Al – Youm*, 24 June 2014.

③ Suleiman al – Khalidi, “Jordan Beefs Up Iraq Border Defenses as Frontier Post Falls”, *Reuters*, 22 June 2014.

④ Gad Lior, “Iraqi Goods Travel to Turkey Via Israel”, *Ynetnews. com*, 4 May 2013.

⑤ Khaled Neimat, “Jordan, Iraq preparing to tender MYM18b oil pipeline”, *Jordan Times*, 22 February 2014.

前已被无限期暂停。[①] 此外，自危机开始以来，伊拉克向约旦的资金转移已经下降了一半。由于日益恶化的安全状况，从约旦自由区（Jordan Free Zone）向伊拉克的出口已经停止，而此前该自由区70%的出口流往伊拉克。[②] 鉴于这些事态的发展，约旦和其他地区行为体被迫为其出口产品寻找其他销路。

从本质上讲，ISIS和像它这样的Takfiri团体正在做的事情是挑战第一次世界大战后的现状（赛克斯－皮科，Sykes－Picot），这一现状是奥斯曼帝国解体后由西方策划。从伊拉克和叙利亚事实上的分裂中，我们可能也看到了对多民族的中东民族国家的概念否定，而更倾向于以民族和宗派为基础的政体。随着叙利亚国家的失败，其邻国黎巴嫩也将如此，它也为历史上问题重重的族群关系所累。现在，谁在为名为“伊拉克”的实体而战斗？尽管马利基（Nuri Al－Maliki）已经从总理位置上退下，这有利于海德尔·阿巴迪（Haidar Al－Abadi）博士，但仍然很有可能的是，问题的答案将日益为什叶派。在这种情况下，伊拉克中央政府将成为区域旋涡中的又一个宗派主义玩家。此外，极端残暴已成为ISIS规则的一个标志（斩首、十字架酷刑等），这已成为在伊拉克境内获得逊尼派支持者的又一个工具。伊拉克逊尼派并不一定会因为思想的认同而向ISIS聚集。相反，它正在变成一个“你最害怕谁”的问题。担心伊拉克什叶派的报复，伊拉克逊尼派很可能选择与他们的教友站在一边。从这个意义上说，ISIS正在增强原始认同，这已成为后萨达姆时代伊拉克的最突出标志。

将西方的发展标准用在中东是一种误导。相反，我们应该着眼于过去和现在的中东辩证法，这不同于西方的辩证法。在试图为地区创造一个不同的未来时，团体和个人都在呼吁回到过去。ISIS正

---

① Majid Al－Amir, “Jordan Prepares to Contain Fallout from ISIS Advance”, *Asharq Al－Awsat*, 16 June 2014.

② Omar Obediat, “Money Transfers from Iraq Drop By Half”, *Jordan Times*, 24 June 2014.

试图通过利用7世纪伊斯兰哈里发政权（Caliphate）使用过的形式和术语使自己合法化，事实上，它正在将自己定位为那一实体的继任者。除各种圣战或Takfiri组织之间政治关系声明中有问题的性质之外——它们可能会也可能不会同意ISIS宣言的时间选择——后者正在挑战现有制度的合法性，并呼吁用一个已经消亡了一千多年的制度取代现有制度。它是对现代世界的公然否定，也是今日中东权力关系矛盾属性的一个典型例子。

美国正在领导武装力量“分解和摧毁”ISIS，至少在伊拉克是这样。[①] 在美国从伊拉克撤军短短三年后，奥巴马政府发现，自己正在一个宁愿忘记的国家强化美国的参与。尽管在伊拉克事件仍在发展中，有一点是明确的：奥巴马和他的前任总统乔治·W. 布什都未能理解中东的辩证法，不过，每个人的方式不同。为了有效，这种行为不能仅限于伊拉克领土。然而，即使是像空袭这样低限度的干预仍然能对阿萨德维持其统治的能力有直接和积极的影响。从本质上说，奥巴马和西方将在帮助“2013年弃儿”（Pariah of 2013）。这样做，他们将会与伊朗和真主党合作。这为那些曾抨击阿萨德侵犯人权并要求他下台（2011年开始）的国家提出了难题。[②]教训或许是这样的：人们可以信奉道德情感，但是，当“橡胶碰到路面”的时候，在中东地区现实政治为王。

六 对中国的影响

鉴于超级大国构造的变化以及在地区的参与，重要的是，在当前的事件中不能忘记中国的重要性和发挥的作用，不能只是专注于

---

① Zeke J. Miller, “Obama Vows to ‘Degrade and Destroy’ ISIS”, *Time*, 5 September 2014.

② Steven Lee Myers, “U. S Leads Allies in Call For Chief of Syria to Quit”, *New York Times*, 19 August 2011, A1.

俄罗斯和美国。将我们的注意力转向国际舞台，中国是一个不可忽视的力量，而且近年来它一直寻求完全务实的中东政策。它并没有在该地区投射“硬实力”，而是倾向于在以色列和阿拉伯国家从事商业活动。在当前的危机之前，诸如迈克尔·C. 赫德森（Michael C. Hudson）之类的学者就警告说，为了满足其日益增长的能源需求和由于急剧的变化，中国将最终被迫采取亲巴勒斯坦的立场。[①]然而，在当前中东的局势下，中国可能还没有做出这样的决定。很可能的情形是，中国寻求的是稳定。如果是这样的话，它将寻求促进能够使各国和地区得到稳定的政策。在不断变化的地缘政治局势中，中国必须重新评估它的一些战略。事实上，2014年6月，中国港口公司（China Harbor）成功地中标10亿美元工程，兴建阿什杜德（Ashdod）[②]港口设施，可能中国实现在中东确保一个“安全港”这一目标还有很长的路要走，而且这也证明了上述观点。就像约旦所发现的，以色列为该地区货物的进出提供了一个安全通道。叙利亚不再是一个可行的选择，伊拉克也不是，而且从中期来看，黎巴嫩也不是。沙特阿拉伯和海湾国家（不包括卡塔尔）在没有可行替代方案的情况下可能不会推动中国做出决定。此外，那些国家在“保护边缘”问题上保持沉默，他们与穆斯林兄弟会和哈马斯之间的对立似乎已经超过了他们历史上反对以色列的言论。[③]

由于上述原因，中国没有兴趣看到ISIS取得胜利。它一直在缠斗与本国新疆的伊斯兰叛乱分子，而ISIS曾威胁要接管新疆。尽管此时这种威胁不具可能性，但是，中国对美国在伊拉克主导的行动“保持开放的态度”，因为美国的行动将支持伊拉克的安全与稳定，

---

① Michael C. Hudson, “Geopolitical Shifts: Asia Rising, America Declining in the Middle East?”, *Contemporary Arab Affairs* 6, No. 3 (2013): 464.

② Avi Bar - Eli, “Chinese Firm Wins Tender, Opts To Build MYM1b Private Port in Ashdod”, *Haaretz*, 24 June 2014.

③ Habiba Hamid, “Why Are The Gulf Countries Silent About Gaza?”, *The Guardian*, 8 August 2014.

而伊拉克提供中国石油的近 10%。[①] 中国并没有谴责美国在伊拉克针对 ISIS 的袭击，这与中国在过去的政策表现明显不同。2003 年，中国谴责美国对伊拉克的干预，而且它普遍反对对冲突的任何外在干预，因为这直接挑战各国的主权。[②] 此外，中国认为，ISIS 对国家主权构成了更大的威胁，而国家主权是中国外交政策的传统“红线”，远超过任何西方国家的外来干预。虽然中国会形成什么样的政策仍有待观察，但很明显的是，ISIS 的胜利不符合中国的利益。中国的利益似乎与沙特阿拉伯更为一致，据报道，中国每天从沙特购买 100 万桶石油。中国也在该国寻求稳定，因此，它将寻求能够提高中国应对颠覆现状者能力的政策。[③]

七 结论

哈马斯在 2014 年挑起了与以色列的冲突，主要是因为叙利亚内战、穆斯林兄弟会政府在埃及下台、卡塔尔提供的资金花光，以及它与法塔赫对西岸主导权的竞争使其面临困境。哈马斯发现，自己没有钱，实际上是没有朋友，处于日益孤立的境地。因此，它有意将冲突升级，希望能改变现状，加强其作为以色列抵抗者的形象。同时，在哈马斯与以色列的军事战斗中又加入了谁来对停火进行调停的竞争。卡塔尔、土耳其和埃及对影响力及声望进行竞争，每个国家都追求自己的特殊利益。埃及在地区稳定和削弱哈马斯方面有着利益，哈马斯是穆斯林兄弟会运动的一个分支，而穆斯林兄弟会运动被认为对执政的塞西（Al - Sisi）政府构成威胁。与此同时，

---

① Alexa Olesen，“China Sees Islamic State Inching Closer To Home”，*Foreign Policy*，11 August 2014.

② “Beijing Likens Cheney Criticism to Nosy Neighbor”，*The Washington Times*，1 March 2007.

③ Abdulrahman Al - Rashed，“China and the Future Alliance With Saudi Arabia”，*Asharq Al - Awsat*，17 March 2014.

卡塔尔继续资助反叛组织（包括兄弟会和哈马斯），并有时与海湾合作委员会的其他国家进行激烈竞争。这使它成为谈判进程的破坏者，并反映了在逊尼派内部越来越多的分歧。与此同时，越来越明显的是，巴以冲突不是2014 年的主要故事。事实上，更为突出的矛盾有两个相互关联，有时也是相互矛盾的成分。第一个成分是什叶派和逊尼派之间的宗派斗争，特别是在叙利亚、伊拉克以及越来越多在黎巴嫩。第二个成分是 ISIS 和其他 Takfiri 逊尼派团体的崛起，它们已经开始侵略性的征服战役，并利用诸如伊斯兰哈里发的思想为扩大自己的统治提供正当性。此外，他们代表了逊尼派世界的进一步分裂，同时也代表了一个共同的敌人。为了与它对抗，列强在中东地区寻求稳定的利益可能会融合。非常突然，2013 年的主要敌手（叙利亚的阿萨德）成为一系列潜在可怕政策选择中可能“最不坏”的，西方在伊拉克对 ISIS 的干预只会加强他保持权力的可能。这样的结果为那些信奉人权的国家所憎恨。虽然中国在历史上没有在中东冲突中选边站，但它似乎会支持那些致力于稳定的行为体。一个激进的和扩张性的行为体在一个中国严重依赖其能源的地区获得统治地位并不符合它的利益。此外，中国不太可能在针对以色列的冲突中选边站，那些以商业关系作为重中之重的行为体在这个时候不太可能会这样做。相反，中国以及温和的海湾国家将会明智地选择支持中央控制激进周边地区的务实政策。

第七章 犹太人的流散及其与中国的关系

——从古至今

彼得·卡辛 崔文星 译

一 起源

“犹太人的流散”（Diaspora）是古希腊语“derivative”（意为驱散或分散）的派生词。在谈论现代犹太人的流散之前，我们必须对犹太人四千年的历史进行回顾。犹太人的历史可以追溯到其先祖亚伯拉罕（Abraham），“亚伯拉罕”的意思为“多国之父”。他被认为是一神论之祖。“犹太人”（Jew）一词来源于“犹大”（Judah）——雅各布（Jacob）十二个儿子中的一个。在“犹太人”一词产生之前，“希伯来人”（Hebrew）被用来描述犹太人的祖先，一个邻居称他为“亚伯拉罕”。有趣的是，“犹太”在希伯来语中有上帝名字的缩写字母，它的意思是“赞美上帝”。从词源学角度看，希伯来语中“希伯来人”（Ivri）一词起源于一位邻居将亚伯拉罕称为“希伯来人”（the Hebrew），其在语言学上的意思是跨越物理边界，但笔者认为，实质上它是指跨越人性的边界，因为他内在的正直和正义在他那个时代或者说在任何历史时期都是空前的。

［作者简介］彼得·卡辛（Peter Kash）是十几家生物科技公司的创始人之一，这些公司主要开发治疗癌症的药物。

亚伯拉罕娶了撒拉（Sarah）——意思为“公主”。他与三个女人生了八个孩子。从《圣经》来看，这些孩子中最著名的一个是以撒（Isaac 或 Yitzhak），在希伯来语中的意思是“喜笑”，因为他母亲是在 90 岁的时候怀上他的。或许这就是在流散的犹太人中出现了这么多喜剧演员的原因之一。以撒生了以扫（Esau）和雅各布（Jacob），雅各布后来接过领导权并生了 12 个儿子，这 12 个人的后代逐渐发展成为以色列 12 个支派。约瑟夫（Joseph）是他 12 个儿子中的一个，意思是“补充添加”（to supplement to add）。由于其他兄弟的嫉妒，约瑟夫被卖到埃及为奴。最终，由于具有解梦的神奇能力，他逐渐成为在埃及权力居于第二位的人。

将近四百年后，随着人数不断增加，古希伯来人在埃及受到不公正的对待，开始沦为奴隶，失去了做人的自由。为了摆脱奴役，获得自由，犹太人在一个名叫“摩西”（Moses）的犹太伟人带领下逃离埃及。“摩西”在古希伯来语中的意思为“从水里拉上来”，但也有学者认为，该词来源于埃及语中“儿子”（to be born or son）一词。经过四十年的艰苦跋涉，他带领古以色列人来到迦南地（后来成为以色列）。根据《圣经》记载，摩西成为上帝与全人类（不仅仅是希伯来人）之间的中介者。其最为著名的《十诫》成为世人遵守的道德准则。摩西还在偏见、领导、医疗保健等方面给了我们很多的经验和教训。事实上，摩西在自己 120 岁去世前选择非血亲亲属（约书亚）做他的接班人，这也是有记录以来的第一个。以色列历史的进一步证据来自约 3200 年前埃及法老麦伦普塔赫（Merneptah）所写的麦伦普塔赫石碑（Memptah Stele）的碑文。

最终，以色列王国由扫罗王（King Saul）领导，然后是大卫王［King David，他杀了哥利亚（Goliath）］和他的儿子所罗门王（King Solomon）。据说，所罗门王有 700 个妻子，很有可能是出于地缘政治目的。根据其父的遗愿，他在耶路撒冷兴建了犹太教的圣殿，直到今日，该圣殿对世界各地的犹太人仍然有着非常重要的意义。在古代希伯来文《圣经》（*Hebreo Scriptures*）中，赞美诗 137.5

写道："如果我忘记了你，耶路撒冷，愿我的右手失去技能。"（If I forget thee O Jerusalem may my right hand lose its cunning）所罗门王去世后不久，他曾经统治的国家一分为二：犹大（Judah）和以色列。

二　犹太教和儒学的相通之处

犹太文化与儒家文化的相似之处，不仅仅是象征性的。两个古老文明形成的时间相近，尽管中国历经了夏朝和商朝（约3500—3700年前），但是，到了大约3000年前的周朝，中国才产生了与古代希伯来人文化有很多相通之处的丰富的人文哲学。古代希伯来人和古代中国人的哲学之间有着惊人的相似。例如，希伯来文《圣经》中写道，不要恶意针对邻居，不要有偏见，不要犯罪，从而通过道德找到内心的平静与安宁，这与约2500年前形成的儒家学说中关于诚信和道义等道德和伦理观没有什么不同。或许孔子最为人所知的思想是"己所不欲，勿施于人"。该名言与约2000年前犹太人宗教领袖大希勒尔贤者（Hillel the Elder）的至理名言颇为相近："你不愿意别人对你做的事情，你也不要对别人做：这是整个《圣经》；剩下的就是解释；去学。"另一个格言是："如果你救人一命，那就像拯救了整个宇宙。""如果我是为自己，我是谁。但是，如果我只为自己，我是什么。如果不是现在，那又要什么时候。"上述的所有名言对于理解犹太人的离散都很重要。

一个有趣的现象是，犹太教和儒教的经典传统几乎是同时出现的——公元前5世纪前后。公元1163年建于开封的一座犹太教堂的铭文显示，犹太人可能在汉代（可以追溯到公元前206年）到达那里。在汉代存在的800年时间中，开封是中华帝国的首都，开封的犹太人从未受到迫害或歧视。当时的中国领导人及其60万居民欢迎他们的犹太邻居，将犹太人视为中国的公民并允许他们自由地信奉自己的宗教。在公元1世纪，罗马统治了整个地中海盆地。统治阶级对诸如丝绸这样的精细物品产生了兴趣，这有助于欧洲与中国贸易路线的形成。犹太人可能是沿着这条路线迁徙，尤其是在犹太国家崩溃和公元70年第二圣殿毁灭（导致了今天犹太人的离散）后。唐朝时期（公元618—907年），在中国可能存在犹太人。犹太教，尤其是拉比的传统（Rabbinic Tradition）包括一些与东方哲学非常一致的哲理语句："一切都在天堂的手中，但是是对天堂的恐惧。"（Everything is in the hands of Heaven but the fear of Heaven）（Berachot 33b，Talmud）与儒家学说非常一致，无论是在思想上还是在术语方面。然而，孔子被认为是"半先知"或"先知—哲学家"，他得到"道"（Dao）并将其传授给学生。他是通过学习而不是神的启示得到"道"。像拉比（Rabbi）犹大·哈纳西（Judah Ha - Nasi）那样，孔子是一位伟大的教育家，而不是像摩西那样的先知。

山东大学犹太人研究专家、哲学教授傅有德对儒家思想和犹太教之间的相似之处进行了描述："犹太教和儒学既是道德系统也是宗教……并且有几个共同的原则和规范。"两者之间最著名的相似之处是"黄金法则"（The Golden Rule）。希勒尔（Hillel）在犹太教中说："自己所憎恶的事情，不要对别人做，这就是整个犹太圣经，其余的都是补充，去了解它。"而儒家学说则强调要做好事、言行谨慎和爱人。然而，傅有德在对犹太教和儒家学说的爱人进行比较时指出，犹太教中的爱人不限于一个家庭、一个家族、一个城市或一个国家，这种爱涵盖全人类。

然而，孔子所言的爱是有优先次序的：一个人首先应该爱自己的父母。这一点也在第五戒律（The Fifth Commandment in the Two Tablets）中得到表达："当孝敬父母，然后是其他家庭成员，然后是一个村的村民，然后是国人，然后是其他人。"孔子生活在大约2500年前，在同一时期（约公元前586年），巴比伦征服了以色列。有足够的证据显示，古代希伯来人前往沙特阿拉伯，许多最终被吸收到伊斯兰教；其他人前往印度今天被称为克什米尔的地方；然后到中国的四川地区。难道这些以色列人在孔子时代就已到达中国？

在古代，所罗门王曾有一支规模很大的海军；因此，在古代以色列人中肯定会有航海家。我们知道，若干年后（1368—1644），最初的明朝皇帝赋予犹太人七个姓氏：艾、劳（Lao）、金、李、石、张和赵。上面七姓之一的现代中国人，其祖先很有可能是古代希伯来人的一部分。不可否认的是，希伯来人和中国人在血统、文化、价值观和对家庭与教育的热爱等方面有着美好的联系。

在所罗门国王之后，他的儿子罗波安（Rehoboam）登上王位，但是，内部争斗使国家一分为二，北方的10个支派组成了“以色列王国”，而其余的两个支派则组成了“犹太王国”。正如前面所提到的，这里值得再次提及，任何大国都会发生内讧，这只是时间问题，混乱导致叛逆，而这又会引起邻居的注意。在几乎240年后的公元前555年，巴比伦（今伊拉克）征服了以色列，而且在公元前422年他们摧毁了耶路撒冷的第一圣殿。这造成了犹太人第一次真正的流散，犹太人多去了巴比伦（约1万人），而巴比伦在1948年以色列重生之前的近2400年间成为散居犹太人最大的定居处之一。总之，这就是犹太人散居的实质，渴望回到祖先曾居住过的故土。在我们快进到1948年之前，还有很多要讨论的问题。

三　流散展开

第二圣殿在约公元前352年重建，经过各种征服者的统治后在公元70年又被罗马人再次摧毁。但是，第二圣殿的摧毁使犹太人流散持续了近2000年时间。历史学家提图斯·弗拉维奥·约瑟夫斯（Titus Flavius Josephus）出生时，名为Yosef ben Matityahu，到他作为犹太将军向罗马人投降并成为罗马公民，超过110万犹太人被杀害，97000人被卖为奴隶。虽然有着不同的估计，但当时生活在世界各地的犹太人有300万—400万。与大卫王时期的近500万相比少了很多，摩西出埃及时期的数量为250万—300万人。

流散使犹太人分散到世界各处，或许这就是他们获得“流浪的犹太人”这一称号的原因所在。大多数犹太人被分散到罗马帝国各地。一些估计显示，在高峰期，罗马10%的人口是犹太人，根据亚历山大的希腊化犹太人斐洛（Philo）的说法，大约有100万犹太人在罗马帝国时期生活在埃及。犹太民族有两个不同的流散经历，其中的一组犹太人留在中东的埃及、叙利亚、波斯、巴比伦、也门和摩洛哥，同时一些人最后到了伊比利亚（今天的西班牙和葡萄牙）。这些犹太人被称为西班牙系犹太人（Sephardic Jews）。另一组被称为德系犹太人（Ashkenazi Jews），他们住在今天的东欧和北欧。在大多数情况下，随着伊斯兰教的兴起，西班牙系犹太人成了二等公民，但他们没有经历中世纪对犹太人的大屠杀。

不管这些犹太人是否见过面，将他们联系在一起的一个纽带是对回归耶路撒冷的向往，耶路撒冷在《圣经》中就被提到过600多次。其次是共同的语言，不论在世界何处，每本祈祷书都是用希伯来文写的。这最终有助于犹太商人在世界各国做生意，因为不管在哪个国家，那里的犹太人大都能说自己祖先的语言。

这一章的主题是犹太人的流散，正如读者所见到的犹太人在世界各地的流散，毫不奇怪的是，1948年5月12日现代以色列诞生后，今天以色列人口达到814.6万，其中，犹太人占75%，阿拉伯人占20.7%，其他人是非阿拉伯基督徒和巴哈教徒（Baha'i）。根据以色列旅游部（Israeli Ministry of Tourism）的统计，来自世界120个国家的移民使用约33种语言。如前文所述，希伯来语是共同的纽带，不允许再次发生针对犹太人的大屠杀是他们共同的意识。防止发生对犹太人进行大屠杀的最佳路径就是建立以色列人的祖国。下面将对过去两千年中离散的五个核心原因进行探讨，在此过程中，这一愿望将会被更深地理解。

在第二圣殿于公元70年被摧毁后，犹太人仍生活在罗马帝国，但大部分是作为奴隶；其他人随着时间的推移，最终分散到中东国家，大部分受穆斯林统治，被称为西班牙系犹太人；其他犹太人被称为德系犹太人，他们受基督教徒统治，处于二等公民的地位。成千上万的犹太人被杀死或被强行转化，随着时间的推移而被吸收进其他民族。笔者认为，在希律王（King Herod）（公元前37年至公元前4年）统治时代之后，犹太人的内讧导致了最终被罗马人打败。虽然不是百分之百准确，但克劳狄人口普查（Claudian Census）显示，在希律王时代大约有699.4万犹太人，其中，230万—250万人生活在巴勒斯坦——这是公元70年罗马人给以色列土地起的名字。公元135年对罗马的又一次反抗导致53万犹太人被杀。所以，在大约1100年后，犹太人从占罗马帝国人口的10%降到不足0.2%［根据犹太人托莱多的本杰明（Benjamin of Toledo）在1168年写的《游记》（*The Book of Travels*），当时他游遍中东地区和欧洲并对犹太人进行考察］。有趣的是，他发现，许多犹太人都是丝绸工匠，尤其是在君士坦丁堡，唯一一个被允许骑马的犹太人是拉比·所罗门，他是国王的私人医生。医学是犹太人在19世纪和20世纪所追求的一种职业，当时大学最终允许犹太人参与集体学习，但仍有数额的限制。在14世纪，亚伯拉罕·阿维格多（Abraham Avigdor）是第一个有记录的在一所欧洲大学学习医学的犹太人。根据乔纳森·西尔弗曼（Jonathan Silverman），在第二次世界大战和大屠杀爆发之前，柏林医生中有42%是犹太人（Facts are Facts，11－21－04）。根据迈克尔·内文斯（Michael Nevins）医生的记载，1934年，美国学医的学生中有60%是犹太人，这一比例到1988年下降到9%。

四　思想和科学的释放产生反犹太主义

对医学和科学的兴趣或许来自伟大的犹太学者和医生迈蒙尼德（Maimonides）或拉姆巴姆（Rambam）的激励，他（1135—1204年）也是当时埃及统治者的御医。他写了十几本关于医学和哲学的书，或许其中最著名的是《迷途指津》（*Guide to the Perplexed*），该书集逻辑、科学和哲学于一体。从那时起，尽管有数额的限制和受到歧视，但犹太人在医学和科学领域还是取得了巨大的成就。根据维基百科，自首次颁发诺贝尔奖以来，犹太人已经获得了诺贝尔医学奖的28%、物理奖的26%、化学奖的19%、经济学奖的41%和文学奖的13%。当你考虑到犹太人仅占世界人口的0.2%时，这一比例是相当大的；目前已经有12位诺贝尔奖获得者。

流散始于巴比伦人和罗马人对以色列圣殿的摧毁，然后在经过数百年相对接受他们的犹太少数民族后，西班牙和葡萄牙［伊莎贝拉女王（Queen Isabella）和斐迪南国王（King Ferdinand）1480年领导］领导的西班牙宗教裁判致使流散进一步扩大。超过34.1万犹太人受到影响，特别是那些已经皈依基督教的犹太人。这些犹太人中有很多逃往土耳其和北非。但是，这种行为导致了第一个犹太人登上了美洲海岸，路易斯·托雷斯（Luis Torres）是克里斯托弗·哥伦布（Christopher Columbus）的翻译，他是一个马拉诺人（Marrano）。在西班牙语中，“马拉诺人”是一个贬义词，用来指已转换为天主教徒的犹太人。他说服哥伦布让他留在美洲。最后，数以万计的犹太人来到了后来成为巴西、拉丁美洲、墨西哥等地方。这也成为西班牙和葡萄牙大国地位的终结，而且从此之后一直未能恢复。然而，对于犹太人的流散史而言，最重要的国家是美利坚合众国。美国出于各种目的敞开怀抱欢迎犹太移民的到来，犹太人在美国享有充分的自由，他们可以通过努力成为他们想要成为的任何人。当然，还有形形色色的偏见，甚至在某些大学和乡村俱乐部还有数额限制，但是，正如我们随后将会看到的，犹太人对美国和世界的贡献直接与他们是否被接受为完全的公民直接相关。

第三次反犹太主义的浪潮使犹太人进一步向西流散。1648年，波兰的赫梅利尼茨基（Chmielnicki）大屠杀使10万犹太人丧生，300多个社区在短时间内受到破坏。一个乌克兰煽动者发起了对波兰贵族的大屠杀，但将失败归罪于犹太农民。但是，290年后，其剩余部分（超过300万人，代表了其人口的90%）在纳粹大屠杀中被杀害，这是犹太民族遭受的最大灾难，1/3 的家庭被摧毁。本章稍后还会对此做进一步的讨论，但是，需要指出的是，这个星球上几乎每个国家都拒绝吸收犹太人，而两个国家除外——中国和多米尼加共和国。这可能是出于中国人和犹太人在 15 个世纪之前就存在的历史渊源，孔子和希勒尔（Hillel）都崇尚“己所不欲，勿施于人”的人文法则。

17—19 世纪，欧洲犹太人得到解放。这种自由有时持续数年或几十年，但总是会发生变化的。然而，拿破仑打破了隔离犹太人的墙壁并使犹太人融入法国社会。西欧的这一解放带来了人口上的代价，仅在 19 世纪就有超过 25 万犹太人皈依基督教（根据 Emile Marmorstein 的著作 *Heaven at Bay the Jewish Kulturkhampf in the Holy Land*）。这是犹太人进入大学、企业甚至政府的入场券，本杰明·迪斯雷利（Benjamin Disraeli）能成为英国首相是因为他父亲在 1817 年给他施了洗礼。有一个家庭没有转换，并成为其中最突出的犹太家庭，也是有史以来最显著的银行家族之一——罗斯柴尔德（Rothschild）家族。他们的突出成就也带动了其他犹太家庭进入银行业的新浪潮，如华平家族（Warburg's）和席夫（Schiff）家庭等。有人可能会说，罗斯柴尔德家族是德系犹太人，而萨夫拉（Safra）家族是最成功的西班牙系家庭。

东欧的犹太人固守自己的犹太血统，遭受了传统的反犹主义之苦，这导致了流散的第四次高潮——俄罗斯对犹太人的驱逐。虽然历史记载表明，16 世纪 60 年代，立陶宛和波兰东部的犹太人表现出创业精神，他们拥有内河船、磨坊、酿酒厂并贩卖毛皮、肥皂、奢侈品等。但所有这些成功总是短暂的，当统治者或贵族想要放弃还债时。似乎总有一个赫梅利尼茨基（Chmielnicki），或可怕的伊凡（Ivan the Terrible），或 1530—1584 年的俄国沙皇（他在 16 世纪中叶淹死了那些没有转换宗教的犹太人）。一个民族在经过几百年（如果不是 2000 年）的迫害后被剥夺了多少东西？但是，还要经过更多周期性事件，现代以色列国才能得以创立。

五　现代的出埃及记

从1870年到20世纪初，对犹太人的大屠杀和财产盗窃导致250多万犹太人离开俄罗斯，其中，200万人来到美国（当然，犹太人早在18世纪就来到美国）。事实上，哈扬·所罗门（Haym Salomon）是独立战争资金的主要提供者，他向华盛顿将军贷款60万美元，相当于今天的390亿美元。所罗门先生一直都没有收回贷款，而且在战争期间被逮捕，英国人指控他为间谍。有一个未经证实但却巧合的民间说法，华盛顿和国会在一美元钞票的背面增加了13颗星组成大卫王之星（Star of David）（犹太教的六芒星形）作为对所罗门所做牺牲的表彰。现实的情况是，华盛顿总统提到《圣经》中的犹太人家园，并与本杰明·富兰克林（Benjamin Franklin）一起支持将希伯来人穿越红海、离开埃及作为美国的象征。耶鲁大学是美国的第一批大学之一，其校徽上用希伯来文写着“光明”和“真理”。自由钟（Liberty Bell）是所有美国人的国家象征，上面也刻着来自《圣经》的文字（《利未记》25：10）——“在遍地给一切的居民宣告自由”。

来自德国和其他地方的犹太人也将美国作为目的地，在美国，他们在上大学、做生意、所有权、医药以及创业等方面几乎享有完全的自由。前面已经提到过，19世纪90年代发生的两起事件促使犹太国家在1948年5月的最终建立。1894年发生在法国的德雷福斯事件（Dreyfus Affair）激励了现代以色列和犹太复国主义之父西奥多·赫茨尔（Theodore Herzl）。法国犹太人军官阿尔弗雷德·德雷福斯被反犹太军官诬告他是德国人在法国的间谍，西奥多·赫茨尔见证了这一过程。1899年，用来起诉德雷福斯上尉的文件被证明系伪造，赫茨尔通过这件事深刻地认识到，确保犹太人长久生存的唯一真正机会是建立属于自己的国家。这一过程用了50年时间，但他的梦想最终成为现实。但这一理想是在犹太人经历了大屠杀之后才实现的，在大屠杀中，超过600万犹太人失去生命。现代历史学家会提出这一数字接近650万的新证据。笔者父亲一方的家庭中超过80%的成员在大屠杀中丧生。

除俄国犹太人向美国移民外，在19世纪80年代以及1904—1909年（俄罗斯对犹太人进行大屠杀）有成千上万的犹太人移民到以色列。俄罗斯秘密警察甚至制造了著名的伪造文件《锡安长老会纪要》（*The Protocols of the Elders of Zion*）以促进进一步的反犹主义。请注意，即使是在今天，这一伪造文件仍在阿拉伯世界重印，继续制造偏见和仇恨。罗斯柴尔德勋爵（Lord Rothschild）几乎凭自己的力量向这些犹太人移民到巴勒斯坦提供资助。奥斯曼帝国的衰落导致了目前中东地图的形成，唯一的以色列国家处在十几个阿拉伯邻国的包围之中。1917年7月的《贝尔福宣言》（Balfour Declaration）也是以色列建国史上的一个重要文件。

由于美国看到犹太人在1925年人口增加到450万，它向犹太移民关闭了大门，而希特勒将要打开地狱之门。希特勒将犹太人作为“替罪羊”，到20世纪30年代，“最终解决方案”（Final Solution）深入人心，对犹太人的歧视性法律成为政府立场，犹太人只能从事特定职业，不允许进入大学。1938年11月9日，被犹太人称为“水晶之夜”（Kristallnacht），这一天数百座犹太教堂被毁，两万犹太人被送往集中营，他们中有谋杀犯、强奸犯，对欧洲犹太人的物理破坏从此开始。读者可以阅读其他关于对犹太人屠杀的书籍和文章，根据1977年德国政府共享的数据，希特勒的杀人机器包括1634个集中营和900个劳动营，在几天内就能剥夺8万犹太男人、女人和儿童的生命。每周或每月都有成千上万的犹太人被杀害，很多家庭都遭灭门。仅在臭名昭著的奥斯维辛集中营（Auschwitz）就有超过200万犹太人被杀，他们在囚犯身上进行凶残的医学实验。

向这些被困的犹太人关闭移民之门是英国，特别是美国之类国家的耻辱，这些犹太人中包括很多在医学、科学、艺术和商业领域的杰出人物。这里需要提及的是，有一位名叫何凤山（Feng Shan Ho）的中国外交官，1938—1940 年，他在担任维也纳总领事期间在未经授权的情况下向犹太人发放签证让他们逃到上海。

第二次世界大战结束给现代犹太国家的建立带来了新的重要性和紧迫性，大约有 65 万犹太人开始创建新的国家。在与阿拉伯邻国的独立战争中有 6000 名男女牺牲，但以色列奇迹般地顶住了巨大的困难，2014 年，以色列庆祝其独立 66 周年，拥有 810 万人口，其中具有犹太教信仰的人口为 610 万。在全球大约有 1390 万犹太人，美国有 540 万人，法国有 47.8 万人，加拿大有 38 万人，南非有 7 万人，意大利有 2.8 万人，巴拿马有 1 万人，中国有 2500 人。在以色列之外，除东正教犹太人（Orthodox Jews）和哈希德派犹太人外，犹太人口显著下降，超过 50% 的人因通婚而被同化。今天，犹太人与世界人口的比例已经从 20 世纪 30 年代的 0.8%（1700 万）下降到 0.2%。今天的犹太人占美国人口的比例已从 3% 下降到 1.7%，尽管数字并不能说明全部问题。

六 当今世界上的犹太人

今天，在美国国会有 31 名犹太教成员，包括 11 名民主党参议员、1 名独立参议员和 19 名众议员（全部都是民主党）。因此，目前犹太人在国会没有共和党代表。2007 年，国会犹太人成员高达 43 个（犹太虚拟图书馆）。然而，开国元勋如乔治·华盛顿、约翰·亚当斯、本杰明·富兰克林都是犹太人家园和犹太复国主义的热心信徒。约翰·亚当斯写信给托马斯·杰斐逊："我将坚持认为，在推进人类文明方面，希伯来人比任何其他民族做出的贡献都大。"

即便是当初乘坐五月花号离开英国的清教徒，他们也想到了在摩西的领导下古代希伯来人离开西奈沙漠。几个原来的清教徒，如威廉·布拉德福德（William Bradford）和科顿·马瑟（Cotton Mather）实际上说希伯来语。最有趣的是，亚伯拉罕·林肯（Abraham Lincoln）是唯一一个没有宣布其宗教信仰的总统，而他祖父的名字是莫迪凯（Mordechai），这使一些史学家认为，林肯总统的根源是犹太人。关于这一理论，另一个有趣的方面是，他的祖先来自英国的林肯，而林肯是在大屠杀爆发后对犹太人进行保护的少数几个城市之一；犹太人会将城市的名字放到自己的名字中以感谢林肯市警长（Sheriff of Lincoln）的恩情。

在本章写作过程中，我们正目睹反犹主义在世界各地的上升。犹太人正离开法国移民到以色列，在乌克兰、阿根廷、挪威、比利时、阿姆斯特丹等地的犹太人也是如此。出现这一趋势的背景是伊斯兰原教旨主义在欧洲和世界各地的崛起，以色列接受的来自欧洲流散犹太人的数量可能会达到历史记录。据以色列犹太事务局（the Jewish Agency for Israel）和以色列移民吸收局（Israel's Ministry of Immigrant Absorption）的估计，5000 多名法国犹太人（占法国犹太人社区的 1%）在 2014 年移民到以色列，是 2012 年的两倍多。

犹太人很小的绝对数量并不能代表他们的成就：在之前，我们已经提及但在此处值得重申的是，犹太人被称为“书的民族”（People of the Book），获得了诺贝尔医学奖的 28%、物理奖的 26%、化学奖的 19%、经济学奖的 41% 和文学奖的 13%，而其人口仅占世界人口的 0.2%。这还不包括治疗癌症、肝功能衰竭、肝炎、艾滋病、多发性硬化、脊髓灰质炎［索尔克（Salk）博士和萨宾（Sabin）博士的工作从这一可怕的传染性疾病那里拯救了数以百万计的生命］等疾病的药物开发和数十种医疗器械制造方面的成就，这些成就无法用经济收益和诺贝尔奖来衡量。

流散的犹太人与以色列之间的关系一直很密切。一些数据显示，根据 2014 年盖洛普民意调查（Gallup Poll）结果，57% 的美国人支持以色列，其中，共和党人对以色列的支持率为 67%，而民主党则只有 39%。然而，有一个不变的数字，4000 万—6000 万的基督徒认为，自己是基督教犹太复国主义者，并且非常坚定地支持以色列，而西班牙社区（根据 2011 年美国的人口普查人数约为 5000 万）人口不断增长，其对以色列访问的数量已创纪录。

由于迈克尔·斯坦哈特（Michael Steinhardt，一位著名的华尔街基金经理）、查尔斯·布朗夫曼［Charles Bronfman，其家族创办施格兰酿酒厂（Seagram's Distillery）］和谢尔登·阿德尔森（Sheldon Adelson）共同推出的“与生俱来计划”（Birthright Program），流散的犹太人也正在以创纪录的数量对以色列进行访问。在过去的 14 年中，这一计划为 18—25 岁的流散犹太人提供百分之百的旅行费用，这已经使来自 65 个不同国家的 35 万年轻犹太人实现了 10 天的以色列免费之旅。根据犹太事务局（Jewish Agency）主席纳坦·夏兰斯基（Natan Sharansky）所说，以色列政府也向该计划提供资助，目前每年提供 5000 万美元帮助连接流散的犹太人。到 2012 年，这一数字增加到 1 亿美元。

随着在以色列海岸发现以色列使用 100 多年的利维坦（Leviathan）气田，以及石油的最终发现，对勘探的资助空前高涨；近 3500 个新企业的创立，作为九个将卫星送入太空的国家之一，以色列将会在散居犹太人中扮演更加重要的角色，而不是相反。正如犹太人祖先被告知的“为所有国家带来光明”这一使命，以色列将继续在其他国家有需要的时候第一个伸出援手：当地震或灾难发生的时候帮助土耳其、海地、墨西哥、日本和印度尼西亚；或空运数万名埃塞俄比亚人返回自己古老的家园。

我们将见证具有犹太信仰或仅仅是犹太裔（他们并不信仰犹太教但意识到两次世界大战并未终止对犹太人的伤害）的医生、科学家、工程师和银行家上演现代版的《出埃及记》。笔者希望可怕的预测是错误的，一些有远见的领导人能够结束目前欧洲的仇外情绪，但遗憾的是，欧洲目前经济前景暗淡，德国、意大利和法国的国内生产总值停滞（2014 年 8 月），更不用说遍及整个欧洲的高失业率了。例如，根据欧盟统计局 2014 年 7 月对 2013 年第四季度年轻人失业率的统计，西班牙接近 54%，希腊更高达 57%，爱尔兰

25%。欧盟28国年轻人的总失业率为23.1%，而同期的总失业率为10.8%。这些经济数据在过去一直是公平的，不幸的是，良好的指标导致了右翼极端主义。难怪欧洲联盟基本权利机构（the Fundamental Rights Agency of the European Union）的一项调查发现，29%的欧洲犹太人在2013年9月考虑移民，这发生在2014年夏天加沙军事行动之前，而反犹太主义在欧洲表现得更为明显。今天这一统计数字将会更高。最近《新闻周刊》（*Newsweek*）的一篇文章"为什么欧洲的犹太人再次逃离"对犹太人进行采访，有76%的受访者认为，反犹主义在过去五年中已经恶化。右翼极端团体，如希腊的"金色黎明"（Golden Dawn）和匈牙利的"青民盟"（Fidesz）正在使用反犹太主义作为平台，然而，在这两个国家，几乎没有犹太人（不到1%的1/3）。

七 预测

总之，2014年正在见证1500年前以色列人第一次开始访问中国时的复苏。来自《圣经》的证据表明，犹太人与中国人交往的历史可能会更早；以《赛亚书》（Isaiah）49：12写道："看哪，这些将远道而来；瞧，这些将来自北方、来自西方，而且这些从希尼（Sinim）的土地来"——希尼是希伯来语中对中国人的称呼。这可能写于2800年前，然而，这两个古老的民族是如何以及通过何人而发生联系？在现实中，今天两种文化正走到一起给人来带来更大的希望和更光明的未来。特拉维夫大学和清华大学有3亿美元的联合纳米技术合作项目，以色列和中国有博士生交换项目。中国政府的光明食品集团收购了以色列最大的乳品集团Tnuva Food Industries；而李嘉诚捐款1.3亿美元给以色列理工学院（Technion）与广东省的汕头大学建立联合研究、教学和创新中心。来自两个国家的新的风险投资基金相互投资，这导致了创业精神的激增。流散的犹太人已经被中国的机遇所吸引，以色列人也将沿着祖辈走过的与中国的贸易路线前往中国和远东，不过，这次不是坐船而是乘坐飞机。

参考文献

Beverly Gray, "Is there a Doctor in the House", *Jewish Journal*, 9th April 2003.

Paul Johnson, *A History of the Jews*, Harper & Row: Weidenfeld & Nicolson, 1987.

Adam Lebor, "Exodus Why Europe's Jews are Fleeing Once Again" in: *Newsweek* 29 July 2014.

Emile Marmorstein, *Heaven at Bay The Jewish Kulturkhampf in the Holy Land*, Oxford: Oxford University Press 1969.

第八章　以色列能源政策

保罗·里夫林　崔文星　译

自1948年独立以来，以色列一直在很大程度上依赖于进口化石燃料来满足其能源需求。1967—1975年，它利用在西奈（Sinai）的阿布鲁代斯（Abu Rudeis）和拉斯·苏达尔（Ra's Sudr）油田，但是，后来燃料进口不断增加，直到2013年，东地中海的天然气投入生产。

以色列在能源市场面临着几个问题。首先，它是一个电力岛（electricity island），不能从国外进口电力。电力生产实行国有垂直一体化垄断。尽管天然气生产和消费不断增长，但是，将天然气从海上输送到陆地的能力有限，而且在天然气生产领域缺乏竞争。可再生能源的开发非常有限；没有用来发电的核电厂；由于经济增长和海水淡化，能源需求不断增加。从国际范围来看，按人均计算和相对于GDP而言，以色列能源强度很低，但是，它又是温室气体的较大排放者。

一　能源平衡

能源平衡的最新官方数字是对2011年的统计（见表8－1）。煤炭和石油进口是初级能源供应的主要来源。能源转换的数据显示，

［作者简介］保罗·里夫林（Paul Rivlin），特拉维夫大学教授。

煤炭和天然气是发电的主要来源。石油产品（在以色列提炼）是最终能源消费的主要构成部分，主要用于运输部门。对可再生能源的使用一直微乎其微。自2013年春季起，以色列越来越多地使用东地中海的天然气用来发电。

表8-1　　2011年能源平衡统计数据　　单位：千吨石油当量

	煤	油页岩	原油	炼油原料	石油产品	天然气	电	热和蒸汽
初级能源供应	7448.6	29.1	10890.7	1391.7	-1699.2	4610.9	-340.1	
本土生产		29.1	19.8			3960.3	23.0	
进口	7272.2		10472.8	1391.7	2921.3	650.7		
出口					-4555.4		-363.1	
库存变化	176.4		488.1		242.0			
能源转换								
输入								
炼油			-11102.2	-1543.5		-186.9		
发电	-7543.5	-29.1			-923.7	-4380.5		
输出								
炼油					12633.9			
发电							5114.7	
其他								13.0
自用和损失					-732.0		-361.3	
最终消费								
工业					2544.6	133.8	1163.1	13.0
交通					5987.1			
其他					543.3		3142.1	
统计差异	-94.1	0.0	-121.5	-151.8	204.0	-90.3	108.1	0.0

资料来源：中央统计局：《以色列统计汇编》，2013年。

表8-2显示，初级能源总供应量1990年以来增加了115%，而人均增幅只有26%。能源比或每百万谢克尔（Shekel）GDP的能源使用量（用吨油当量来衡量）下降了23%。

表 8－2　　初级能源供应，能源比和人均最终能源消费

年份	初级能源供应		能源比	人均最终能源消费		
	总计	人均	每百万新谢克尔	总计	其中：电力	石油产品
	千吨石油当量	吨石油当量	GDP 的吨石油当量	吨石油当量	吨石油当量	吨石油当量
1990	11036. 0	2. 368	55. 3	1. 553	0. 340	1. 124
1995	15564. 3	2. 807	58. 0	1. 913	0. 417	1. 405
2000	19499. 2	3. 100	52. 7	2. 037	0. 518	1. 417
2005	21004. 4	3. 031	51. 1	1. 898	0. 547	1. 242
2006	21417. 6	3. 036	49. 5	1. 904	0. 558	1. 232
2007	22400. 8	3. 120	49. 0	1. 829	0. 582	1. 244
2008	22277. 6	3. 048	46. 9	1. 768	0. 578	1. 187
2009	21783. 6	2. 910	45. 5	1. 685	0. 530	1. 153
2010	22636. 1	2. 969	45. 1	1. 768	0. 560	1. 183
2011	22421. 7	2. 887	42. 6	1. 744	0. 558	1. 166
2012	23578. 1	2. 981	43. 1	1. 710	0. 572	1. 129

资料来源：中央统计局：《以色列统计汇编》，2013 年。

以色列能源强度相对较低，因为在经合组织国家中高耗能行业较小、气候适宜、人口密度高、人均收入中等。由于其相对年轻的人口和经济快速增长，能源需求将继续增加，速度将快于经合组织平均水平。

二　能源进口成本

以色列几乎完全依赖于进口燃料，这已经对收支平衡产生影响。1980 年，燃料进口占进口总量的近 27%，到 2010 年，下降到 10%，但是，随后在 2012 年急剧上升到 22%。这一数字达到了以色列天然气开始开发之前的峰值：2013 年略微下降至20.5%，而在2014 年第一季度则下降至不到19%。[①] 继续减少燃料进口支出的前景将会加强收支平衡，并进一步促进经济增长。

三　石油和天然气勘探的历史

在以色列进行石油和天然气的勘探始于20 世纪初，但直到最近才有显著的发现。1955 年，在南部平原地区发现了希利斯（Helez）油田，但在生产约1700 万桶后，该油田可开采石油的储量已非常有限。后来，一些陆上油气田被相继发现，但产量都很小。此外，在20 世纪90 年代，在死海岸边和离岸约20 千米的地中海进行钻孔时发现了少量石油，但是，在地中海中所发现石油的数量太少，不值得投入生产。

1999 年年底和 21 世纪初，在地中海海岸南岸的亚实基伦（Ashkelon）海岸发现了几个海洋天然气田，这使勘探前景开始改观。被发现的首个矿床“马里 B”（Mari B）向以色列电力公司（Israel Electric Corporation）供应天然气。这些发现之后，在整个以色列领海开始进行地震调查。这些工作使海底情况得到更多的了解，有助于识别各种潜在地质结构和油气圈。

四　最近的天然气发现

2004 年，以色列开始从阳特提斯（Yam Tethys）区域的矿床生

---

① Central Bureau of Statistics, *Monthly Bulletin of Statistics*, April 2014 Jerusalem; http: //cbs. gov. il/publications14/yarhon0414/pdf/h3. pdf Statistical Abstract of Israel no. 64, 2013 http: //cbs. gov. il/reader/shnaton/templ_shnaton_e. html? num_tab = st16_07&CYear = 2013.

产天然气。最近的勘探又发现了大量其他矿床。塔马尔（Tamar）气田估计有2500亿立方米的证实储量并于2013年开始投产，该油田至少能够连续20年满足以色列目前的国内需求。2010年，利维坦（Leviathan）的发现又使塔马尔相形见绌，它是过去10年中在世界各地所发现最大的一个深水天然气田。最初估计，它有4500亿立方米的天然气储量，后来，这一估计值上升到7000亿立方米。进一步发现的潜力是巨大的：美国地质调查局估计，在整个黎凡特盆地（Levant Basin）有3.5万亿立方米天然气，其中，约有2/3（2.3万亿立方米）位于以色列管辖范围之内。海上气田正由私营部门进行开发，其中，大部分是由以美国诺贝尔能源公司（Noble Energy）和以色列的德勒（Delek）公司为首的财团进行开采。然而，天然气的传输是由以色列天然气管道公司（Israel Natural Gas Lines Company，INGL）进行。这是一家成立于2004年的政府企业，负责建设和运营全国高压气体传输系统。目前，以色列天然气管道公司纯粹是传输载体，服务于大客户。①

诺贝尔和德勒集团一直在寻找一位经验丰富的液化天然气合作伙伴，以帮助它开发位于水下1700米的气田。鉴于与盛产石油的阿拉伯国家之间的关系，许多欧美大型石油集团都拒绝进行投资。2014年春天，与澳大利亚伍德赛德（Woodside）公司（该公司富有液化天然气开采经验）的合作谈判破裂。诺贝尔和德勒集团正计划于2016年开始生产，满足国内市场需求。

五　2013—2014年天然气对经济的影响

东地中海天然气已经对以色列经济产生影响。发电成本正在

① *Haaretz*（Newspaper, Tel Aviv）7 January 2014. http：//www. haaretz. com/business/. premium - 1. 573015.

下降，因为使用天然气发电比使用其他燃料便宜得多，并且也更清洁。除了对进口石油的依赖减少，税收收入和政府特许权使用费将上涨。国内生产总值的提升和进口燃料需求的减少也会降低政府债务服务成本。由于减少石油进口导致更强的收支平衡，这使谢克尔（Shekel）得到加强，从而减缓国内生产总值的上升。谢克尔升值会影响到出口企业（其产品在国外变得更加昂贵）和进口商（其产品在以色列市场变得更加便宜）。由于出口占以色列国内生产总值的40%，谢克尔升值可能会降低国内生产总值。以色列央行（Bank of Israel）曾预计，天然气生产对收支平衡的净正效应在2014年将达到35亿美元。① 天然气在2013年为国内生产总值的增加贡献了0.8%（约合20亿美元），预计这一数字在2014年将为0.3%。②

六　天然气出口

在以色列国内，对于应该出口多少天然气存在激烈的争论，这已经成为以色列能源政策的核心问题之一。已经开发了塔马尔并且在开发大得多的利维坦气田的公司认为，鉴于当地市场的规模较小，出口对于为气田的进一步开发进行融资至关重要。有些人则说，当地市场的潜在规模没有被正确估计，出口量太大会使后代遭受损失。

勘探气田的公司为了获得投资回报，希望尽快并尽可能多地出口天然气。如果这些公司受到物质激励，那么必须允许将相当数量

① Paul Rivlin, " The Significance of Gas in the East Mediterranean", Iqtisadi: The Dayan Center, Tel Aviv University, October 2013, http: //www. dayan. org/sites/default/files/Iqtisadi_Eng_RIVLIN_EMEd_Gas_final_16102013. pdf.

② Bank of Israel, Press Release, http: //www. boi. org. il/en/NewsAndPublications/PressReleases/Pages/24 - 03 - 2014 - AprilInterest. aspx.

的天然气出口到国外，但是，被允许出口的数量和份额备受争议。

一个与此相关并且更为复杂的问题是，资源在这一代和下一代人之间的分配。从经济角度看，困境是两个变量在两个相反的方向起作用。第一个是如果天然气价格在未来会上升，那么目前应将其更多地留在地底下。第二个是资本预期回报表明，将天然气出口收入投资于经济发展更可取。这两个问题在政府 Zemach 委员会（为了提供有关出口政策的建议而设立）的辩论中处于核心位置。该委员会在 2012 年 8 月提出了建议。

根据该委员会的评估，由于在以色列经济中天然气的国内需求有限，在未来几年中，勘探和开发活动可能不足。如果这种情况确实发生，倘若不将至少部分的天然气通过出口货币化，那么，未来天然气勘探和开采活动的进展将是非常缓慢的。

该委员会受到其他国家经验的影响。由委员会进行的一项国际调查显示，只有少数国家规定，其天然气的特定产量必须用于供应国内市场。西澳大利亚州确定了 15% 的国内市场义务。这项政策被认为是成功的，因为它导致了在该国大量的勘探和开发活动。埃及寻求确保将 66% 用于当地经济（33% 用于当地消费，另外 33% 用于储备）。但是，这一政策不利于对开发商的激励，因此导致了勘探和开发活动的停止。在昆士兰州的规定中，澳大利亚规定，监管机构有权要求租赁人将天然气分配给当地经济。加拿大曾实行确保当地经济需求 30 年的政策。它于 1988 年停止了这种做法。印度尼西亚在 2011 年表示，该国生产的天然气中 25% 将用于国内。特立尼达和多巴哥共和国设立的一项政策要求所生产天然气的 25% 供应本地市场。这一政策导致开发商放弃这个行业，最近特立尼达和多巴哥政府已经取消了这一要求。需要强调的是，在所有这些国家中，在政府对国内市场天然气供应有任何明确把握之前，它们就已经确定了这一政策。这一政策被制定出来用以激励开发商，使其对供应的确定性放心。

根据该委员会的看法，认为出口天然气会牺牲本国经济需求的观念是不正确的。允许天然气出口会促进对本地经济能源需求的保障，并且还会支持以天然气为基础的本地工业的发展。不明晰的政府政策不允许权利人采取必要的决定，并获得开发气田所需的资金，这导致天然气产业供应链的不确定性。这种不确定性的代价会使天然气部门计划开展的活动（特别是勘探和开发活动）延迟、表现不佳甚至取消。

以色列经济已经为天然气供应的延迟而付出了代价。这不仅涉及用于发电天然气的短缺，也与用于当地工业需求的天然气短缺有关。不同于电力部门，本地工业中天然气供应的延迟可能会导致对工厂严重的甚至是致命性的伤害，并因此影响就业。自然地，天然气供应的延迟在国家收入损失方面也有着显著的财务成本。

该委员会建议，“以色列经济中的消费者在同一时间和待决定规模方面具有购买天然气的优先权”。它决定，如果天然气的出售不是用于以色列经济，股份所有者需要事先获得许可；取得出口许可证是强制性的；允许出口天然气的数量以许可证为准。两个限制应适用于股份持有者：一个是日常生产，另一个是出口总量。此外，委员会建议以色列天然气的出口安装只能在以色列控制的领土和领海进行。

关于代际困境，委员会得出的结论是，虽然潜在储藏总量可能达到1.48万亿立方米，但用于提供政策建议的估计值设定在9500亿立方米，并且这一数字将被用来更新出口配额。

委员会得出的结论是，应将地中海中的天然气全部开发出来，并在未来25年中在国内使用和出口之间进行分割，5000亿立方米用来满足本地天然气需求，其余的4500亿立方米将被用来出口。设定这一时间段的论据如下：保守的数量估计值指向15—20年，这倾向于保存天然气用于未来当地使用而非出口。在关于标准时间框架（从投资开始）方面，这一时间段与能源领域的通用做法相一致。供应将与以色列经济和当地市场的发展要求相一致，包括满足该经济（特别是在需求高峰）最高每小时需求。①

根据委员会的设计，2013—2040 年，以色列将会获得 5010 亿立方米，其中，3360 亿立方米将用于发电，1110 亿立方米将用于工业，400 亿立方米将用于交通，140 亿立方米将用于生产甲醇。

2013 年 6 月 23 日，政府同意增加用于本国经济的天然气量，减少出口配额。它决定以色列将保留大约 5400 亿立方米（57%）的潜在天然气储备用于本国，比委员会建议多出 900 亿立方米，或者比 2040 年的需求预测延长 3—4 年。根据委员会和政府的最后决定，以色列天然气将会在不到 30 年内耗尽。政府还决定，向约旦和巴勒斯坦当局的天然气出口应当从出口配额中扣除。

天然气出口土耳其（不论是作为消费者还是作为分销渠道）是一个敏感的外交问题，因为以色列和土耳其之间的紧张关系依然没有缓解。与希腊和塞浦路斯在基础设施和交通运输领域的潜在合作伙伴关系很重要，主要是因为它们是欧盟成员国，而且也在东地中海有着存在。其他伙伴关系的潜力相对较小，主要是因为这些国家的巨大能源消耗和以色列出口在世界天然气工业中规模最小这一事实。除储备在地下之外，解决代际困境的另一种方式是设立一个基金，由一个投资委员会进行管理。根据计划，从 2017 年开始，该基金将投资海外资产，主要是股票。

尽管天然气是以色列非常重要的战略和经济资产，但它在以色列国内生产总值中只有很小的份额。根据政府关于天然气出口规模的决定和 Zemach 委员会的假设，潜在储量将能够使用 30 年时间，主要用于国内消费。基于这些假设，以色列生产天然气的时间将在 2045 年结束，那时经济对天然气的依赖将为每年 300 亿立方米。从理论上讲，如果限制每年的消费，那么它可能会再持续 15 年，直到

① The Recommendations of the Inter - Ministerial Committee to Examine the Governments Policy Regarding Natural Gas in Israel, *Executive Summary*, September 2012. http://energy.gov.il/English/PublicationsLibraryE/pa3161ed-B-REV%20main%20recommendations%20Tzemach%20report.pdf.

2060 年。因此，以色列未来的能源需求将依赖天然气进口或到那时将被发现或开发的其他能源来源。

七　天然气垄断

除对出口量的争论之外，另一个存在争论的问题是天然气供应上存在的垄断问题。“限制性贸易惯例”总干事宣布，塔马尔气田的合作伙伴存在天然气供应的垄断行为。他可能会就垄断企业必须采取的措施发出指令。特别是法律禁止垄断者利用其垄断地位通过设定过高的价格、进行掠夺性定价、搞价格歧视或规定不合理条款等方式减少竞争或损害社会公众利益。

关于无理拒绝提供该产品的禁令也适用。在各类行动中，总干事可以对垄断者阻止竞争的供应商进入市场，将他们赶出市场或损害垄断者客户之间的竞争等行为进行回应。由反垄断管理局进行的调查显示，至少到 2020 年，塔马尔气田供应的天然气将占国内需求的一半以上。天然气管理局对到 2040 年天然气供应的预测显示，塔马尔预计，将供应以色列国内需求的大部分，这种状态至少可以持续到 2027 年。

近几个月来，总干事已经对一些天然气协议进行了干预并显著地缩短它们的时间，以使天然气消费者可以从塔马尔与其他气田（当它们进入市场时）之间的竞争中获益。在他关于天然气协议的决定中，作为对塔马尔所规定条件的回应，总干事禁止塔马尔恶化为买家制定的商业条款。此外，他限制了塔马尔通过将多余天然气卖给其他购买者，从而防止塔马尔和他客户之间竞争的能力。总干事对将来塔马尔与其客户之间所签合约的做法预计类似。[①]

① The Ant - Trust Authority, Jerusalem 22 January 2014, Safeguarding the Natural Gas Market from Monopolies, http: //www. antitrust. gov. il/eng/subject/182/item/33008. aspx.

八 对中国的影响

2012 年，以色列天然气储量约占世界储量的 0. 1%。如果美国地质调查局的调查结果准确，这一比例将会上升到 0. 24%。[①] 2014 年，估计储量为 10 万亿立方英尺，比 2013 年上升 6%，是 2010 年估计值的 10 倍。[②] 尽管储备在不断增长，但它们对国际市场的影响是非常小的。

可能会通过管道出口到周边国家，如约旦、巴勒斯坦权力机构以及埃及和土耳其。需要转换为液化天然气，才能出口到远东。这可能会在以色列完成，或者受益于规模经济而在塞浦路斯完成。到目前为止，以色列还未能吸引在技术和财务上有能力做此投资的公司。如果能够做到这一点，对以色列来说，出口规模将相当显著；但对外国市场来说，意义则小得多。

既然政府已经决定将其大量的海上天然气用于出口，出口模式和市场的多元化就成为能源政策中需要考虑的一个重要因素。其中一个最经济最有利的选择是出口到土耳其，不论是通过管道还是通过压缩天然气（Compressed Natural Gas，CNG）油轮。土耳其的天然气需求量预计将会从 2012 年的每年 420 亿立方米跃升到 2020 年的 600 亿立方米。土耳其的目标是减少对俄罗斯天然气的依赖，它已经在从伊朗进口天然气，计划增加从阿塞拜疆的进口，并开始收到来自土库曼斯坦的资源。

最初，土耳其会将以色列天然气纯粹用于满足国内需求，以后在跨安纳托利亚管道（从阿塞拜疆开始，途经土耳其到达欧洲）和

---

① Eni，World Oil and Gas Review 2013，http：//www. eni. com/world – oil – gas – review – 2013/O – G_ 2013_ WEB. pdf.

② Energy Information Agency，Department of Energy，Washington DC. International Energy Statistics，http：//www. eia. gov/cfapps/ipdbproject/IEDIndex3. cfm？ tid = 3&pid = 3&aid = 6.

跨亚得里亚海管道（计划与跨安纳托利亚管道连接，经过希腊、阿尔巴尼亚、亚得里亚海，到达意大利）完成后，天然气可能会通过土耳其传输到欧洲。五年后，跨亚得里亚海管道应能向南欧输送天然气。另一个想法是从以色列的利维坦气田（海法以西 130 千米）到塞浦路斯南海岸（塞浦路斯政府计划在那里建造一个液化天然气厂）建一条管道。这将会相对简单；诺贝尔能源公司在以色列和塞浦路斯的专属经济区都有钻井。

在该液化天然气厂加工以色列天然气会使该项目的建设更具可行性，因为塞浦路斯自己没有那么多天然气要加工。通过塞浦路斯，以色列的液化天然气可以出口到亚洲国家，如中国和印度。对以色列来说，第三个出口选项是浮动液化天然气系统（FLNG），例如，荷兰皇家壳牌公司正在澳大利亚沿海开发。在像以色列这样面积小、人口密集的国家，浮动液化天然气选项能够满足那些反对建设陆上液化天然气设施人们的要求。第四个办法是通过本地区陆上管道（在约旦、埃及和巴勒斯坦权力机构）出口天然气。

约旦因为对埃及天然气的依赖而吃了不少苦头。约旦正在经历一场“重大的经济危机”，并已改用燃料油和柴油，这产生了数十亿美元的额外费用。而建设天然气输气管道能够在三年内将以色列塔马尔和利维坦气田的天然气输送到约旦。这可能对约旦非常有利，因为以色列天然气的价格相对较低。这里存在的问题依然是地缘政治上的。以色列也可能向巴勒斯坦权力机构正计划在约旦河西岸建设的两个天然气发电厂提供燃气。

最经济的区域性解决方法是通过扭转现有基础设施的流向向埃及供应天然气。尽管有巨大的储备，但埃及天然气处于短缺状态，因为外国公司不在那里进行勘探投资。与此同时，埃及的两个天然气液化工厂处于闲置状态。

将天然气从以色列出口到东地中海国家能够加强地区的稳定，

并可能会鼓励经济与政治合作。[①] 以色列的天然气出口规模不足以对中国的能源需求产生显著影响。

九 页岩油

以色列也有油页岩资源，但已经有一段时间没有进行生产了。在20世纪80年代，有使用油页岩的发电厂在运行。2008年，以色列能源倡议（Israel Energy Initiatives，IEI）收到了一份许可证，可以开始进行油页岩早期阶段的勘探和开发，而且该公司希望到2020年开始运行一个日产2000桶的示范点。美国地质调查局的报告说，以色列的油页岩储藏量可能共有120亿吨。

2010年11月，世界能源理事会报告说，以色列地下油页岩的存量（位于其15%的国土下约300米深度）使用传统露天开采技术能够产出相当于40亿桶的石油。大多数以色列的页岩资源分布在内盖夫沙漠（Negev desert）北部的罗特姆（Rotem）盆地地区，靠近死海。

根据以色列国家基础设施部，以色列油页岩的总地质禀赋可能超过数千亿桶，但可开采的储量仅是这一数量的很小一部分。开采油页岩需要非常大量的水和能源投入，而这些资源在以色列都不丰富。但是，随着天然气和海水淡化的可用性增加，这一情况可能会改变。[②]

十 电力

以色列电力公司（The Israel Electric Corporation，IEC）是以色

---

① *Jerusalem Post*（Newspaper，Jerusalem）18 November 2013，http：//www. jpost. com/Enviro – Tech/Israel – must – not – put – all – gas – export – eggs – in – one – basket – industry – expert – tells – iPosti – 332129.

② World Energy Council 2007 Survey of Energy Resources Oil Shale，London，2007，http：//www. worldenergy. org/documents/oilshale_country_notes. pdf.

列唯一的综合性电力公司，它几乎生产、传输和分配以色列国内使用的所有电力。政府拥有以色列电力公司99.85%的股份。

以色列电力公司成立于1923年，当时巴勒斯坦尚处于委任统治下，它的主要目标是生产、供应、分配并向消费者销售电力。以色列电力公司最初的名字是“巴勒斯坦电力有限公司”（The Palestine Electricity, Corporation Limited），这个名称在1961年被改为现在的以色列电气股份有限公司（The Israel Electric Corporation Limited）。

以色列电力公司是国内最大的工业公司之一。2011年，它的营业总额达64亿美元，净利润（亏损）2.05亿美元，总资产216亿美元。2013年，它经营17座电站63台机组：18台蒸汽燃料机组和45台燃气涡轮机，其中11个为联合循环机组。到2012年年底，以色列电力公司的装机容量总计为13248兆瓦。该公司雇用了13000名工人，为256万个家庭提供服务。2012年，它的发电量增加了489兆瓦。其活跃的161千伏线路长度总计4486千米，115千伏线路114千米。400千伏高压线路长度保持在738千米不变。

变电系统包括10个转换站和191个分站，其中41个为私人拥有。以色列电力公司分站从高压到中压的输电容量增加了12%，总计为16627 MWA。由独立发电商所有的分站的输电能力总计2825 MWA。到2012年年底，配电系统包括中压线路26328千米；46848个配电变压器总容量达到22492 MWA，以及20161公里的低压线路。公司机组发电量达到610.74千瓦时（61074M KWh），比2011年同比增长6.9%。2012年，总发电量的63.4%由煤炭产生；14.3%由天然气产生，15.2%为柴油发电，7.1%为燃油发电。到2013年，这些份额已经发生巨大变化：煤炭发电占46.2%，天然气占40.6%，石油占3.2%。

2012年电力需求达到570亿千瓦时，较2011年同比增长7.6%。不断增加的电力需求和天然气危机加剧了低储备问题并迫使该公司面临一个艰难的挑战，由于担心无法满足电力需求并达到供不应求的局面。在2013年，以色列的总发电装机容量为13000兆瓦，采用约5700万兆瓦时。

以色列电力部门尚未形成充分竞争。电力生产和分配都是由以色列电力公司主导。在这一部门的改革进展一直非常缓慢，许多改革建议被搁置。计划于2006年进行改革的第一步，以色列电力公司在功能上被分为发电、传输、本地分销和客户服务。到2012年采取第二步，对批发生产和客户服务放松管制及私有化。输配电业务将依旧受到监管，但会对所有传输和分配用户强制开放。

私营部门的产量将扩大，但“网络”部分仍与其他活动分开，而且分销仍旧完全由以色列电力公司运营。①

十一　可再生能源

鉴于以色列拥有使用太阳能发电的悠久历史，它在开发可持续能源方面的缓慢紧张令人惊讶。当前可再生能源产生的能量规模在表8－3中详细列出，还包括到2020年的预测数量。

表8－3　　可再生能源产生的能量规模

	2014—2015年	2016—2017年	2018—2019年	2020年	装机容量比例（%）
能源效率指标：占需求预测的比例（%）	7	12	17	20	
包括能源效率在内的对需求预测的估计（十亿千瓦时）	60.4	61.5	64.5	64.3	
风（MW）	250	400	600	800	29
生物质能和沼气（MW）	50	100	160	210	7.6
热太阳能或大型光伏（MW）	700	750	1000	1200	43.5

① The Israel Electric Corporation，http：//www.iec.co.il/EN/IR/Pages/default.aspx.

续表

	2014—2015 年	2016—2017 年	2018—2019 年	2020 年	装机容量比例（%）
中光电（MW）	350	350	350	350	12.7
高达 50 千瓦光伏（MW）	200	200	200	200	7.2
可再生能源发电比例（%）	5.3	6.5	8.3	10.2	100

资料来源：以色列国家基础设施部。

十二　太阳能

在历史上，以色列在将太阳能用于住宅用途方面起着引领作用。这方面的证据是遍布全国的安装在屋顶上的热水器。甚至在 1948 年获得独立之前，以色列就对太阳能热水器感兴趣。20 世纪 50 年代，以色列第一任总理戴维·本－古里安就在自已家里安装了太阳能热水器。① 1979 年，总统吉米·卡特（Jimmy Carter）在白宫安装了太阳能电池板，最近奥巴马总统又对其进行了重新安装。②

第一家以色列太阳能热水公司于 20 世纪 50 年代创立，当时国家正经历燃料危机。这导致了太阳能热水器使用的增加。太阳能热水器行业持续增长，在 1957—1967 年期间出售了 5 万套太阳能热水器。1967 年的阿拉伯—以色列战争为以色列对燃料的依赖提供了短期的解决方案，因为以色列占领了几个埃及的油井。但是，在 1975 年将西奈半岛归还给埃及后（作为《戴维营协议》的一部分），经济中燃料不足问题再度出现。为了鼓励节能，以色列政府通过了一

① *Energy News*（Hebrew），http：//www. energianews. com/newsletter/files/6c2d5aedd d8d553f63da8a6874bb3b60. pdf.

② http：//www. scientificamerican. com/article/carter－white－house－solar－panel－array.

项法律，要求新建建筑物都要安装太阳能热水器。今天，85% 的以色列家庭使用太阳能热水器，这节省了 16 亿千瓦时电或家庭用电量的 21%。这使以色列成为世界上人均使用太阳能最多的国家。太阳能热水器的广泛使用意味着在电热水器和太阳能热水器之间的费用差异在 4 年内就能收回。

虽然太阳能在家庭中得到了普遍使用，但是，以色列并没有采取大规模的太阳能发电。未能将环保意识内化于心以及化石燃料的其他外部化成本导致使用太阳能的成本是使用煤或天然气能量所需成本的 2—3 倍。太阳能开发先例的缺乏导致了不确定性，这反过来又增加了太阳能工业部门的投资成本。甚至太阳能热水器的非住宅使用也受到阻碍。企业可以为了税收目的而核销化石燃料的使用，商店和工厂被排除在太阳能热水器要求之外。

为了实现 10% 的目标，以色列政府出台了许多优惠政策以鼓励太阳能的开发。规划和建设全国理事会修改了有关太阳能开发的规定，允许免征税费并简化地方审批程序。此外，政府增加了太阳能研究经费。这些变化是非常成功的。在一年时间里，以色列寻求太阳能项目的公司数量翻了两番，而且以色列在 2009 年年初发放了第一个太阳发电厂许可证。2011 年 7 月，以色列政府批准了一项长期计划，以促进使用可再生能源发电。该计划的目标是通过电力行业减少气体排放和空气污染，并确保能源的长期来源，同时发展工业和鼓励研究。用可再生能源发电的目标定为：到 2020 年年底达到 2760 兆瓦，占发电总量的 10%。还设定了到 2014 年年底达到 1550 兆瓦的中期目标。

在 2011—2014 年的第一阶段，用可再生的、非污染来源进行发电的配额已经分配并且将被实现：460 兆瓦的大型装置，110 兆瓦用于为独立消费制定的安装，大约 210 千瓦用于生物气体和垃圾发电，800 兆瓦为风力发电。该计划的目的是减少从这些来源发电的过剩成本。政府的目标是促进以色列在这一领域的技术创新。以色列将成立一个部际小组负责监督技术的评估和开发。内阁也将拨出额外的50兆瓦给使用创新的以色列技术进行安装的评估。300万美元将被拨出用作发电模范设施的开发（包括创新技术）。2013年，不到1%的电力来自可再生能源。这一数字在2014年将会增加，因为134个可再生能源设施已经获得有条件的许可证。到2014年年底，以色列的2.24%电力来自可再生能源。

以色列太阳能能源发展的重点是太阳能光热能源，而不是传统的在公众形象中占主导地位的光伏电池。不像光伏电池，太阳能热电厂使用反光镜反射光线以加热液体转动涡轮机。太阳能热电厂在建造时常常设计成除阳光外还能使用天然气。这种建造形式减少了在夜间和昏暗情况下因缺少阳光所造成的困难。虽然工业太阳能工厂并没有在以色列扩散，但以色列公司并不缺乏太阳能热利用技术方面的经验。卢斯（Luz）是第一个涉足大型太阳能光热市场的以色列公司。卢斯先在加利福尼亚州开始建设太阳能热发电站，并且在1990年卢斯的电厂提供了354兆瓦的电力。太阳能热发电预计到2020年会经历一个世界性的热潮，到9500兆瓦的产能。2012年，全球太阳能发电产业的营业额为800亿美元。①

以色列太阳能行业的热潮可能会引发其他国家太阳能和可再生能源的进一步开发。以色列可再生能源公司已经与国外厂商建立了强有力的合作伙伴关系；加利福尼亚州和美国西部地区。太阳能热水器的成功利用一直是许多其他国家的典范，它已经超出了以色列的初衷，使气候保护议题受到进一步重视。以色列减少温室气体和扩大使用清洁的可再生能源有利于气候变化的减缓，在保护以色列和世界免受全球变暖的危害方面扮演着重要角色。

除降低气候变化的危险之外，太阳能的开发还有利于以色列能源安全状况的改善，使其减少对外国石油的依赖。大量的石油出口国要么敌视以色列，要么就尚未与以色列建立外交关系。缺乏与石

① Clean Technica, 12 March 2013, Biofuel wind and solar global market values set to double by 2012. http: //cleantechnica. com/2013/03/12/biofuel - wind - and - solar - global - market - values - set - to - double - by - 2012/.

油出口国的紧密关系迫使以色列的石油进口有90%来自俄罗斯和里海国家。地区不稳定和油价飙升可能会严重破坏以色列的安全和经济发展。

除消除石油波动产生的严重破坏性外，太阳能开发还将促进以色列的经济发展。通过大规模使用太阳能以避免的环境成本和带来的经济发展所产生的净效益可能达到20亿—30亿美元。用太阳能发电1500兆瓦能创造1600个工作岗位。太阳能使当地社区从能源部门工作岗位的增加中获益更多，特别是南内盖夫地区（Southern Negev），该地区是以色列较为贫困的地区之一，那里的失业率一直高于全国平均水平。太阳能可以帮助扭转这种状况。因为越来越多的国家开始采用更严格的排放目标，所以，以色列的太阳能技术也可以出口到其他国家的市场。

2014年年初，以色列开始建设一个121兆瓦的太阳能发电站。这将使以色列在朝到2020年使可再生能源占总能源使用10%的目标迈出重要一步。阿沙利姆（Ashalim）发电厂位于南贝尔谢巴（Beersheva）的内盖夫（Negev）沙漠中，当它在2016年建成时，将成为以色列最大的太阳能发电站，能够为4万个家庭提供用电，占以色列能源消耗的约2.5%。[①] 然而，即使以色列太阳能公司的数量增加了，但强有力行业的出现仍困难重重。仍然存在多种环境与安全成本，而且该产业仍然面临着困扰新兴产业的不确定性。

十三　碳排放量

以色列自1996年以来是《联合国气候变化框架公约》（UNFC-

① Inhabitat, Israel Announces Plans for 121 MW Solar Power Station in the Negev Desert. 22 October 2013, http: //inhabitat. com/israel - to - build - 121 - mw - solar - power - station - in - the - negev - desert.

CC）的缔约国；自2004年以来是《京都议定书》的签字国。[①] 根据2009年的估计，按照目前的增长轨迹，以色列温室气体排放在2005—2030年可能会增加1倍。如果不采取减缓行动，以色列温室气体排放量预计会从2005年的7100万吨二氧化碳当量增加到2030年的1.42亿吨二氧化碳当量。这一增长速度比其他发达国家要高，主要是由于以色列人口和人均GDP的较高增长。按人均计算，这代表着人均排放量从2005年的10.2吨增加到2030年的约14.3吨。为了便于比较，根据同样的假设，到2030年，美国的人均排放量为2300万吨二氧化碳当量，西欧为1070万吨，中国为1130万吨。[②]

虽然以色列已经采取了一些令人鼓舞的措施，但实现10%的目标仍然是一个重大的挑战。以色列的排放量在世界排第56位，每年向大气中排放7980万吨二氧化碳，占全球二氧化碳排放量的0.21%。然而，按人均排放量计算，以色列则排在第28位，每个以色列人平均排放11.5吨二氧化碳。以色列的人均排放量和其他小型发达国家差不多，例如，奥地利、希腊和韩国。虽然从排名来看以色列人均排放量少于美国（美国位列第七，人均排放量为23.5吨二氧化碳），但高于英国和大多数主要发展中国家，包括中国和印度。与其他中东国家相比，以色列的表现喜忧参半。其人均排放量少于阿联酋、阿曼和沙特，但高于埃及、伊朗和伊拉克。在经济的温室气体密集度方面，以色列排在第79位，没有义务在《联合国气候变化框架公约》下设定具体的减排目标。根据国际能源机构2008年关于光伏发电系统的报告，目前只有0.1%的以色列电力是由可再生能源生产的。此外，以色列的排放量继续增长。2006年，以色列排放了近7400万吨温室气体，比1996年增加了17%。以色

① Ministry of Environmental Protection, Jerusalem, http://www.sviva.gov.il/InfoServices/ReservoirInfo/DocLib2/PublicationP0501 - P0600/p0578 - english.pdf.

② McKinsey & Company, Tel Aviv, Greenhouse gas abatement potential in Israel, November 2009, https://www.google.co.il/search? q = Mckinsey + Israel + &ie = utf - 8&oe = utf - 8&aq = t&rls = org.mozilla: en - US: official&client = firefox - a&channel = sb&gfe_ rd = cr&ei = gr2 WU7u2NInR8gf7soH4Cw.

列政府一项尚未完成的研究表明，在一切照旧的情况下，到2025年，排放量将比2000年上升63%。面临这些障碍，实现10%的目标将是艰难的，但是，提高太阳能利用的好处是广泛的。

以色列已经开始感受到气候变化的后果。自20世纪70年代以来，气温一直在上升，极端天气事件更加频繁地发生，而且持续时间更长。供水减少的成本每年可能高达1.15亿美元，海平面潜在的上升趋势可能导致15亿美元的损失，而且对农业的破坏可能上升到每年7.5亿美元。作为重要收入来源的旅游业也会受到气候变化的不利影响。气候变化还可能加剧地区冲突。可利用水资源下降可能会在许多中东国家引发不稳定局面，并威胁到以色列和约旦的《和平条约》（该条约对约旦和以色列之间的水资源进行分配）。

表8-4　温室气体排放（2000—2011年）　单位：千吨

年份	2000	2010	2011
总计	72439	76925	78453
人均	11.52	10.08	10.10

资料来源：中央统计局：《以色列统计汇编》。

十四　结论

近年来，以色列的能源平衡因为天然气的发现和使用而发生了变化。这有利于以色列经济发展并促进以色列与东地中海国家的地区合作。尽管从国际范围来看规模有限，但以色列的天然气储备还是备受关注的。消费者关于供应来源多样化的愿望为以色列提供了战略和经济优势。

第九章　以色列向右转的原因和影响

——一个人口政治学视角

张俊华

一　问题的提出

近几年来，西方民粹主义有明显的抬头，“向右转”成了不少国家政治家和选民的选择。不少政治家在对待外来移民问题或者是难民问题、对自己国家社会政策以及经济和贸易政策的设计上趋向保守化，或者更聚焦于本国的“大部分”人的利益。最明显的体现是2016年的英国公投退欧和美国特朗普当选总统。从根本上说，在民粹主义旺盛时期，所谓的民族利益或国家利益第一，均是建立在直接或间接地损害其他民族或国家的基础之上的。

每个国家的国情不同，民粹主义表现也不一样。况且，民粹主义在发达国家的表现大多是向右转。以色列作为一个中东地区的发达国家，不仅不是例外，而且可以说是比较早地表现了其向右转的趋势。就以色列语境来说，“左派”和“右派”首先涉及在以色列的犹太人的选民在一些问题上的政治态度。“左”的阵营的主张意味着更有人文关怀，更重视人权问题以及民族共存。当然，安全问题始终是“左”“右”两派一个重要的议题，但是，“左派”更关注

［作者简介］张俊华，上海交通大学以色列研究中心主任。

如何获得持久的安全，更强调和平共存、相互理解基础上的安全。这里同时也关系到对巴以和平的信心和相互信赖的问题。比较右派阵营，左派的信心更强。从这个意义上说，支持以两个国家作为解决巴以冲突的途径，是一个左派的逻辑选择。而“右”的阵营更关心自己的安全。与此同时，偏重于自己的福祉，这里包括住房、社会福利、就业，也是一个重要的部分。至于对巴以和平并对提倡两个国家的努力，不仅没有信心，也不感兴趣，甚至明确反对。至于对于已经在以色列生活的阿拉伯人的权利，右派阵营的人并不认为他们应享有同犹太人一样的平等权利。①

当然，在以色列，也存在中间派，他们自称在左右阵营之间，甚至有更细微的“中左”“中右”之分。同时还有属于极端右翼阵营的。这里就不一一详述了。

以色列在政体上属于民主制。由于选举制，以色列政府必须考虑在本国政治活跃的团体人口数量上的比例。这种比例的变化决定了不同政党在选举中的输赢以及跟谁结成同盟。② 以色列选举政治的一个重要内容就是与巴勒斯坦和平共处的问题。也就是说，向右还是向左便决定了该国是否能按照常理③来解决巴以冲突。

本章要探讨的问题是，以色列向右转的表现是什么？造成以色列向右转的原因何在？其发展趋势可能如何？这种发展趋势对地域政治会产生什么影响？

---

① 参见 Nadim Rouhuana，“Israel and Its Arab Citizens：Predicaments in the Relationship between Ethnic States and Ethnonational Minorities”，*Their World Quarterly*，Vol. 19，No. 2（June 1998），pp. 277 – 296。

② 参见 Duffy Toft，Monica，2003，*The Geography of Ethnic Violence*：*Identity*，*Interests and the Indivisibility of Territory*，Princeton：Princeton University Press。

③ 这里指的是迄今为止世界各方包括中国就解决巴以冲突所做的各种努力，而这些努力几乎无一例外地基于这样的理念：在承认和保证以色列国安全的基础上，建立巴勒斯坦国。

二 文献综述以及本文的视角

我国不少专家对以色列社会的研究已达到相当的深度。肖宪教授的《中东国家史》（以色列卷）（2004）以及2015年出版的《以色列史话》都比较全面地分析了以色列的移民群体。肖教授的重点是放在分析两类不同的犹太移民，即阿什肯纳兹（Ashkenazim）和塞法尔迪（Sephardim）进入以色列后给社会带来的“裂痕”，并没有涉及苏联的移民。但这对理解20世纪90年代前从苏联移民到以色列的群体很重要。王彦敏的《以色列政党政治研究》（2013）很详尽地阐述和分析了工党在2003年后大滑坡的原因。这对理解以色列社会向右转提供一个很好的框架。特别值得一提的是周承德的专著《以色列新一代：俄裔犹太移民的形成及影响》（2010）。作者通过对俄裔移民的分析，深刻地指出，这个群体“已经影响和制约着以色列政府的中东政策”。可以说，这是一本成功地从历史学和社会学的角度分析苏联移民的专著。但该专著唯一的不足是，“俄裔犹太移民”作为口语用语可以马虎过去，但笔者认为，“苏联的犹太移民”或“俄语犹太移民”的称呼更准确。作者在专著中有很多亮点，笔者在本章中也将加以引用。但同时，作者似乎对该群体的“社会惯性”体察不够。

在英语和德语的文献中，研究以色列苏联移民以及以色列社会向右转的文章数百篇以上。这里只挑选几篇在以色列政治研究中比较著名的来简要介绍。首先，支韦·基特曼（Zvi Gitelman）主编的《新的犹太人移民社群：俄语移民在美国、以色列和德国》（2016）是一本关于苏联犹太移民的著作。作者通过全面调查，比较了在上述三国的俄语犹太移民融入社会的努力。拉里萨·菲娅科娃（Larisa Fialkova）和玛利亚·叶琳聂夫卡亚（Maria N. Yelenevskaya）的《苏联人在以色列：从个人的故事到群体的图像》（2007）是一部比较成功地描述苏联犹太移民群体的专著。作者在书中提出的一个很重要的观点是，关于这个移民群体真正的形象目前还在塑造中。同时作者很有见解地指出了俄语在连接该群体中的重要作用。米歇尔·菲力珀夫（Philippov，2011）、达法那·卡讷替（Canetti，2009）以及马吉德·阿尔哈吉（Al－Haj，2014）均对研究苏联国家移民的价值观做过深入的研究。他们的观点是，这个群体整体来说对以色列的民主社会积极意义并不是很大。

从上述的著作来看，很多作者尽管有不同的视角，但没有把人口政治学（Political Demography）结合政治文化一起来看问题。而这一点，正是本章想弥补的一个缺陷。人口政治学作为一门新兴学科，在比较政治和国际政治中的地位随着时间的推移愈显重要。霍克西尔特指出，今后人口急速变化是大家都能预测到的一个趋势，但也是政治学里面研究得最少的一个领域（Hochschild，2005）。

人口政治学是一门用政治学方法和视角研究人口学，它研究的是人口的变化如何影响政治的，以及一个政府的政策又如何能改变人口的结构，从而达到其"战略"目的（Yoshihara，2012）。政治人口学考量的问题是多方面、多层次的。简要地说，它涉及一个民族国家的建构，以及不同民族国家由于人口增减而产生的强弱，各种差异给社会和政治带来的影响，诸如一个国家内不同年龄组的差异、城乡之间的人口差异、新老移民之间的差异以及不同宗教和民族之间的差异。麦荣·维纳尔（Myron Weiner）对政治人口学做了如下界定：

政治人口学是"研究人口大小、组成和分配与政府及其政治的关系"的学科。"这里与其关联的是人口变化的政治效应，特别是随着人口变化而带来的对各政府的不同要求、对各政府表现的期待，以及对权力分配的影响。它同时也考察决定人口变化的政治变量，特别是人民运动中的政治追求。"（Weiner，2001）

考夫曼指出，在试图理解政治身份、冲突和变化的时候，政治学家不能忽视人口问题（Kaufmann，2011）。当今，如果要正确把握地域问题或者全球治理问题，不把人口因素考虑进去，并从政治学角度分析，那终究是不完整的。

这里顺便要指出的是，人口政治学与人口数据的政治化完全不同，仅就目的来说，有着根本的区别。前者是力争以准确的人口数字，对现实做一个比较客观的、具有政治意义的分析；而人口问题的政治化，首先考虑的是如何把人口数据“塑造”成有利于自己利益的工具，然后在这个基础上申述自己利益的合法性。由于以色列与巴勒斯坦的地域政治，为了制造所谓“人口炸弹”，人口数据经常被政治化和工具化。如同美籍以色列问题专家鲁兹斯蒂克（Ian S. Lustick）指出的，在以色列，即便有些以色列人口专家也很难就人口问题做出公允和客观的判断。[①] 他的观点也得到了加拿大左雷伊克（Elia Zureik）教授的认可。[②] 而这种离开客观的原则来运用和解释数据，正是人口政治学力争避免的。

最后，人口政治学要求把人口变化与政治文化的解读结合起来。而以色列这个移民国家，是最适合用这种方法分析的。

三　以色列社会向右转的表现

笔者认为，跟欧洲和北美不同，以色列“向右转”并非是刚刚开始或尚在过程中，而是早在 20 世纪 90 年代便开始了这个转折。而现在则已形成了一个比较稳定的状态。以色列的右翼阵营有很多方面的主张，但主要还是体现在对安全问题的保守态度以及对巴以和平特别是成立巴勒斯坦国的冷漠甚至反对。这可以用如下几个方面的数据和事实来证明：

---

① Ian S. Lustick, Israel's Migration Balance: Demography, Politics, and Ideology, *Israel Studies Review*, Volume 26, Issue1, Summer 2011, p. 58.

② Elia Zureik, Demography and Transfer: Israel's Road to Nowhere, *Third World Quarterly*, Vol. 24, No. 4, 2003, pp. 622 - 623.

首先是对待生活在以色列的阿拉伯人的态度上。2002年3月发表的一个调查报告指出，仅有46%的以色列人认为，应将本国领土上的巴勒斯坦人强行迁出以色列，31%的以色列人认为，应将在以色列领土上的所有阿拉伯人迁至境外。那时，60%的以色列犹太人更主张通过用经济鼓励的措施，说服阿拉伯人，而不是强制他们离开以色列。[①] 换言之，那时，有更多的人更关心人权与平等问题。2013年的一个问卷结果显示，80%的以色列犹太人赞成政府对犹太人的以色列公民的优先对待，而同时认可这种优先可以建立在损害国内20%的阿拉伯人利益的基础上。[②] 在以前，以色列犹太人被问到，对以色列建国两项基本原则即"民主原则"和"犹太性"作选择时，一般会拒绝回答。而现在，越来越多的人会毫不犹豫地说"犹太性"应该放在首位（Bryant，2017）。近几年的调查结果也证实，大部分以色列犹太人已不像以往政治上那样民主和容忍。[③] 表9－1是2016年发表的以色列犹太人对自己国家存在的两个维护人权的非政府组织ACRI和B' Tselem的看法在近六年内的变化。那是2010年仅有50%的被询问者对其有反感，而在2016年，反对该组织维护阿拉伯人的人权的以色列犹太人则超过了70%。

表9－1　调查：您认为该两个组织损害了国家的利益吗？

年份	2010	2013	2015	2016
回答"是"的比例（%）	50	52	56	71

资料来源：2016年《民主指标》。

---

① Elia Zureik, Demography and Transfer: Israel's Road to Nowhere, *Third World Quarterly*, Vol. 24, No. 4, 2003, p. 621.

② James Zogby, Israel's Political Culture is Now Utterly Intolerant, 2016, http://www.thenational.ae/opinion/comment/israels-political-culture-is-now-utterly-intolerant.

③ Akiva Eldar, Demography Favors Rise of Israel's Right, 2013, http://www.al-monitor.com/pulse/originals/2013/01/demographic-akiva-eldar.html.

2009 年大选前的一个调查报告指出，72% 的以色列犹太公民认为自己属于“右翼”。[①] 尽管不同调研机构给出的数据不一，但均在 50% 以上。2013 年，一份由丹尼尔·巴尔—泰尔（Daniel Bar - Tal）和艾冉·哈尔培林（Eran Halperin）联合调研报告也证实了这一点。同时，该报告指出，绝大部分以色列人都受带有偏见的意识形态束缚，而正是这种束缚影响了对以色列人正义观的形成。这样，他们势必把巴勒斯坦所谓的非人性化和无合法性的偏见内在化。至于巴以和平问题，2015 年以色列民主研究院的调查结果表明，75% 的以色列人不相信还会有巴以和平（Hermann et al. , 2015）。

再看以色列年轻的一代犹太人。2010 年，一个德国和以色列研究机构合作的调查表明，60% 的犹太年轻人，即在 15—18 岁年龄段内的人，更倾向于接受一个“强人政治的国家领导”，而不是依法治国的领袖。同时，70% 的这组以色列犹太人年龄群认为，在民主与安全价值观发生冲突时，他们必定把安全价值置于民主之上。被调查的 21—24 岁年龄段的年轻人也持相同的态度。[②] 2016 年，由一家以色列右翼日报 *Israel Hayom* 公布的一份调查数据更能说明问题：在高中 11—12 年级的学生中，59% 的学生认为自己属于右翼。23% 的学生自认为是中间派，只有 13% 的年轻人认为自己是左翼。[③] 以色列年轻人中右翼的数字之庞大，是超过一般发达社会逻辑的。这里顺便还要指出的是，相比其他发达国家，以色列是属于人口结构比较年轻的国家。这个群体的政治态度，将会对以色列的今后走向有着非常重要的意义。

---

① Akiva Eldar, Demographic Changes are Strengthening Israel' s Right Wing, 2013, http: //www. al - monitor. com/pulse/originals/2013/01/demographic - akiva - eldar. html # ixzz4Tqi92NMH.

② See Ralf Hexel et al. , All of the Above: Identity Paradoxes of Young People in Israel, Friedrich - Ebert - Stiftng, Israel Office and Macro Center for Political Economics, 2010.

③ Ben Sales (2016) Why Israeli Kids Are so Right - wing - a Historical Explanation, *The Times of Israel*, April 14, 2016.

四　以色列向右转重要的内在原因之一
——苏联移民的政治影响

以色列的右翼势力强大，这已成了不争的事实。布里阳特指出："在过去二十年里，以色列经历了一个向该国历史上最右的政府权力转移的重要变迁。"（Bryant，2017）众所周知，政府是由被选民选出的领袖组成的。也就是说，一个右翼政府本身是一个右翼社会的反映。问题在于，为什么自 20 世纪 90 年代到今天会产生向右转。这里，我们一般可以从社会外部和内部来寻找原因。我们暂且不看社会外部因素。仅从社会内部来看，已经很复杂了。从社会心理状态总体来看，向右转是许多以色列人对巴以和平失去信心的表现。从政党的角度来看，左派政党卡里斯玛领袖的缺失，也可作为选民对其失去兴趣从而趋近右翼的原因来解释。从整个社会结构变化角度来看，西岸居住区游说团势力的壮大，极端正统派（Haredi）惊人的出生率，都可看作是促使右翼社会扩展的因素。然而，本章要着重论述的另外一个庞大的群体，即苏联移民过来的讲俄语的犹太人以及亲属。正是这个群体，对当今的以色列政治文化的影响是非同小可的。它是以色列 20 世纪 90 年代以来一支不可忽视的力量。因为从政治人口学角度来看，正是因为这个群体进入以色列社会，才大大改变了该国的人口组合，也改变了那里的选民结构，从而加速了整个社会向右倾斜的过程。更重要的是，这个群体能在今后相当长的时期内保持其社会的右翼势态。

以色列的历史从根本上说就是一部建立在犹太复国主义理念基础上的移民史。自摩西·海斯、列奥·平斯克以及西奥多·赫茨尔在 19 世纪提出"建立犹太人自己的国家"的理念和计划起，便开始有了犹太人移民到巴勒斯坦的活动。在英国 1948 年结束在巴勒斯坦地区的管辖前后，已有将近 48 万犹太人，通过合法和非法途径进入如今的以色列，且90%来自欧洲。到1948年5月14日以色列正式宣布独立时，该国的犹太人人口仅为65万，加之当地的阿拉伯人，总人口才80.6万。但是，到了2013年时已达到800万人，其人口增长了10倍。这里主要应该归功于移民。①

吸引他国的犹太人移民到以色列，是以色列国内和外交政策的一个重要方面。犹太复国主义理念之一就是让更多的犹太人回到自己的国家。正是因为这样，以色列从建国一开始便在法律和政策上鼓励犹太人"回到自己的祖国"。1950年通过的《回归法》为犹太人在移民到以色列后获得以色列国籍提供了法律保障。70年代又将移民进入以色列的权益延伸到祖父母的一方以及结了婚的配偶。应该说，后者为后来90年代大批苏联移民到以色列创造了很好的条件。② 与此同时，在以色列和国外的不少政府及半政府的机构一直在积极地展开游说活动，鼓动犹太人移民到以色列。这样，以色列建国后移民的数字一直在增长。在90年代之前，以色列已经经历了几次比较大规模的"阿利亚"（Aliyah），即犹太人移入以色列的大迁徙。这里，很多人口学家如泽尔策·祖必达（Aviva Zeltzer - Zubida③）和其他以色列问题专家如肖宪教授（2015）对此已有详尽的描述，这里就不一一重复了。

本章要着重强调的是从苏联那里移民到以色列的犹太人。早在1969—1973年，就有16.5万名俄罗斯犹太人从苏联移民到以色列。与90年代不同的是，这些犹太人比较"纯"。在90年代从苏联一下涌进了近100万的移民，根据有的专家估测，其中33万—35万人属于家属，而非严格意义上的犹太人。④ 从宗教角度看，90.6%

---

① Aviva Zeltzer - Zubida and Hani Zubida（2012）Patterns of Immigration and Absorption in Israel.

② Uri Sadot（2016）The Politics of Demography and Partition in Israel and Palestine.

③ Aviva Zeltzer - Zubida and Hani Zubida（2012）Patterns of Immigration and Absorption in Israel, p. 9.

④ Ian S. Lustick（2011）Israel's Migration Balance: Demography, Politics, and Ideology, *Israel Studies Review*, Volume 26, Issuel, Summer 2011, p. 36.

的苏联移民是以信犹太教和家属名义进入以色列的，而3.5%的移民（约有35000人）则是信其他教的（主要是基督教），还有1万人是弥赛亚犹太信徒。[①]

从图9-1可以看出，20世纪90年代从苏联进入以色列的移民数字之庞大，以至于人口学家邬理·撒道特（Uri Sadot）称之为以色列“人口史上没有预料到的转折”。

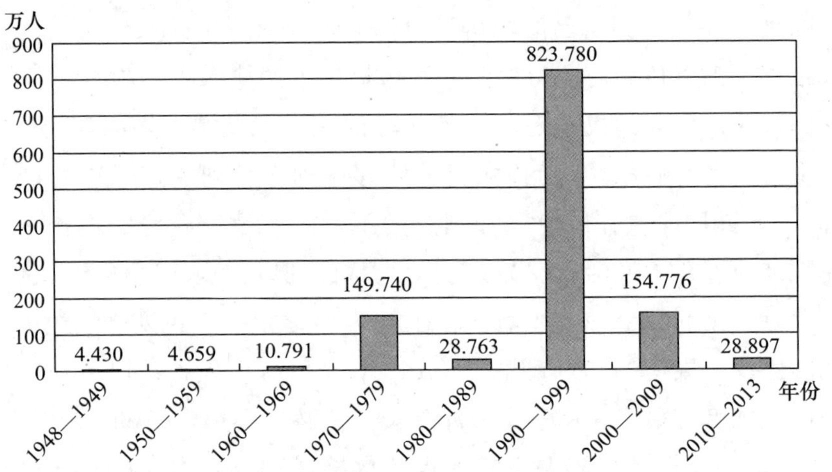

图9-1　苏联国家犹太人移民到以色列的人数

资料来源：笔者根据 Israel Central Bureau of Statistics 制作。

苏联移民群体大大超过其他地区的移民人数。迄今为止，已是以色列总人口的21%（JTA 30 Dec. 2013；Israel 5 Mar. 2014）。

图9-2表明，从苏联来的移民中大部分来自俄罗斯、乌克兰和白俄罗斯。但即便是其他地区来的移民，俄语也是他们的主要语言。这对后面笔者要阐述的社会惯性问题有着非常紧密的联系。

---

① “Monthly Bulletin of Statistics”，Cbs. gov. il. Retrieved 03. 07. 2017.

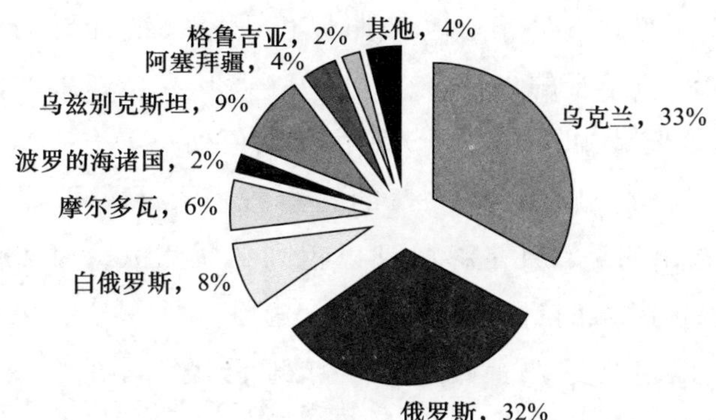

图 9-2 苏联移民到以色列的具体来源

资料来源：笔者根据 Israel Central Bureau of Statistics 制作。

对以色列这个小国来说，在短期内从苏联各共和国涌入这么庞大的移民群体，带来的影响是深远和巨大的。

从正面角度看，苏联移民群体的植入，对以色列社会、经济、文化、技术等各方面产生了深远的影响。首先，俄语移民对以色列在教育、戏剧、体育和音乐方面的贡献是显而易见的。至于在高科技、医疗和学术领域，苏联移民的贡献更是令人赞叹。比较其他地区的移民，约 7% 俄语的犹太移民均受过高等教育。同时，将近 10 万人是工程师，其中有相当一部分是计算机和电子工程师。正是他们后来成了以色列 90 年代凸显的高科技的主力。以色列那时是靠着他们的知识和能力、廉价的劳动力提升了工业竞争力。除此之外，在俄语移民群体中，有 2.3 万名医生和 2.5 万名护士，正是靠着这个新的力量，以色列的医疗领域发生了重要的、积极的变化。①

但是，也应该看到，大批苏联犹太人的进入，给整个社会也带来了其他方面的影响。首先是人口的迅速庞大。1990 年，以色列每平方千米的人口已达到 215 人，而到了 2016 年，已经到达了每平方

① Sammy Smooha（2008）The Mass Immigrations to Israel：A Comparison of the Failure of the Mizrahi Immigrants of the 1950s with the Success of the Russian Immigrants of the 1990s，*Journal of Israeli History*.

千米352人。如此发展下去，按照以色列中央统计局的估测，到2059年，每平方千米的人口能达到501—880人。如果把南部的山丘沙漠地区在统计中剔除的话，那目前以色列每平方千米的人口则已达到980人。也就是说，人口的密集程度几乎跟孟加拉国差不多。[①] 需要指出的是，凡是移民到以色列的犹太人，对居住的条件和标准远远高于孟加拉国的居民。正是基于这个事实，以色列不少专家提出，以色列这块上帝许诺的土地已经到了它的尽头。[②] 阿隆·泰尔（Alon Tal）更是一针见血地指出，由于其人口膨胀，以色列已在生态、社会和生活质量方面踏上了灾难之路。目前，已有43%的全世界的犹太人在以色列居住[③]，如果哪怕再有1/3在世界各地的其他犹太人成为欧列姆（Olim，指迁往以色列的犹太移民）的话，那结果是不可想象的。由于移民和其他因素（比如以色列非常高的生育率）带来的人口增长与以色列在西岸的定居点的扩展有着必然的联系，定居点的扩展不仅仅是个意识形态问题，更具有其解决人口膨胀的实际意义。周承在他的专著中已经指出，在2007年，定居在西岸被占领土上的苏联犹太移民占该群体的15%（周承，2010），尽管有部分苏联移民把以色列作为他们进一步移民到美国去的跳板[④]，但是，很多以色列专家认为，离开的往往是思想比较开放的、独立的技术和文化精英，而留下的则是政治上容易偏右的"普度众生"。

问题更重要的一方面，在于这个移民群体的政治态度大大决定了社会向右转的力度和速度。

多个调查显示，苏联移民比其他移民群体更容易继续保持他们

---

① Tova Cohen and Steven Scheer（2015）Israel's Soaring Population：Promised Land Running out of Room? http：//www. reuters. com/article/us - israel - demographics - idUSKCN0RP0Z820150925.

② CBS...

③ http：//geography. about. com/od/populationgeography/a/populationgrow. htm.

④ Jeffrey A. Burr（2012）：The Living Arrangements of Older Immigrants from the Former Soviet Union：A Comparison of Israel and the United States，*Journal of Aging Studies*，p. 401.

从所生活的国家带来政治、社会和文化的特点。这是因为，他们居住比较集中，并固守着以俄语为主的社会网络。较之其他群体，他们更多地消费在以色列的俄语的媒体甚至苏联国家的媒体，并在“自己人”内用俄语交流。① 黎丽·加利力（Lily Galili）在她的专著《改变了中东的一百万人》中这样描述苏联的移民群：“这是一个与其他群体非常不同的移民。”“他们不要融合（到犹太人文化），但他们在社会中想起领导作用。是他们改变了以色列这个国家的性质。”（Galili，2013）

谢勒塞·艾梦斯（Shelese Emmons）对苏联垮台后来的犹太移民与苏联时期移民到以色列的犹太人做了如下比较：

首先，他们在语言上不同于老一辈苏联犹太移民，他们大部分不积极地信奉犹太教以及参加有关活动，他们大部分不说希伯来语。大约20%来自苏联的移民并不把自己看成犹太人，所以，苏联的移民群体也往往被标志为“非犹太复国主义者”。

其次，他们来到以色列的主要动机是追求一个更好的生活，逃避自己原在国的混乱。当然，逃离那种反犹太人的环境也是他们来到以色列的原因之一。但是，追求物质生活似乎更占主导地位。所以，他们中有很多人实际上是更想生活在物质条件更好的美国（Emmons，1997）。

这些跟原来的以色列建国理念距离较大的移民群体，势必造成融入社会过程中的强烈不适。下面的一个调查典型地反映了苏联的犹太移民与其他群体对以色列的不同感知。调查结果显示，他们对以色列给予他们的物质待遇大多是满足的，尽管大部分就业并不顺利。至于希伯来语的能力，绝大部分显然是非常不好的，这里跟相

---

① See（1）Fialkova，L. and Yelenevskaya，M. A.（2007）*Ex－soviets in Israel：From Personal to a Group Portrait*，*Detroit*：Wayne State University Press.（2）23. Galili，L. and Bronfman，R.（2013）The million that Changed the Middle East. Tel－Aviv，Matar，Hebrew，（3）18. Elias，N. and Caspi，D.（2007）From Pravda to Vesty：The Russian Media Renaissance in Israel. In A. D. Epstein and V. Z. 'E，Khanin（eds.），Every Seventh Israeli：The Jews of the Former Soviet Union（pp. 175－198）. Bar－Ilan：Bar－Ilan University.

当一部分过多或只用俄语有关。同理，他们很少有以色列犹太人的朋友。而来自北美的犹太移民群体在上面几个问题上则与其截然不同（见表9－2）。

笔者认为，这个移民群体的政治文化上最大的问题还不在于融入社会的能力，更重要的是“俄罗斯的次文化”（Shelese Emmons）在以色列的地位愈加巩固。基于这一现象，有的学者认为，以色列的大熔炉模式并没有成功。所谓大熔炉，是指以犹太复国主义者的建国理念把移民融入这个既是民主又是犹太的社会。但笔者认为，从某种程度上说，他们实际上是在用另一种方式在融入和改变社会，即把苏联国家的政治观点搬到了以色列。

那么，苏联国家的政治观点是什么呢？米歇尔·菲力珀夫（Michael Philippov）和安娜·克娜菲尔曼（Anna Knafelman）在研究苏联国家移民的价值观的论文中指出，在那些成年的移民中，数年的移民生活并没能改变他们从苏联继承的价值观：他们的思维倾向于独裁型的，对人权没有足够的尊重，蔑视甚至厌恶阿拉伯人以及他们的宗教（Philippov，2011；Canetti，2009；Majid Al－Haj，2014；周承，2010）。比较其他群体，苏联移民似乎更关心他们自己的物质生活。马吉德·阿尔哈吉（Majid Al－Haj）的调查表明，这是该群体在90年代选劳动党的原因，也是他们后来转向右翼的利库德集团、成了内塔尼亚胡的积极支持者的原因。据研究，53%的苏联移民是内塔尼亚胡的忠实支持者（Majid Al－Haj，2014）。更令人深思的是，他们的后代也接受了父母一代的政治文化，而仅有一小部分年轻人认同民主的世界观。在调查访谈中，当回答“是否应该鼓励阿拉伯人离开以色列时”，77%的苏联国家移民的回答是肯定的。而比较以色列社会的其他群体，这个比例是相当高的（Philippov，2011）。[①] 这足以证明该群体整体的保守性。

① 相比苏联移民，47%的以色列“老居民”以及39%的在以色列的德系犹太人认可这种做法（Philippov，2011）。

表 9-2　不同移民群体在以色列社会的感知

融合的基本特点	对自己经济状况的感知			合适的就业			希伯来语言能力			以以色列犹太人为朋友			想念“老家”的程度		
移民群分类	非常好	好	不好	非常好	好	不好	非常好	好	不好	很多	可以	没有或很少	一点没有	中等	非常
苏联	17	55	28	19	26	55	2	5	93	1	1	98	8	57	35
北美	38	25	37	57	23	20	49	18	33	49	18	33	25	25	50
其他	27	38	35	36	13	51	31	13	56	39	15	46	28	23	49
合计	23	42	33	33	22	45	22	11	67	24	9	67	18	39	33

资料来源：Aviva Zeltzer – Zubida and Hani Zubida（2012）Patterns of Immigration and Absorption in Israel，p. 19。

显然，从苏联继承下来的价值观，在很多方面是与当代民主相悖的。但更重要的问题是，从20世纪90年代初移民潮的开始到今天，已经有近30年时间，而在这期间，这个群体的政治文化的变化并不大。从这一点来说，社会学和心理学说的社会惯性这个概念很适合用来解释这个现象。社会惯性用来指对改革与变迁的阻力，或是社会和群体中一种比较坚固的、持久的关系（Bourdieu，1985）。如果我们观察苏联移民的政治上的保守性和亲右态度，其社会惯性比其他群体来得更持久、影响力更大。这里，一个重要的原因就是俄语媒体的独特作用。自1992年在以色列出现第一份俄语报纸以来，以色列这个小小的国家已经有100多家俄语报纸、期刊和广播电视。而且在以色列的俄语世界在自己的媒体世界中展示出的活力远远超过了在以色列的阿拉伯媒体。从政治上说，它们是属于“爱国”的，大部分偏右的。换言之，是俄语媒体，而不是希伯来媒体传播、强化并延续了苏联移民的右倾的政治态度。正是在这种特殊环境下，在俄语群体里的社会惯性的力量显然超过社会变迁的动力。①

基于以色列是民主政体，一个数字庞大的移民群体的政治态度势必对其选举造成很大的影响。根据马吉德·阿尔哈吉对1999—2009年大选中苏联移民的表现的调查，苏联移民在他调查的十年期间，出现了选举左翼党派的人数剧烈递减（从原来的18.1%到后来的1.7%），而支持右翼和中翼党派则从21.6%增加到43.2%。这个群体对宗教党派的支持率则一直显得比较低。可见，右翼党派和部分中翼党派是该群体在选举中的主选（Majid Al - Haj，2014）。根据以色列报纸 *The Maariv* 估计，在2015年的大选中，俄语群体为右翼党在议会中获得了11个席位（议会全部席位为120个），而在

① Michael Widlanski (2009) Israel Studies An Anthology: The Media in Israel, http: //www. jewishvirtuallibrary. org/israel - studies - an - anthology - the - media - in - israel.

那年，以内塔尼亚胡为首的利库德集团共在议会获得了30个席位。[①]值得一提的是，当年内塔尼亚胡在大选前的一个重要许诺是，只要他在位，巴勒斯坦国就不会成立。[②]俄语群体里也出现了多名右翼的政治家，其中，最著名的要数对巴勒斯坦的强硬派艾维多·利伯曼（Avigdor Lieberman）。他得到俄语群体的支持。

总之，自1992年开始，这在研究以色列政治的业内人士中已经有了这样的共识，即苏联的移民群体对以色列大选的结果有着举足轻重的作用。只要这个群体的政治倾向是右倾的，只要其他右翼势力同时也在巩固和增长，那以色列出现一个右翼政府是不足为怪的事。

五　结论：以色列右倾社会的后果

本章想通过描述以色列移民结构变化而带来的政治文化变化来说明为什么以色列会变得更加右翼。以色列社会不断有不同的移民群加入，无不给社会的性质改变提供了条件。而苏联移民的大批进入，在相当程度上改变了整个社会的政治文化。尽管我们要强调，并非所有苏联移民均有右翼的倾向。但是，就整体来说，较之其他移民群体，该群体显然在民主、自由与平等等问题上显得更保守和更容易接受威权式的政府。问题还在于，经过20多年的移民，这个群体依然保持了极大的社会惯性。同时需要指出的是，自90年代起，从苏联移民过来的在以色列每年总的移民人数中所占比例是较大的。当然，应该看到，导致以色列社会向右转的还有其他的社会阶层和党派。但是，苏联移民的政治影响显然是不可忽视的。而正是这一点，该群体的政治文化不仅对以色列社会内部，而且对地中

---

① 参见 http：//www. timesofisrael. com/to – many – russian – israelis – president – trump – is – a – boon – cast – in – putins – mould/。

② 参见 http：//www. huffingtonpost. com/2015/03/18/netanyahu – israel – election_ n_ 6890518. html。

海地区的地域政治特别是巴以关系有着非常重要的影响。

笔者认为，从短期或中期来看，以色列社会向右转势必在确定合适的巴以关系时成为一个很大的障碍。换言之，迄今为止，巴以两个国家的政治设想至少在短期或中期阶段将成为左派的单相思，至于国际上的努力，也不可避免地停留在道德上的姿态，从而成为实际的无用功。

这并非说以色列社会没有扭转向右转的可能性。如果在今后几年内，在以色列社会，尤其在俄语群体里能出现具有很大影响的卡里斯玛的左派领袖，能唤起民众的“良知”；或者，国内民众本身有强烈的愿望，与巴勒斯坦通过两国制来实现永久和平；或者，国际社会特别是美国将对右倾的以色列政府施加非常巨大的压力，迫使它按照两国制的轨迹发展。满足这两种条件或者其中之一，偏右的社会也许能有所改变。但笔者认为，这种可能性在目前微乎其微。从国内来看，至少现在还没有任何迹象表明在左派里面有这种卡里斯玛的领袖出现。从国际上看，美国总统特朗普在谈到以色列与巴勒斯坦的前途的时候曾经说过，如果说两国制是计划 A 的话，那么除了计划 A，计划 B 也可能考虑。此话本身就是在为现有的以色列政府的扩展居住区的政策在铺垫基础。这就意味着，以色列将在事实上（de facto）的“一国两制”[①] 而非“两国制”的路上越走越远，目前在西岸已有 40 万左右的以色列人在近 150 个居住区居住。[②] 扩大西岸的居住区在当今的以色列社会环境中，反对声并不大。如此下去，今后的巴勒斯坦很可能将完全丢失谈判的筹码。

从人口政治学角度来看，以色列的回归法以及其他有关移民条款给人口结构的变动本身奠定了法律基础，而不断进入的移民以及

---

① 即把巴勒斯坦分解成小块，那里让他们实行有限的自治，但是，巴勒斯坦已无法在联合国获得独立的国家地位。

② 参见 https://www.washingtonpost.com/world/middle_east/israeli-settlements-grew-on-obamas-watch-they-may-be-poised-for-a-boom-on-trumps/2017/01/02/24feeae6-cd23-11e6-85cd-e66532e35a44_story.html。

比任何西方国家都高的生育率使以色列人口不断膨胀成了一种必然。而这种发展在一个可利用的国土资源非常有限的国家里，向西岸扩展则成了一种必需。当然，扩张居住区，还有其意识形态等其他因素。但是，这种刚需是存在的，更重要的是，满足这种刚需的政策又被右倾的社会相当一大部分人接受。而苏联移民则是这一大部分人中的重要一部分。

对任何一个大国包括中国在中东的政策来说，巴以关系是一个重要的部分。本章希望通过指出以色列社会向右转的持续性，能一方面说明巴以问题解决的难度；另一方面也提出警示：那种纯从道德高度来处理巴以关系固然有其意义，但是，在实际操作中，应该看到以色列社会已经与20世纪90年代上半叶的环境大不相同。

参考文献

Hochschild, Jennifer L., "APSA Presidents Reflect on Political Science: Who Knows What, When, and How?", *Political Science and Politics* 3 (2), 2005, pp. 309 – 334.

Yoshihara, Susan/Sylva, Douglas A., *Population Decline and the Remaking of Great Power Politics*, Washington D. C.: Potomac Books, 2012.

Kaufmann, Eric P. and Monica Duffy Toft (2011) "Introduction", In *Political Demography: How Population Changes are Reshaping International Security and National Politics*, eds., Goldstone, Jack A., Eric P. Kaufmann and Monica Duffy Toft, New York: Oxford University Press, 2011.

Weiner, Myron and Teitelbaum, Michael S. (2001) *Political Demography*, Demographic Engineering, New York/Oxford: Berghahn Books.

Daniel Bar – Tal and Eran Halperin (2013) "The Nature of Socio – psychological Barriers to Peaceful Conflict Resolution and Ways to Overcome Them", *Conflict & Communication Online*, Vol. 12, No. 1, 2013.

Christa Case Bryant (2017) "Israel's Right - wing Revolutionaries", *The Christian Science Monitor*, February 14, 2017 https://www.csmonitor.com/World/Middle - East/2017/0214/Israel - s - right - wing - revolutionaries.

Tamar Hermann et al., The Israeli Democracy Index 2015, IDI, 2015, https://en.idi.org.il/media/3585/democracy_ index_ 2015_ eng.pdf.

Ben Sales, "Two Decades On, Russian Immigrants a Rare Case of Successful Aliyah", *Jewish Telegraphic Agency* (JTA), 30 December 2013.

Office of the State Comptroller and Ombudsman, Israel, Correspondence from the Director of the Office of the Ombudsman to the Research Directorate, 5 March 2014.

Galili, Lily and Bronfman, Roman, The Million that Changed the Middle East - Russian Immigration to Israel (in Hebrew), Israel: Matar Publishing House 2013.

Shelese Emmons (1997) "Russian Jewish Immigration and its Effect on the State of Israel", *Indiana Journal of Global Legal Studies*, Volume 5 Issue 1, pp. 341 - 355.

Zvi Gitelman (2016) *The New Jewish Diaspora: Russian - Speaking Immigrants in the United States, Israel, and Germany*, Rutgers University Press.

Michael Philippov, Anna Knafelman (2011) "Old Values in the New Homeland: Political Attitudes of FSU Immigrantsn Israel", *Israel Affairs*, Vol. 17, No. 1, January 2011, pp. 38 - 54.

Daphna Canetti et al. (2009) "Xenophobia towards Palestinian Citizens of Israel among Russian Immigrants in Israel: Heighened by Failure to Make Gains in a New Democratic Society", *Journal of Ethnic and Mi-*

grantion Studies 35（6），pp. 997 - 1014.

Bourdieu，Pierre（1985），“The Social Space and the Genesis of Groups”（PDF），*Theory and Society*，14（6），pp. 728. doi：10. 1007/bf00174048，Retrieved 20 November 2013.

Majid Al - Haj（2014）“Ethnicity and Political Mobilization in a Deeply Divided Society：The Case of Russian Immigrants in Israel”，*International Journal of Politics，Culture，and Society*，June 2015，Volume 28，Issue 2，pp. 83 - 100.

Larisa Fialkova and Maria N. Yelenevskaya（2007）*Ex - Soviets in Israel：From Personal Narratives to a Group Portrait*（Raphael Patai Series in Jewish Folklore and Anthropology），Wayne State University Press.

Daphna Canetti et al.（2009）“Xenophobia towards Palestinian Citizens of Israel among Russian Immigrants in Israel：Heighened by failure to Make Gains in a New Democratic Society”，*Journal of Ethnic and Migrantion Studies* 35（6），pp. 997 - 1014.

肖宪：《以色列史话》，中国书籍出版社 2015 年版。

王彦敏：《以色列政党政治研究》，人民出版社 2013 年版。

周承：《以色列新一代：俄裔犹太移民的形成及影响》，时事出版社 2010 年版。

第十章　在犹太性和民主性之间寻找平衡

——当代以色列社会

王　宇

无论是从人口还是国土面积来看，以色列都是一个名副其实的小国，但其社会却以多样性著称。在这个深度分化的社会中，犹太人与阿拉伯人、世俗人士和信教者、新移民和原住民、西方犹太人（Ashkenazim，也称阿什肯纳兹犹太人）和东方犹太人（Sephardim，塞法尔迪犹太人）、民主主义者和犹太民族主义者等多对矛盾体对立而共存，互相作用，共同推动了以色列社会的变革和发展。

以色列建国60多年来，在不同历史时期及不同条件下，以色列社会的各对矛盾的表现也不尽相同。特定矛盾在某个时期会格外突出，超越其他矛盾而成为影响国计民生的主要矛盾。比如，建国后在短短几年中以色列就吸收了超过自身人口数的新移民，新移民的安置和国家资源的分配就成了社会主要关注点，移民和原住民之间的矛盾及融合时的摩擦就比较突出；在20世纪七八十年代，大多在建国后才移民以色列的东方犹太人对主要由西方犹太人执掌的国家机器和文化霸权不满，东西方犹太人之间的矛盾激化，顺应了东方犹太人要求变革的潮流因而得到大批东方选民支持的利库德集团在1977年的国会选举中获胜，终结了工党近30年的执政；90年代随着中东和平进程的推进，支持以土地换和平及以巴关系正常化的和

［作者简介］王宇，北京大学驻希伯来大学孔子学院院长。

平阵营与主张寸土不让的强硬派民族主义者之间的矛盾激化，1995年拉宾总理遇刺就是该矛盾的极端化表现；2000年秋，第二次巴勒斯坦人民大起义爆发，在与警方的冲突中，12名以色列阿拉伯公民丧生，此后一段时间中阿犹矛盾成为以色列社会关注的焦点；从2011年夏开始，以色列的街道和广场被愤怒的示威者挤满，抗议高房价和高物价，要求政府改革并促进社会公平。2012年，以色列"最不公正的法律"——赋予极端正统派犹太教徒（Haredim）兵役豁免权的《塔勒法》（*Tal Law*）被以色列高等法院裁定违宪后被废除，极端正统派犹太教徒在以色列享有的各种特权引起世俗民众的极大不满，围绕教徒兵役问题，宗教与世俗势力展开激烈角力。而由于执政联盟内部各方对该问题的意见不一，造成政坛动荡，政府面临垮台，不得不宣布提前大选。

2013年以色列就在紧锣密鼓的大选准备中揭开了序幕，在这个热闹的选举年（一月国会大选和十月五年一届的地方选举）以色列社会都经历了什么？发生了哪些变化？下面我们将从人口、犹太教徒兵役、世俗宗教矛盾和以色列阿拉伯社团等几个方面进行介绍。

一　西方发达国家中的异数
——以色列人口年增长率高达1.8%

据以色列中央统计局公布的数据，截至2013年年底，以色列人口为813.2万，其中，犹太人口约610万，占全国人口的75.2%；阿拉伯人口（包括穆斯林、基督徒和德鲁兹人）约168万，占20.6%；其他人口34.8万，占4.2%。[①] 以色列人口年增长率达到

① 数据来自以色列中央统计局，2013年64号新闻发布：http：//cbs. gov. il/reader/newhodaot/hodaa_ template_ eng. html? hodaa = 201311255 "；另见"Latest Population Statistics for Israel"，2014年更新，http：//www. jewishvirtuallibrary. org/jsource/Society_ &_ Culture/newpop. html。

1.8%，主要来自人口的自然增长。以色列犹太妇女平均生育2.98个子女，达到1995年以来的最高点，以色列的阿拉伯妇女平均生育3.51个子女。以色列的生育率之高在西方发达国家中是绝无仅有的，甚至超越了周边很多阿拉伯国家：沙特阿拉伯和海湾国家妇女平均生育2.5个，叙利亚生育3个，埃及生育2.94个，约旦生育3.4个，伊拉克生育3.76个，黎巴嫩生育1.5个。[①]

与其他西方国家相比，以色列人口的年轻化也非常突出。2011年，以色列人平均年龄为29.5岁，28%的人口处于1—14岁，超过65岁的人口只占全国人口的10.3%。对比经合组织（OECD），其34个成员国的人口中0—14岁的人口占18.5%，而超过65岁的人口占15%。简单来说，以色列暂时不会受到人口老龄化的困扰。以色列人平均寿命为男性80岁、女性83.6岁，而犹太男性和犹太女性的平均寿命比阿拉伯男性和女性都稍长一点。[②]

人口方面有一个值得注意的变化，就是本土化。在1948年建国时仅有35%的犹太人是在本地出生的，但在目前以色列的610万犹太人中，约73%是出生在以色列的。2013年，以色列吸收了16600名新移民，主要来自欧美国家。移民的减少，既是因为在以色列之外的犹太移民源逐渐萎缩，以色列已经超越美国成为世界上犹太人最多的国家；而且国外犹太人的生活环境比较优越和安全，暂时没有移民的必要。境外移民的减少，引起了一些人对犹太人在以色列国家的主体民族地位的前景的忧虑，即“阿拉伯人口威胁论”。

阿拉伯世界人口的增长一直比较快，以色列建国时，境内阿拉

---

① 以色列数据来自中央统计局2013年6月公布的“Selected Data from the New Statistical Abstract of Israel No. 64 2013”；阿拉伯国家的数据来自2011年CIA Factbook，引自Yoram Ettinger，“The Arab demographic revolution”，《今日以色列》2012年3月16日，http：//www.israelhayom.com/site/newsletter_ opinion.php？id＝1565。

② “Latest Population Statistics for Israel”，2014年更新，http：//www.jewishvirtuallibrary.org/jsource/Society_ &_ Culture/newpop.html。

伯人口占全国总人口的13%[①]，到2013年，该比例上升到20.6%。仅从比例来看，阿拉伯人口并未达到可以威胁犹太主体民族的程度，但是，让很多以色列人忧心的是——以色列阿拉伯人口的增加几乎是纯自然增长，而犹太人口的增加则依靠了大批国外犹太人的移入。[②] 最近几年移民人数减少，有人担心不再有"外援"的犹太人口在全国人口中所占比例会不断降低，最终导致犹太民族丧失其作为主体民族的优势地位，威胁到以色列国的犹太属性。2009年，以色列驻美国大使迈克尔·欧然（Michael Oren）撰文称，"阿拉伯人口威胁"是以色列所面临的七大生存威胁之一。[③]

2013年的人口数据显示，以色列阿拉伯人口的增长率从2001年以来呈减缓势态。在20世纪90年代，阿拉伯人口年均增幅达到3.4%，目前已降到2.4%；另据《耶路撒冷邮报》报道，2013年，阿拉伯新生儿占以色列新生儿总数的22%，几乎与阿拉伯人口在全国人口的比例（20.7%）持平，而由于阿拉伯人口比犹太人口更年轻，处于生育年龄的阿拉伯女性也更多，所以，实际上，阿拉伯妇女的生育已经略低于犹太妇女了。[④] 在阿拉伯人口生育率微降的同时，犹太人的生育率却有所上升。比如，2013年第一季度与2001年同期相比，阿拉伯人口的生育率下降了6%，而犹太人口的生育率则上升了38%[⑤]，照此趋势发展，以色列国内阿拉伯"人口威胁论"可能会逐渐失去

---

① 数据基于《以色列中央统计局年鉴》（2012），http：//www1. cbs. gov. il/shnaton63/st02_ 02. pdf。

② 据以色列中央统计局统计，1948—2013年，共有312.5万人移民到以色列，其中绝大部分是犹太移民，小部分是犹太人的配偶和家人。http：//www. jewishvirtuallibrary. org/jsource/Immigration/Immigration_ to_ Israel. html.

③ Michael B. Oren，"Seven Existential Threats"，05/01/2009，http：//www. commentarymagazine. com/article/seven – existential – threats/.

④ Paul Morland，"Israel's fast evolving demography"，《耶路撒冷邮报》2013年7月21日报道，http：//www. jpost. com/Opinion/Op – Ed – Contributors/Israels – fast – evolving – demography – 320574。

⑤ Paul Morland，"Israel's fast evolving demography"，《耶路撒冷邮报》2013年7月21日报道，http：//www. jpost. com/Opinion/Op – Ed – Contributors/Israels – fast – evolving – demography – 320574。

市场。

在2013年人口数据中，我们还可以注意到另一个变化，即极端正统派犹太教人口的迅速增长。目前，在以色列约有70万极端正统派犹太教徒，占全国人口的8%，但在小学生中，其子女人数已经占21%。也就是说，在20年后，极端正统派犹太教人口很可能将占以色列总人口的20%以上。[①] 这一变化很可能会给以色列社会甚至国家性质带来巨大而不可逆的变化。关于犹太教和教徒与以色列国家的关系将在下文做详细介绍。

总体来说，以色列作为一个犹太国家，犹太人不仅是主体民族，也是优势民族。犹太人口在国家中占绝对多数是维持以色列国家犹太性的关键，阿拉伯和犹太人口比例及犹太人口内部各社团所占比例的改变，都会影响以色列国家及社会的性质。总理内塔尼亚胡曾表示，犹太人多数是以色列作为民主国家的基础等。[②] 可见，人口在以色列社会及政治走向上起着关键作用，值得持续关注。

二　2013年第19届国会选举的结果及其意义

2013年1月22日，以色列上演了开年的一场大戏——第19届国会选举。全国总投票率为67.8%，稍高于前两届（2006年为63.5%，2009年为64.7%），但仍远低于1999年之前平均超过80%的高投票率，投票率的低迷表明，很多公民对选举和政治缺乏兴趣。

选举结果在意料之中，总理内塔尼亚胡（利库德集团 Likud）

① 史冬梅：《极端正统犹太教徒在以色列的崛起》，2012年10月16日，http://cpc.people.com.cn/n/2012/1016/c187710-19282503.html。

② Associated Press, "MKs slam Netanyahu's Remarks about Israeli Arabs", *Haaretz*, 17/12/2003, http://www.haaretz.com/news/mks-slam-netanyahu-s-remarks-about-israeli-arabs-1.108963.

和外长利伯曼（以色列是我们的家园党 Yisrael Beiteinu）的“强强”竞选联盟得到总共120个议席中的31席，但其胜利远低于预期，在上一届选举时，这两个政党分别得到27席和15席。也就是说，这两者在本届选举中丢了11个席位。2013年选举的最大赢家是参政不足一年的亚伊尔·拉皮德（Yair Lapid）组建的中间党派“拥有未来党”（Yesh Atid），该党一举夺得19个席位，成为国会第二大党。而中左派的工党（Labor）和梅内兹党（Meretz）分别得到了15席和6席，虽没有恢复到巅峰状态，但相比于上届选举时，左翼党派一败涂地的局面（工党13席，梅内兹党仅3席），也算很有起色了。既然左翼阵营没减反增，可以看出，未来党这匹政坛黑马得到的选票多数来自原来支持右翼的阵营。

在选举之前，没人预料到未来党的大胜，那它究竟是如何异军突起的呢？拉皮德在竞选中提出正常化以色列，关注普通以色列人的生活、民生问题（住房和教育），倡导社会公平和义务均等，在传统的政治家们不断强调巴以冲突和安全问题的老生常谈中，拉皮德为选民，尤其是世俗的中产阶级选民创造了一个美好的、公平的“以色列梦”。在以色列的世俗之都，经济和金融中心——特拉维夫，未来党得到21%的高支持率，而内塔尼亚胡和利伯曼的联盟只得到18%。在2011年和2012年连续两年大规模的社会抗议之后，拉皮德和未来党迎合了部分以色列民众对正常生活的向往以及对社会公正和义务均等的诉求。

第19届国会选举还创造了两个新纪录：一个新纪录是信犹太教的议员占全部120名议员的1/3，且来自正统派（Orthodox）或极端正统派（Ultra Orthodox）犹太教的议员人数之多史无前例。这些议员不仅来自宗教党派，如沙斯党（Shas，11位议员）、犹太人家园党（Habayit Hayehudi，11位议员）和托拉犹太教联盟党[1]（United Torah Judaism，7名议员），还有6名来自利库德——以色列是我们

① 该党也被译作“圣经犹太教党”，托拉 Torah，即《圣经》中的《摩西五经》，又译为《妥拉》。

的家园联盟，3 名来自未来党，1 名来自运动党（Tnuah）。信教议员的增加客观上反映了宗教—世俗人口比例上的变化，同时也说明信教人士参政的热情高涨，而且他们的政治活动不再局限于宗教党派，教徒选民中有不少人投票给了非宗教党，所以，在中右派的主流政党中，才会拥有数量如此多的正统派犹太教代表。

另一个新纪录是女性国会议员达到 27 个（2014 年将增加到 28 个），占议员总数的 23%。纵观以色列国会的历史，女性议员最少时仅有 7 名（1988 年），而近年几届国会选举（第 17—19 届），女性议员人数呈明显上升趋势。从党派来源看，第 19 届国会女议员，分别来自未来党（8 名）、利库德（7 名）、工党（4 名）、梅内兹党（3 名）、犹太人家园（3 名）、运动党（1 名）和阿拉伯政党巴拉德（Balad）（1 名），以色列共产党（Hadash）根据党内协议将在 2014

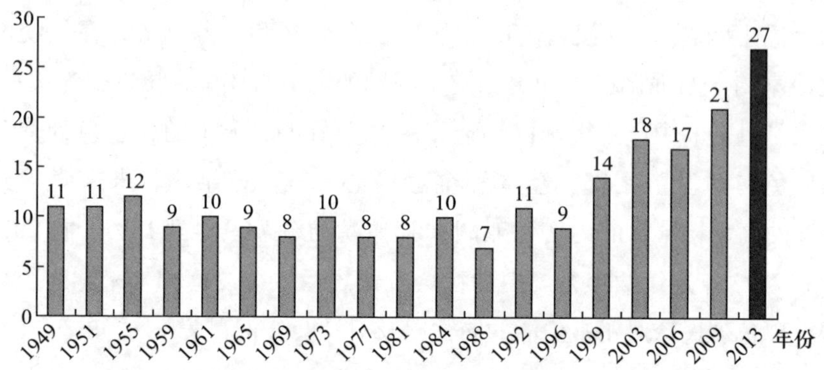

图 10－1　女性议员在以色列历届国会中的人数变化①

资料来源：Haviv－Rettig Gur，"Elections Show Women Making Little Headway in Local Politics"，2013 年 10 月 25 日，http：//www. timesofisrael. com/elections－show－women－making－little－headway－in－local－politics/。

① 本图转引自 Ofer Kenig，"The 2013 Knesset Election Results：A Preliminary Analysis of the Upcoming Parliament"，2013 年 1 月 24 日，http：//en. idi. org. il/analysis/articles/the－2013－knesset－election－results－a－preliminary－analysis－of－the－upcoming－parliament/。

年派一名阿拉伯女议员入国会。女性在政治方面越来越重要，不仅表现在议员数量上，也表现在职责上。在2013年选举中，有三个重要的中左派政党都是由女性领导的：运动党的利夫尼（Tzipi Livni）、工党的雪莉·亚齐莫维奇（Shelly Yachimovich）和梅内兹党的泽哈瓦·高乐昂（Zehava Gal - On）。

不仅在国会选举中，就是在2013年10月举行的地方选举中，女性的表现也比较突出。在11个大中城市的选举中，女性得到50个席位，占总议席的16.2%。在1950年的地方选举中，仅4.2%的席位由女性占据；1978年是5.5%，到1993年上升到11%。不过，地方选举结果还显示，女性在不同城市的参选情况截然不同。在犹太教势力强大的耶路撒冷，女性地方议会议员从8个锐减到4个（共31名议员）；在派塔赫提科瓦（Petah Tikva）从4个锐减到1个（共27名）；而在极端正统派犹太教占多数的本内布拉克市（Bnei Brak）则一名女性议员都没有。但是，在非犹太教城市和地区，女性的参政情况呈明显上升趋势。在特拉维夫的31名市议员中，女性从2008年的8个上升到11个；在贝尔谢巴（Beersheba）的27名市议员中女性由5名上升到8名。[①] 甚至在阿拉伯选区，创纪录地共有165名女性参加了44个地区选举，在其中三个甚至是女性作为党派领导人参选。[②]

从整体来看，女性在以色列的政治生活中的参与度和重要性都有所提升。究其原因，既受到近年来尤其是2011年夏天爆发的要求社会公正的抗议活动的影响，也与一些女性在不同领域所取得的成就有关。2009年，利夫尼几乎当选以色列总理；达芙妮·利芙（Daphni Leef）是2011年以来大规模抗议活动的主要组织者；卡尼

---

① Haviv - Rettig Gur, "Elections Show Women Making Little Headway in Local Politics", 2013 - 10 - 25, http: //www. timesofisrael. com/elections - show - women - making - little - headway - in - local - politics/.

② Jack Khoury, "The Female Spring: How Arab Women Change the Face of Lsrael's Local Elections",《国土报》2013年10月2日，http: //www. haaretz. com/news/national/. premium - 1. 550148。

特·弗鲁格（Karnit Flug）成为以色列银行首位女行长；哈宁·佐阿比（Hanin Zoabi）作为第一个阿拉伯女议员进入第18届国会，等等。这些成就鼓励了更多的女性参与公众事务和政治活动。但是，宗教和世俗地区的女性参政情况迥异，体现了宗教和现代的民主民权观念之间存在尖锐的矛盾。

三　尘埃落定?
——极端正统派犹太教徒的兵役问题

从2012年《塔勒法》被以色列最高法院判为违宪之后，围绕极端正统派犹太教徒的兵役问题的话题就成为全民关注的焦点，兵役问题不仅让以色列社会分裂成对立的阵营，也引发了公众对犹太教徒在以色列所享有的各项特权的质疑，进而发展成更广泛的关于义务均等和社会公正的斗争。

2013年国会大选结束两个月后，内塔尼亚胡组阁。这届政府跟以往有显著不同：两个极端正统派犹太教党派——沙斯党和托拉犹太教联盟党都没有入阁。这是自1977年以来，除佩雷斯组建的“短命”政府（1995年11月至1996年6月）① 之外，首次没有极端正统派犹太教党加入执政联盟。这对于正处于胶着状态的教徒兵役事宜是个信号。果然，4月2日，执政联盟成员——犹太人家园党主席贝纳特（Naftali Bennett）代表政府提出了义务平等议案，主要内容是：所有犹太教经学院的学生年满18岁可以继续在经学院学习三年，但第四年则仅有1800人可以继续学习，并从国家得到经济支持，其他学生都要服兵役或国家服务；如果他们有志于学习，在

① 总理可以在不解散国会的情况下重新组织执政联盟，迄今为止，以色列有19届国会，但已经有33届政府。

服役之后可以继续。而且，这部分教徒要选择工作，开始自食其力。[①] 7月，以色列内阁以14：0（4票弃权）通过法律草案，正式取消犹太教经学院学生集体享有的兵役免除。以色列国防部长摩西·亚阿龙（Moshe Ya'Alon）说，该法是“改变这一已经存在了65年的不公正事实的唯一途径”。[②]

2014年3月12日，在反对党抵制投票的情况下，国会以67∶1通过了极端正统派犹太教徒兵役法。新法案规定，所有22岁及以上的经学院学生立即得到兵役豁免，在法案通过的当天之前，年满18—22岁的经学院学生可以在将来4年中陆续获得豁免，而且随着新法案出台，之前“不先服兵役就不能参加工作”的规定对于得到兵役豁免的极端正统派犹太教徒来说也就不再有效了。[③]

根据新法案，28000名年满22岁的经学院学生获得了兵役豁免权，为了鼓励和帮助这些人就业，政府在耶路撒冷和本内布拉克（Bnei Brak）等教徒集中的地区设立了“就业和职业指导中心”，指导中心专门开办课程，对有意工作的极端正统派犹太教徒进行求职技能培训，国家经济部为每个有意参加任何职业培训的教徒提供9000谢克尔（约2650美元）作为学费，还有一些课程是全免费的。[④]

至此，沸沸扬扬的教徒兵役争端似乎告一段落。教徒的整体

---

① Aviel Mengenazi and Gilad Moreg，“זו תוכנית השוויון בנטל：פטור ל - 1，800 חרדים” ［平等义务计划：1800名极端正统派犹太教徒免除兵役］，http：//www. ynet. co. il/articles/0，7340，L－4363064，00. html，2013年4月2日。

② Jonathan Lis，“Israeli Cabinet Approves Reforms to IDF Conscription Law”，《国土报》2013年7月7日报道，http：//www. rawstory. com/rs/2013/07/07/israel－looks－to－force－ultra－orthodox－jews－into－military－service/。

③ Lahav Harkov，“Knesset Approves Haredi Conscription Law”，《耶路撒冷邮报》2014年3月13日报道，http：//www. jpost. com/Diplomacy－and－Politics/Haredi－conscription－bill－passes－67－1－345110。

④ Jeremy Sharon，“Thousands of Haredi Exempted From Military Service，Granted Access to Work Force”，《耶路撒冷邮报》2014年4月1日报道，http：//www. jpost. com/National－News/Thousands－of－haredi－exempted－from－military－service－granted－access－to－work－force－347194.

兵役豁免权被取消，世俗人士反对特权、要求社会公正的斗争表面上看取得了阶段性胜利，但实际上还存在诸多问题。首先，极端正统派犹太教的反抗非常激烈，他们称政府此举会毁灭极端正统派的生活方式，将信教的年轻人拖曳到“邪恶文化”中，他们多次举行游行抗议，而这些活动有时会带暴力色彩，投掷石块或设置路障等。① 此外，渴望实现义务平等的世俗人士对新法案也非常失望，首先是新法案延时严重的时间表——第一批教徒只有在2017 年才有可能被征入伍，这期间的三年时间对于变数极大的以色列政局来说显然是过于漫长了，而未来的政治发展很有可能使这一新法案成为根本没有机会实施的一纸空文；而且，依照该法案，即使在 2017 年也只有 5200 名教徒会被征，占 6 万 18—26 岁适龄教徒的 10%，这一比例甚至低于那些自愿终止经学院学习的学生比例（据福利部估算，约为 20%），更何况这 5200 人并不都要去军队服役，还可以进行其他公众服务。这与世俗人士想要的义务均等实际上相去甚远！

其实，不论教徒兵役能否在三年后如期实行，不可忽略的一点是，以色列军队对于大规模征教徒入伍并不热衷。以色列国会研究和信息中心的调查报告显示，2011 年，以色列国防军征募了 1288 名极端正统派教徒士兵入伍，共花费 9000 万谢克尔，平均花在每个教徒士兵身上 7 万谢克尔（约合 2 万美元）。② 这些钱主要用于支付

---

① Yair Ettinger, “Tens of Thousands of Haredim Protest IDF Draft”，《国土报》2013 年 5 月 16 日报道，http：//www.haaretz.com/tens-of-thousands-of-haredim-protest-idf-draft-1.524419；Shmarya Rosenberg, “Over 200 Haredim Block Road, Set Fires to Protest Draft”，http：//failedmessiah.typepad.com/failed_messiahcom/2013/12/over-200-haredim-block-road-set-fires-to-protest-draft-arrests-in-jerusalem-678.html；《以色列 30 多万正统犹太教徒集会反对服兵役》，新华网 2014 年 3 月 3 日报道，http：//world.people.com.cn/n/2014/0303/c157278-24509900-3.html。

② Moti Basok, “גיוס 1, 288 חרדים לצה"ל עלה למדינה כ 90 מיליון שקל ב-20111”《2011 年入伍的 1288 名极端正统派犹太教徒耗费国家九千万谢克尔》，《以色列经济报》2012 年 7 月 9 日，http：//www.themarker.com/career/1.1752157。

教徒士兵远超过一般士兵的家庭费用①、为其提供特别严格的犹太教标准餐食和其他服务等。随着军事科技的发展，军队对人员数量的要求本来就在走低，近年来，甚至世俗人群的入伍率都在不断下降。在这种情况下，让这些“昂贵”的、禁忌颇多的极端正统派教徒士兵入伍，对于军队来说，似乎有些得不偿失；而除经济考量之外，另一种担心是极端正统派犹太教徒大量涌入军队将会改变以色列国防军的世俗性质。

四　序幕揭开？
——以色列社会世俗与宗教矛盾激化的表现及其根源

尽管犹太复国主义先驱们借用了很多传统的犹太宗教观念，但犹太复国主义运动从根本上说是一个以在巴勒斯坦建立犹太民族家园为目标的世俗运动。这个犹太家园的建立要依靠强壮、勇敢、自信、有能力保卫自己的新型犹太人，而传统犹太人作为流散时期的代表并不受欢迎。犹太宗教人士，虽然有一些是支持犹太复国主义的，但多数持反对意见，他们认为，犹太人的回归或复国，应该全心全意地依靠神，不应以人力来强行改变神的计划。

但是，欧洲犹太社团在第二次世界大战中遭到灭顶之灾，其中灾难最深重的东欧正是犹太教经学院的发祥地。战后少数幸存的犹太教经学院（包括曾在上海避难的密尔经学院）都来到以色列重启炉灶。以色列建国初期，人们对极端正统派犹太教的前景普遍感到悲观（包括极端正统派犹太教人士自己），都认为在以色列这样一个现代的世俗国家中，正统派犹太教会因为失去对年轻人的吸引力

① 以色列军方每个月按级别给士兵发饷，一般不超过1000谢克尔，但对于已婚士兵，每个月发给士兵妻子的补助金为3218谢克尔，这个数字随着子女数目增大而提高。以色列士兵一般都是18—21岁，很少有结婚的，但对于教徒来说早婚早育则是普遍现象。

而逐渐走向衰亡。因此，当这个年轻的犹太国家强敌环绕前途未卜时，本·古里安等领导人希望尽可能地保存正统派犹太教的有生力量，给予了部分犹太教经学院学生免予参加战斗的特权和其他优待，毕竟这些穷毕生精力研习宗教典籍的学者象征着也肩负着犹太民族数千年的传承。

在早期，由于人数有限，极端正统派犹太教徒们享受到的优惠和特权对社会整体影响不大，但是，随着该社团人数上升，这些优待和特权就成为普通民众不能承受之重。以免服兵役为例，在建国初期，每年仅有400名犹太教经学院学生可以免服兵役，到1968年时，每年有800人；1977年大选后，利库德集团为得到极端正统派犹太教党的支持，取消了经学院学生免服兵役的人数上限；2002年，以色列国会通过《塔勒法》，为正统派犹太教徒免服兵役和工作提供了法律依据。2003年，共有39200人依据《塔勒法》免服兵役，到2010年，这一数字攀升到63000。

极端正统派犹太教人口增长太快，对于国家和普通民众来说是个沉重的负担，但这正是极端正统派犹太宗教力量增强的源泉。极端正统派犹太教妇女的生育率是普通以色列人的3—4倍，很多家庭有10个或更多子女。另外，以色列国家的社会保障和福利体系（医疗、教育、社保、养老等）免去了教徒们的后顾之忧，让他们即使不工作也不必担心生计；而相对集中和独立的居住环境也将他们与世俗社会尽可能地隔绝开来。上述这些因素共同作用，使极端正统派犹太教不仅阻止了本身成员及其子女向世俗社会的流失，甚至吸引了很多人加入。极端正统派犹太教人口每12—20年就可以翻一番，据国家统计局估计，到2019年，半数以上的犹太孩子将在国立宗教学校或者极端正统派犹太教经学校接受教育。①

不仅如此，极端正统派犹太教还拥有超越其人口比例的政治影

---

① Jordan Scope，“בעוד שש שנים רק כ - 40% - מהתלמידים יהיו בחינוך הממלכתי” 《六年后全国仅40%的孩子在国立普通学校上学》，《国土报》2013年8月6日，http：//www. haaretz. co. il/news/education/1. 2090826。

响力。这与以色列的多党制和执政联盟制度有关。以色列自建国起从来没有任何党派能够独立组阁，都必须联合其他党派建立执政联盟才能在国会中得到多数。以色列的小党派，尤其是犹太宗教党，是天然的组阁伙伴，而组阁协议就是这些小党派与执政党讨价还价的成绩单。经过几十年的积累，尤其是1977年工党独大的局面被打破之后，犹太宗教党派为自己的社团争取到诸多利益，在教育、住房等方面享有补贴和特权，免除兵役正是这些特权之一。由于宗教党派不遗余力地为宗教集团谋利益，因此得到教徒们更坚定的支持，在下一届选举中可以得到更多的选票，与执政党讨价还价的砝码也就更多，可以要求更多利益，等等。这也是上面提到的人们对新兵役法三年延时的担忧所在，因为在下一次国会大选中，极端正统派宗教党一旦入阁，必定会提出各种修改意见，甚至要求废除教徒兵役，而为了得到其支持，执政党很有可能会做出让步，使本已得来不易的胜利果实付诸东流。

除拥有特权让以色列普通民众不满之外，极端正统派犹太教人士的强硬政治倾向也让不少人不安。他们在社会和政治上多倾向保守，在巴勒斯坦问题上支持强硬政策，这与很多以色列民众对“正常化”的国家和生活的向往是有冲突的。

而宗教势力大增引起的社会倒退和缺乏宽容（在妇女地位和公民民主自由权利等方面尤为明显）更是引起人们的焦虑。2012年，女教授汉娜·马阿焰（Channa Maayan）因对犹太人常见遗传性疾病的研究有杰出贡献而获得以色列卫生部奖。因时任卫生部长是犹太正统派教徒，在颁奖礼上已经保守着装的她不仅被要求必须与丈夫分开就座，甚至因为身为女性而无法上台领奖，只能让男同事代领。类似事件时有发生，仅以2012年1月的某一周为例，就发生了以下相关事件：“妇女健康和犹太律法”大会主办方禁止妇女上台，导致8个讲演被取消；正统派男性教徒向一名8岁的小女孩吐口水，因为其着装不够保守；以色列空军的首席拉比辞职，因为军方拒绝接受正统派士兵在观看女兵文艺表演时退场，等等。[①]

另一个令人担忧的现象是，跟宗教有关的暴力行为有普遍化趋势。之前，一些有宗教背景的暴力行为多被解释为极端的个体行为，如1994年2月25日，一名信教的犹太定居者在希布伦清真寺持枪扫射打死50多名正在祷告的巴勒斯坦人，使本来就步履艰难的中东和平进程陷入困境；而1995年刺杀拉宾总理的凶手阿米尔也是极端正统派犹太教经学院的学生，他受到当时流传在坊间的煽动，认为拉宾与巴勒斯坦人和谈是在出卖犹太民族的利益，最终策划并实施了刺杀。尤其令人惊讶的是，其刺杀行为居然被犹太教认定为是符合犹太教规（Kosher）的，这说明犹太教对类似行为持宽容态度，这对于暴力行为的极端化和普遍化起到了推波助澜的作用。2014年7月，3名信教的犹太定居者绑架并杀害了1名无辜的巴勒斯坦少年，据称是为了给此前被绑架并被杀害的3名犹太青年报仇。

以色列*Ynet*报做的关于宗教教育现状的调查显示，只有25%的世俗者认可以色列的宗教教育宣扬宽容，而37%则认为，宗教教育根本没有宣传宽容。而同样对这个问题，93%的正统派犹太教徒认为，宗教教育宣传了宽容。[②] 对宗教教育成果的两极分化的态度，反映出以色列社会世俗人士与宗教人士在很多根本观念上的截然不同。

犹太宗教势力在以色列影响力大增的根本原因，是目前在以色列的世俗社会中存在着一定的信仰危机。由于建国目标已经实现，安全局势并没有之前那么紧张，从19世纪末20世纪初一直作为主流犹太社团指导思想的犹太复国主义渐渐失去了时效性和吸引力，继之出现的信仰真空很自然地被犹太教所填补，越来越多的人回归宗教或对宗教持同情和支持态度。2011年的调查显示，仅有43%的犹太人将自己定义为世俗者，23%自我定义为“传统者”（自己并

---

① 王宇：《犹太教在以色列的社会影响力上升》，《世界宗教文化》2012年第4期。

② *Ynet* 2011年5月6日报道，http://www.ynetnews.com/articles/0，7340，L-4076630，00.html。

不笃信宗教或严守犹太教规，但同情并从情感上亲近犹太教，愿意以宗教规矩来规范自己行为的人），14% 为传统且笃信宗教者，10% 是笃信宗教者，9% 是极端正统派犹太教徒。[①] 这是信教人士（传统且笃信宗教者、笃信宗教者和极端正统派犹太教徒）首次超过以色列犹太人口的 1/3。

信教人口的增加可能会给以色列社会带来怎样的影响呢？下面以耶路撒冷为例做简要分析。现在，耶路撒冷的犹太人口中只有 19% 是世俗人士，16% 不怎么信教，10% 为传统者，21% 为信教者，还有 32% 的极端正统派犹太教徒。与宗教化相伴而来的是贫穷化[②]，耶路撒冷具有所有贫困地区所共有的特点：高生育率（每位妇女平均生育 4.24 个子女，远超全国平均水平）[③]、高失业率、教育水平低（高中毕业率还不到学生总数的一半）、生活基本必需品花费高（食品和公共交通）、外出就餐少（月均约 70 美元，在特拉维夫市月均 184 美元）、拥有驾照的成人比例低（到 2009 年仅 1/3 成年人拥有驾照）、单收入来源家庭比例高，等等。[④] 在耶路撒冷，很多原本世俗的小区因为信教人口的增加而变得越来越宗教化，不少世俗人士因为生活不方便或子女教育问题而不得不离开耶路撒冷。而且由于城市人口中多数人非常贫困，市政府财政压力大，普通民众赋税很沉重，这促使更多人加速离开耶路撒冷。而随着世俗

---

① Adam Ross, "Israel: Jewish Birth Rate Continues to Rise", 2013 年 10 月 17 日报道，http://www.israelnationalnews.com/News/News.aspx/172925#.UtIJ47KBT6I.

② 东耶路撒冷的巴勒斯坦人也属于耶路撒冷的居民，据以色列公民权利组织（Association for Civil Rights in Israel）的报告，耶路撒冷的巴勒斯坦人 78% 生活在贫困中。他们和极端正统派犹太教徒是以色列最贫困的两个社团，共同拉低了耶路撒冷的平均水平。Nir Hasson, "Report: 78% of East Jerusalem Palestinians live in Poverty",《国土报》2012 年 5 月 20 日报道，http://www.haaretz.com/news/national/report-78-of-east-jerusalem-palestinians-live-in-poverty-1.431384。

③ Gavriel Fiske, "Capital Home to 804, 400, Jerusalem Day Stats reveal", *The Times of Israel*, 2013 年 5 月 7 日，http://www.timesofisrael.com/capital-home-to-804400-jerusalem-day-stats-reveal/.

④ Avital Lahav, "Jerusalem Sinking into Poverty", 2011 年 1 月 6 日报道，http://www.ynetnews.com/articles/0, 7340, L-4076452,00.html.

人口的搬离，宗教人口的比例又进一步上升。在政治方面，耶路撒冷明显右倾，在2013年国会选举中，38%的人投票支持了两个极端正统派犹太教党，12%支持犹太人家园党，未来党只得到7%的选票，工党和梅内兹两个左翼政党一共得到11%的选票。显然，耶路撒冷目前的倾向，不论是在经济方面还是在政治方面，都与很多人所期望的正常化生活相去甚远。

近几年，以色列世俗人口的生育率略有上升，而极端正统派犹太教徒的生育率则因为贫困而稍有下降，从2005年女性平均生育7.5个子女下降到6.5个，但双方原本的差距过大，目前尚难预测这一新发展可能带来的影响。可以确定的是，随着信教人数的增加，极端正统派犹太教的政治影响力越来越大，世俗人士的生存空间和资源势必会受到明显挤压，双方的矛盾体现在政治、经济和文化各个方面。宗教和世俗的矛盾不仅会引起社会分裂，甚至当信教者达到一定比例时，拥有文化和精神优势地位的犹太教可以利用民主国家的“游戏规则”，对以色列国家的世俗性发起挑战。如果以色列各社团维持目前的生育水平，到2062年，极端正统派犹太教徒将占以色列全国总人口的48%，而世俗犹太人将仅占全国人口的27%。[①] 届时以色列很有可能会以民主的方式成为一个“神的国度”。

五　一个时代的终结
——沙斯党精神领袖大拉比奥瓦迪亚·优素福去世

大拉比奥瓦迪亚·优素福（Ovadia Yosef）2013年10月7日在

① William Gibson, “The Jewish Demographic Threat to Democracy”, 2012年1月24日, http://www.imemc.org/article/62896.

耶路撒冷逝世，享年93岁，有70多万人参加了他的葬礼。优素福拉比是以色列最有影响力的拉比，曾在1972—1983年担任犹太教塞法尔迪派系的大拉比，同时也是沙斯党的精神领袖。他也是一个颇有争议的人物。曾公开发表《巴勒斯坦人应当从这个地球上消失》[①]等极端言论，引起非信徒的极大不满。优素福拉比在犹太律法方面的知识和权威让其对沙斯党拥有绝对控制力，正是在其影响下，沙斯党改变了极端正统派犹太宗教党参与国家政治的方式，获得了巨大的成功，改变了以色列的政坛格局。优素福拉比的影响不仅限于犹太教徒，还包括大量普通人，因为他重塑了东方犹太社团（塞法尔迪社团）的自豪和信心。优素福拉比的逝世可能会造成沙斯党和以色列政坛的变动，在失去了这样一位绝对精神领袖后，沙斯党的分裂恐怕难以避免。[②]

六 以色列阿拉伯人的2013
——兵役、选举及土地问题

以色列阿拉伯人按宗教信仰分为穆斯林（82.3%）、阿拉伯基督徒（9.7%）和德鲁兹人（8%）。[③] 穆斯林是人数增长最快的社团，年增长率为2.4%，阿拉伯基督徒为1.3%，德鲁兹人为1.7%。德鲁兹社团虽然人数最少，但却是以色列最具优势的少数民族团体，与犹太主体民族的关系也最为亲近。德鲁兹社团得到国

---

① 王倩：《以色列前大拉比去世近百万人送葬》，2013年10月8日国际在线报道，http://news.sina.com.cn/w/2013-10-08/085828375133.shtml；《以沙斯党精神领袖称巴勒斯坦人应从地球上消失》，凤凰网2010年8月30日报道，http://news.ifeng.com/world/detail_2010_08/30/2357033_0.shtml。

② Jeremy Sharon, "Death of Rabbi Ovadia Yosef is the End of an Era"，《耶路撒冷邮报》2013年10月7日报道，http://www.jpost.com/Jewish-World/Jewish-News/Death-of-Rabbi-Ovadia-Yosef-is-the-end-of-an-era-328081。

③ 数据引自以色列中央统计局2013年年底统计报告，"Christmas 2013 - Christians in Israel"，http://cbs.gov.il/reader/newhodaot/hodaa_template.html?hodaa=201311353。

家和主流犹太社团的认可，是因为它与以色列国家之间的“血盟”关系——1956 年德鲁兹社团领袖主动请愿将义务兵役制适用于本社团的男青年。

德鲁兹社团是唯一被集体纳入以色列义务兵役制的阿拉伯社团，而其他阿拉伯人，除个别志愿者之外，都是不服兵役的。随着极端正统派犹太教徒服役问题被关注，以色列阿拉伯人的兵役和国家义务问题也被提上日程。与绝大部分犹太教徒的强烈抵触不同，很多以色列阿拉伯人并不反对履行公民义务，他们认为，这将有助于改善其“二等公民”的境遇。

尽管在《独立宣言》中宣称：以色列国将“以自由、正义、和平作为自己的基础，不因信仰、种族和性别而对公民加以区分，将在全体公民中实现彻底的社会和政治权利的平等”，但以色列阿拉伯人在法律层面、国家资源（如土地等）分配方面都受到一定的不平等待遇。很多歧视是隐性的，跟兵役义务联系在一起，如退伍士兵可以享受教育、就业、贷款等方面的多项优惠，而以色列阿拉伯人则被堂而皇之地排除在这些优惠之外。一些公民权利组织（包括以色列阿拉伯人）提出，阿拉伯公民以其他国家服务代替兵役，但这种提议受到来自犹太极端分子和阿拉伯极端分子的反对及阻挠，犹太极端分子不希望失去区别对待阿拉伯人的理由，而极端阿拉伯分子则不希望阿拉伯人为以色列国家提供任何形式的帮助和服务。但在全社会要求义务均等的大背景下，在 2013 年有约 3000 名阿拉伯青年作为志愿者参加了国家服务，比 2012 年增加了 76%。①

人数最多的穆斯林社团，是以色列最难管理的少数民族团体，以色列暂时没有改变他们兵役现状的计划。2013 年 8 月，以色列总理内塔尼亚胡宣布成立一个论坛来改进国家与阿拉伯基督徒社团的沟通。人们普遍认为，这是一个信号，即政府在谋求与以色列基督

① Yossi Aloni，“More Israeli Arabs Doing National Service”，《今日以色列》2013 年 6 月 24 日报道，http：//www.israeltoday.co.il/NewsItem/tabid/178/nid/23935/Default.aspx?archive = article_title。

教社团就兵役事宜达成共识。来自拿撒勒的希腊正统教主教吉布瑞·纳达夫（Jibril Nadaf）鼓励基督徒青年志愿参军："我们的目标是保卫圣地，保卫以色列国，我们要跨越恐惧——国家值得我们去保卫!" 但大多数基督教领袖对此都持反对意见，拿撒勒希腊正统教委员会发表声明谴责纳达夫，而希腊正统教在耶路撒冷的主教西奥菲勒斯三世（Theophilus Ⅲ）宣布禁止纳达夫进入拿撒勒的教堂。兵役反对者称：鼓励阿拉伯基督徒入伍是以色列离间阿拉伯基督徒和广大穆斯林的手段，以达到对阿拉伯人进行"分而治之"的目的。[①] 据以色列媒体称，近几个月有90名阿拉伯基督徒青年志愿入伍，比2010年增加了3倍。这一增加与国家的鼓励有关。另外，基督徒作为以色列少数民族中的弱势群体（在人数方面不如穆斯林，在地位方面不如德鲁兹人），许多人感觉到拥有自保能力的必要性。现在以色列军队中共有135名阿拉伯基督徒志愿服役。[②]

2013年，以色列阿拉伯公民也经历了国会选举和地方选举，但在两个选举中的投票率却大相径庭。在国会大选中，以色列阿拉伯人投票率继续走低，仅为57.9%。[③] 而在2013年10月举行的地方选举中，阿拉伯地区的平均投票率高达85%—90%。[④] 以色列阿拉伯人在国会选举中的超低投票率，一方面是因为大选受到诸如"伊斯兰运动"等激进组织的抵制，另一方面也由于很多阿拉伯公民对国家政治的失望。[⑤] 但同样受到"伊斯兰运动"抵制的地方选举，

---

① Jonathan Cook, "Israel Wants its Arab Christian – But not Muslim – Citizens to Join Military", *Global Research*, 2013年10月1日, http://www.globalresearch.ca/israel-wants-its-arab-christian-but-not-muslim-citizens-to-join-military/5359511。

② Karin Laub, "Push to Recruit Arab Christians into Israeli Army", 2013年12月27日报道, http://bigstory.ap.org/article/push-recruit-arab-christians-israeli-army。

③ Ofer Kenig, "The 2013 Knesset Election Results: A Preliminary Analysis of the Upcoming Parliament", http://en.idi.org.il/analysis/articles/the-2013-knesset-election-results-a-preliminary-analysis-of-the-upcoming-parliament/.

④ Nadia Hilou, "The 2013 Municipal Elections in the Israeli Arab Communities", 2013年11月6日, http://www.inss.org.il/index.aspx?id=4538&articleid=5922。

⑤ 王宇：《论以色列阿拉伯人的政治参与》，《阿拉伯世界研究》2010年第2期。

投票率则完全没有受到影响，这主要是因为阿拉伯人普遍重视地方选举。与每个人切身利益都息息相关的诸如教育、医疗和社会保障等，很大程度上都由地方政府决定，而且在地方选举中的获胜者确实有可能促进该地区的政治、经济和社会的发展。

而在国会选举中，作为少数民族的阿拉伯人再多的投票也不过是在120人的国会中增加一两个反对党席位而已，对国家政治无足轻重。在这种情况下，在历届国会选举中，都存在阿拉伯选民以手中的选票换取实际利益的现象。比如，2013年，在德鲁兹人和阿拉伯基督徒混居的穆阿尔村（Mughar），国会选举结果显示，该村得票最多的政党居然是极端正统派犹太教的沙斯党（得到19%的选票）。对于这样的“神迹”，原因很明确：投给沙斯党的每张票都可以得到2000谢克尔（约570美元）。[①] 在地方选举情况则截然不同，政治党派和贿选这些现代观念都无法匹敌传统家族的影响力。“伊斯兰运动”抵制选举没有参加，阿拉伯地区选举中的传统强党——以色列共产党（Hadash）也在2013年的地方选举中全面失利，都标志着政治党派在地区选举中的衰落。阿拉伯地区的选举正在回归家族化和部族化，竞选者必须争取到某大家族或多个家族的支持才有机会获胜，这可以说是跟现代国家的自由选举原则背道而驰的。

2013年国会选举结束后，共计12名阿拉伯议员进入国会，其中7名来自两个阿拉伯民族党派，3名来自以色列共产党，1名来自左翼的梅内兹党，还有1名德鲁兹人来自右翼的以色列是我们的家园党。以色列阿拉伯议员仅占议员总数的10%，远低于其20%的人口比例。与第18届国会相比，阿拉伯议员总数从15个降到12个；德鲁兹议员数从5个下降到1个，上一届来自主流政党利库德和工党的德鲁兹议员2013年都没能进入国会。

以色列阿拉伯人的国会选举投票率低，在国会中的代表比例下

---

① 笔者2013年11月8日到访穆阿尔村，对村委会委员贾贝尔·阿萨克勒进行访问得到的信息。

降，都反映出阿拉伯社团与以色列国家的疏离。他们对政治失去热情和信心，不仅削弱了以色列左翼势力，客观上加速了以色列政坛的“整体右倾”，也不利于以色列民主政治建设和中东和平进程的推进。

2013 年，以色列阿拉伯人还因为贝都因人的抗议活动而受到关注。目前，在以色列约有 20 万贝都因人，其中一半生活在南部内盖夫沙漠地区约 40 个未被政府认可的村庄，缺乏基本的水、电及医疗、学校等设施。以色列政府计划拆除这些村庄，将这些贝都因人重新安置在政府修建的 7 个城镇中，以达到改善其生活条件的目的。但反对者则认为，重新安置计划旨在迫使贝都因人放弃传统的生活方式，最终达到掠夺贝都因人土地并在这些土地上建立犹太定居区的目的。①

土地一直是以色列阿拉伯人与以色列国家最大的矛盾所在，在 20 世纪五六十年代，以色列当局以安全和修建基础设施（如全国引水工程）等名义大量征用阿拉伯人土地；70 年代，以色列阿拉伯人最早开始有组织的独立政治活动就是抗议政府对加利利地区阿拉伯土地的征收。近年来，随着阿拉伯人私有土地的减少及其对土地事宜的高度敏感，政府很少有土地剥夺和征收计划，这次内盖夫地区重新安置计划在 2013 年年底进行国会讨论，但原本热衷于土地剥夺的以色列右派因不满政府提出的现金补偿并给予贝都因人土地所有权，也反对该计划，这使得政府受到来自左派和右派、来自阿拉伯人和犹太人多方面的压力，不得不暂缓讨论该计划。②

总的来说，以色列国家和犹太主体民族与境内阿拉伯少数民族的关系比较复杂，民族、宗教、土地、经济方面的矛盾，传统与现代化生活方式之间的矛盾以及东西方理念的对立，都交织在一起。目前，以色列阿拉伯社团和国家及犹太主体社团之间的矛盾并不是

---

① 2013 年 11 月 30 日 BBC 报道，“Israel：Negev Bedouins ‘Day of Rage’ over Resettlement Plan”，http：//www. bbc. co. uk/news/world – middle – east – 25170855。

② 2013 年 12 月 12 日 *Aljazeera* 报道，“Israel Scraps Plan to Uproot Bedouin”，http：//www. aljazeera. com/news/middleeast/2013/12/israel – scraps – plan – uproot – bedouin – 20131212200289 6127. html。

社会主要矛盾，但该矛盾极易受到国内外多种矛盾的影响。

七 结语

目前，以色列国内的主要诉求仍然是社会公平和公正。犹太教徒不再自动免服兵役，但这并不意味着社会公正的实现。“一心向学”的教徒几乎没有受过任何世俗及职业教育，他们的就业和生计都是很严重的社会问题，而极端正统派犹太教徒是以色列最贫困的社团之一。以色列阿拉伯人争取平等权利的斗争从来都没有停止过，他们和一些期待以色列能够“正常化”的犹太人，希望后犹太复国主义时代的以色列能成为一个全体公民的国家。

但以色列可能放弃自己的犹太性吗？以色列从建国伊始就明确其将是一个犹太国家。犹太国家不仅表现在国旗、国徽、国歌等国家标志具有鲜明的犹太特色，也表现在该国对犹太民族的优待以及对犹太传统和犹太文化的尊崇上。犹太传统和文化，与犹太教是密不可分的，而犹太教也是犹太民族在近两千年的流散时期没有湮灭在其他民族中的根本原因。世俗化和犹太复国主义则是近现代的产物。在以色列这个犹太国家，传统的犹太宗教社团不仅没有衰落，反而更加壮大。而随着中东和平进程的推进，越来越多的以色列人认识到巴勒斯坦民族建立自己的国家是不可避免的，因而保护以色列国家的犹太性就显得更加合情合理。在这种情况下，以色列放弃国家的犹太性成为一个公民国家的可能性不大。

现在以色列国家面临的问题是如何维持以色列的犹太性与民主性这两个基本性质之间的平衡。犹太性和民主性都是以色列在《独立宣言》中明确规定的国家属性，但这两个基本属性之间存在着矛盾。作为一个现代的世俗国家，传统宗教强势介入政治及生活的方方面面；作为一个民主国家，公民身份却不足以享受所有平等权利。以色列社会当前的几对主要矛盾——世俗与宗教、犹太主体民族与阿拉伯少数民族、民主主义者与民族主义者等，都与犹太性与民主性两者之间的关系有关。

一直以来，以色列内部的矛盾，很容易被忽视，但这些矛盾对以色列政局的影响却最大最直接的，因而也间接地影响到以色列的对外政策和中东局势，值得我们随时关注。而随着中东局势的变化和以色列国内人口的发展变化，以色列国家的犹太性和民主性之间的平衡可能会被打破，也许将导致政治制度或国家性质的改变，最终影响整个中东局势。

第十一章　中国的新丝绸之路能伸展到地中海吗？

奥尔加·洛克申　龚　茜　译

一　“红海—地中海”项目

尽管以色列是一个小国家[①]，但依托于其高新技术[②]和地理位置，中国“一带一路”倡议为其提供了经济发展的机遇。以色列也对参与中国“一带一路”倡议非常感兴趣，并已采取积极行动确保其加入有关计划。比如，以色列已经提交申请[③]并收到了官方的申明[④]，确认加入了亚洲基础设施投资银行（AIIB）。目前，在加入新丝绸之路的63 个国家中，以色列已被评为投资指数[⑤]第

［作者简介］奥尔加·洛克申（Olga Lokshin），中国以色列协同控股有限公司首席执行官行政助理，负责促进中国和以色列之间的贸易和技术转让。

① Galia Lavi，Jingjie He and Oded Eran，“China and Israel：On the Same Belt and Road?”，*Strategic Assessment*，Vol. 18，No. 3，October 2015，p. 86.

② Galia Lavi，Jingjie He and Oded Eran，“China and Israel：On the Same Belt and Road?” *Strategic Assessment*，Vol. 18，No. 3，October 2015，p. 86.

③ Christopher K. Johnson，“President Xi Jinping's” Belt and Road “Initiative”，Center For Strategic & International Studies，March 2016，p. 18.

④ Israel Ministry of Foreign Affairs，“Israel joins Asian Infrastructure Investment Bank”，Israel Ministry of Foreign Affairs，April 15，2015，http：//mfa. gov. il/MFA/PressRoom/2015/Pages/Israel – joins – Asian – Infrastructure – Investment – Bank – 15 – April – 2015. aspx.

⑤ Galia Lavi，Jingjie He and Oded Eran，“China and Israel：On the Same Belt and Road?”，*Strategic Assessment*，Vol. 18，No. 3，October 2015，p. 86.

22 位的国家，投资运营风险低于平均水平。中国在以色列开展的大量基础设施项目，符合“一带一路”倡议的目标，本章将聚焦“红海—地中海”项目。

“红海—地中海”项目是一项以色列长期寻求发展的铁路工程。十几年来，以色列政府一直在讨论建设一条连接红海和地中海之间的铁路，有许多海外建设公司对铁路建设项目抱有兴趣。不过，在收到多项提议后，2011 年，以色列政府与中国政府签署了一项具有战略意义的合作备忘录①，其中就包括建设“红海—地中海”项目。2012 年 8 月，代表中国政府的第一个官方代表团②抵达以色列，与以色列政府商谈项目细节。

如今，该项目的细节仍然在讨论中，还没有正式开始施工。“红海—地中海”项目费用估计将超过 100 亿美元③，其中包括两个独立的铁路路线：④ 从特拉维夫（Aviv）至埃拉特（Eilat）的客运线路（全长 350 千米）和从清河（Tsin）至埃拉特的货运线路（全长 170 千米）。简单地说，“红海—地中海”项目有两个主要目标：首先是缩短特拉维夫和埃拉特之间的运输时间；其次是打造一条重要的贸易通道⑤，以色列将成为东西方重要的国际货运港口。货物今后将能直接从埃拉特港口运输至阿什杜德（Ashdod）港口，同时

---

① Ofer Petersburg, “Chinese to Build Railway to Eilat”, *Ynet*, October 23, 2011, http: //www. ynetnews. com/articles/0, 7340, L-4137345, 00. html.

② Yael Darel, “Ministry of Transportation Is in Negotiations with 10 Countries to Construct a Railway to Eilat”, *Nrg*, August 8, 2012, http: //www. nrg. co. il/online/16/ART2/391/698. html? hp = 16&cat = 1901&loc = 20.

③ Ibid..

④ Tomer Hadar, “Despite the Greens: Soon a Railway to Eilatwil Be Established”, *Calcalist*, February 11, 2013, http: //www. calcalist. co. il/local/articles/0, 7340, L - 3595284, 00. html.

⑤ David Shamah, “China Firm to Build New Ashdod ‘Union Buster’ Port”, *The Times of Israel*, September 23, 2014, http: //www. timesofisrael. com/china - firm - to - build - new - ashdod - union - buster - port/.

也会成为亚洲和欧洲间的欧亚大陆桥①连接红海和地中海两地。因此，“红海—地中海”项目具有很重大的战略意义。②

二 影响因素

在就一场关于将得益于“红海—地中海”项目货物将大量运输阿什杜德港口的专题会议上，中国驻以色列大使高燕平③女士说：“该项计划将有效地开拓针对中国的以色列市场。我相信，两国在各项目上的合作将能带来更多的投资，这会为两国的公民带来发展和就业的机会。”

毫无疑问，中伊两国在“红海—地中海”项目上的合作是一次具有战略性意义的政治经济行动，旨在增强两国间的合作关系。明确的目标会给两国带来更大的市场机会，两国之间也具有更大的机会扩大贸易范围。此外，也能为邻国带来更多的机遇。尽管难以明确了解合作的原因，但是，中国和以色列都各有方式来推动项目落实，笔者将就促进“红海—地中海”项目的动因提出以下几点潜在的原因。

（一）埃拉特经济情况

过去，以色列旅游部已开始调整以色列旅游部门，以便更好地

---

① Jon Emont, “Will Bibi's Chinese Choo - Choo Train Save Israel and Transform The Middle East?”, *Tablet*, June 16, 2014, http://www.tabletmag.com/jewish - news - and - politics/175373/red - med - link - china - israel.

② Yael Darel, “Ministry of Transportation is in Negotiations with 10 Countries to construct a railway to Eilat”, *Nrg*, August 8, 2012, http://www.nrg.co.il/online/16/ART2/391/698.html? hp = 16&cat = 1901&loc = 20.

③ Rami Amichai and Ari Rabinovich, “Chinese Firm Starts Work on New Ashdod Port, as Haifa Workers Strike”, *Haaretz*, October 28, 2014, http://www.haaretz.com/israel - news/1.623216.

服务于前往以色列的中国游客。① 这些调整正发生在各个方面，包括鼓励中国博主分享他们在以色列的经历，支持海南航空公司开通以色列专线，迎合中国游客调整以色列的住宿环境，增加中文的旅游信息等。

因此，以色列旅游部已决定将中国游客的主要旅游目的地调整到埃拉特。2015 年冬季，超过 5 万的中国游客到访埃拉特，尽管旅游收入高，但是，面临着城市没有足够的吸引力问题。因此，旅游部长 Yariv Levis② 表示，已经开始考虑在埃拉特筹建赌场③，针对城市缺乏相应吸引力和地理遗址问题，以此提高城市的经济收益。

建设赌场以吸引游客，有利于促进艾莱特的旅游业发展，那么建设通到埃拉特的铁路是必不可少的。南部地区委员会在支持该计划时表明，新的铁路项目具有积极的意义，得益于此，埃拉特将变成一个拥有 15 万人口的大都市。④

（二）以色列政治环境

以色列参与“红海—地中海”项目的目的也受到政治原因的影响。

首先，以色列与美国的关系日趋疏远。⑤ 在过去的几年里，美国和以色列的关系一直在恶化，在本雅明 · 内塔尼亚胡执政期间，

---

① Michal Raz - Haimovich, “The Plan to Build 5 Casinos: This Way Eilat Will Become the Las Vegas of the Middle East”, *Globes*, September 8, 2016, http: //www. globes. co. il/news/article. aspx? did = 1001151131.

② Michal Raz - Haimovich, “The Plan to Build 5 Casinos: This Way Eilat Will Become the Las Vegas of the Middle East”, *Globes*, September 8, 2016, http: //www. globes. co. il/news/article. aspx? did = 1001151131。

③ Sami Peretz, “Economic Miracle: Casino is Big Money, and Inheritance Tax is Small Money”, *The Marker*, February 19, 2016, http: //www. themarker. com/markerweek/1. 2855794.

④ Nadav Neuman, “Regional Committee Approves Tel Aviv - Eilat Railway Route”, *Globes*, February 11, 2013, http: //www. globes. co. il/en/article - 1000821581.

⑤ Ben Kaspit, “The Asian Option of Netanyahu”, *Al - Monitor*, August 15, 2016, http: //www. al - monitor. com/pulse/iw/originals/2016/08/israel - china - rapprochement - putin - netanyahu - russia - bds. html.

曾尝试减少其对美国的战略依赖。

其次，西方国家对以色列的冷漠态度[①]，诸如“抵制、撤资和制裁”（Boycott, Divestment and Sanctions，BDS[②]）运动，该运动主要抵制以色列的产品，用制裁威胁美以关系，这使内塔尼亚胡转而依赖东方国家。美国政府目前的态度、美以两国政策的分歧和以色列与西方国家间的政治困境，使内塔尼亚胡转而寻找可以替代的盟友[③]，如中国，以色列欢迎中国的项目和企业到以发展，以此作为一种重新稳固政治和国际地位的途径。

内塔尼亚胡在评论“红海—地中海”项目时说：“这是我们第一次帮助欧洲和亚洲各国以确保欧亚国家之间可以长期保持一个开放的关系。”[④] 除中国和欧洲可以获利外，“我们也能从中获得收获”。一位前以色列外交官 Oded Eran 支持内塔尼亚胡的说法，并且事实上，以色列政府关注的是经济效益，也对与中国建立更加紧密的关系和两国间深化战略同盟[⑤]合作充满兴趣。

（三）苏伊士运河的替代

中国支持“红海—地中海”项目的主要原因是对物流运输路线的需求。在有需要的情况下，铁路能够作为代苏伊士运河的替代品，使中国和其他国家能在亚洲和欧洲之间运输货物。这一论点得到了美国海军战争学院詹姆斯 · R. 霍尔姆斯（James R. Holmes）教授的支持：“设想如果苏伊士关闭或禁用一些重要地

---

① Ben Kaspit, “The Asian Option of Netanyahu”, *Al – Monitor*, August 15, 2016, http: //www. al – monitor. com/pulse/iw/originals/2016/08/israel – china – rapprochement – putin – netanyahu – russia – bds. html。

② 译者注。BDS 起源于英国的一个抵制以色列的全球性运动。一个比较重要的方面是尽量避免购买支持以色列的那些公司的产品。

③ Ben Kaspit, “The Asian Option of Netanyahu”, *Al – Monitor*, August 15, 2016, http: //www. al – monitor. com/pulse/iw/originals/2016/08/israel – china – rapprochement – putin – netanyahu – russia – bds. html。

④ Blaire Cunningham, “New Rail Freight Link Could Become ‘Israel’s Suez Canal’”, *Haaretz*, February 14, 2014, http: //www. haaretz. com/israel – news/. premium – 1. 574175.

⑤ Ibid. .

区。经济和军事的影响[①]将波及亚洲和大西洋地区。”中国是非洲的首要贸易伙伴，欧洲是中国的首要贸易伙伴，便捷的通行是贸易的关键。

苏伊士运河是中国穿越非洲到达欧洲的主要运输途径，因此，对中国而言意义重大。即使是很短的时间，只要关闭运河就可能会导致因未及时装运造成巨大的经济损失。尽管苏伊士运河关闭的概率很低，但是，由于当地的政局不稳，圣战分子和贝都因人民兵组织一旦袭击了西奈半岛[②]，就会使集装箱船只通过苏伊士运河时存在被袭危险。2013 年 8 月，一艘中国的装载集装箱的船只受到攻击，这使该船公司转而选择了在南非附近的长途航线，并选择替代的海上枢纽，比如苏丹港。

Oded Eran 支持霍尔姆斯的论点，并指出：“在苏伊士，我们必须为排队[③]支付交通拥堵费。”他补充说：“我们希望加强埃及地区的经济，促进运输从北部的工业中心到达南部地区。”因此，在地区政治稳定的国家边界，无须担心随时可能关闭的通道，“红海—地中海”项目建设作为一条替代的运输线路是可行的。

三　面临的问题

“红海—地中海”项目除了对以色列和中国具有巨大的政治经济影响，在许多以色列民众看来，这其中包括高声望的一些专家，对项目的可行性及其对以色列可能产生的影响表示担忧。

议员 Dov Hanin 就“红海—地中海”项目的可行性评论道：“自

① Blaire Cunningham, “New Rail Freight Link Could Become ‘Israel’s Suez Canal’”, *Haaretz*, February 14, 2014, http://www.haaretz.com/israel-news/.premium-1.574175.

② Ibid..

③ Ibid..

以色列建国以来，这是最大和最昂贵的交通运输项目[①]，但并不会解决任何实际运输问题，数十亿美元的花费如被投入到廉价、高效的运输解决方案中有同样的效果。只需要 3 个多小时，就可以以更便宜的价格乘坐高速巴士到达埃拉特。作为苏伊士运河的替代，建设货运列车和扩张埃拉特港口[②]，这会危及其独特的旅游和自然资源。[③] 如此，在最南部甚至不会有火车站，交通部财政会倾向于保护外国企业的利益而舍弃考虑南部居民的利益。”因此，很容易将风险分成环境、经济和地缘政治问题三类。

（一）环境问题

莎莎战略研究中心发布了超过 100 页的文件，指出了“红海—地中海”项目存在的潜在风险，包括对当地环境的影响[④]，铁路将永久地改变土壤、植被和动物生存的环境。铁路穿越沙漠，那里很少降水，从而使该地区的生态恢复缓慢，持续数十年甚至数百年地破坏自然环境。[⑤]

此外，国家公路公司公共工程部[⑥]发布的关于铁路的潜在风险中提到了埃拉特地区的珊瑚礁。火车站将建设在埃拉特北部几千米处，需要延长埃拉特港口以便将货物从埃拉特港口运到货车上。自然与公园署官员警告说，目前的铁路路线会危及沿线景观，并呼吁要保护周边环境，并为动物提供生态环境。

（二）经济问题

最突出反对建设“红海—地中海”项目的观点论述了铁路路线和它的实际经济效益的可行性，在以色列的政治经济学家、经济领

---

① Adi Hashmonai, “National Road Company Admits: The Railway to Eilat Might Harm the Coral Reef”, *Walla News*, October 6, 2013, http: //news. walla. co. il/item/2683467.

② Ibid. .

③ Ibid. .

④ EranPatelson et al. , “Railway to Eilat: Assessment of the Rational of Establishing the Project”, *Shasha Center for Strategic Studies*, October, 2013, p. 102.

⑤ Ibid. , p. 106.

⑥ Adi Hashmonai, “National Road Company Admits: The Railway to Eilat Might Harm the Coral Reef”, *Walla News*, October 6, 2013, http: //news. walla. co. il/item/2683467.

域中的战略顾问和专家存在一个共识：经济意义上的项目将不会盈利。

在自然与公园署发出的正式文件中，认为铁路工程在经济上是不可行的，会给国民经济造成数十亿元①的损失。② 经济学家 Ezra Sadan 教授对有关项目的经济评价明确指出："项目无法支撑在基础设施上的投资成本，而且绝对不会是全部的投资成本和运营成本。因此，它将造成数十亿元的损失。"

火车的首要目的是作为一个具有实际用途的交通工具③，这意味着埃拉特和中心城市间产生经济效益的概率很低。如果火车线路具有效益，搭乘埃拉特—中心城市的乘客至少在 280 万人，考虑到以色列城市规模和人口数量，这是存在疑问的。此外，为了收回投资，埃拉特地区酒店客房总量将翻一番，但旅游业④在埃拉特地区的提升可能性为零。

前以色列铁路公司规划发展主任 David Rozen 和 Pinhas Ben Schaul 指出另一个需要注意的问题——货物从港口转移到火车站。⑤ 距离埃拉特最近的火车站是位于城北 8000 米处。往返两地只可通过每天依靠成千上万的卡车绕过埃拉特运输，或者延伸北海岸，开发一条运河。

除铁路线路的建设外，还需要额外的辅助建设。预期的配套建

---

① 译者注，货币单位：NIS，新谢克尔，以色列官方货币。

② Rinat Zafrir, "Nature Authority Report: Eilat Railway Project is not Economically Feasible and will Cause Damage of Billions NIS", *Haaretz*, February 9, 2013, http://www.haaretz.co.il/news/science/1.1925858.

③ Amiram Barkat, "Why Netanyahu Insists on Spending Billion on the Train to Eilat?", *Globes*, February 27, 2013, http://www.globes.co.il/news/article.aspx? did = 1000825499.

④ Rinat Zafrir, "Nature Authority Report: Eilat Railway Project is not Economically Feasible and will Cause Damage of Billions NIS", *Haaretz*, February 9, 2013, http://www.haaretz.co.il/news/science/1.1925858.

⑤ Adi Hashmonai, "The Railway to Eilat will not Break the Egyptian Monopoly", *Walla News*, December 12, 2013, http://news.walla.co.il/item/2700728.

设①包括挖掘一条从埃拉特湾到附近码头的运河，以便大型集装箱船舶停靠，同时可以将货物转移装载到火车上，但由于埃拉特港口不通火车，这将造成埃拉特湾和其旅游业的破坏风险。简单地说，埃拉特需要开发港口和铁路之间的货物流通的产业，而这最终将损害旅游业。

此外，"红海—地中海"项目的直接目的是提供一种可替代苏伊士运河运输货物的途径。货运列车可以运输货物②，如汽车通过东亚从埃拉特海港到阿什杜德港口，最后到达欧洲，磷酸盐可以出口到印度和中国，为中国货物提供一个安全的、开放的通道。

就职于 Zim 航运公司的 David Rozen 认为，航运公司还是愿意继续通过苏伊士运河③而不是使用"红海—地中海"铁路，主要是因为相比较于使用苏伊士运河，使用铁路将花费 30 倍的费用和 21 天的路程，而与之相比，通过苏伊士运河只需要 14 个小时。Sadan 支持 Rozen 的观点，他指出，埃及的塞得港和苏伊士运河相比，无法提供同等服务质量④和价格的服务。从这个意义上讲，货物列车将作为东亚货物主要运输方式，为以色列带来从内盖夫到埃拉特的矿物运输方式。

（三）地缘政治问题

在考虑跨国和跨境项目时，如"红海—地中海"项目，无法不考虑到周边国家的反应和可能造成的影响，这样的项目足以影响他们。以色列在中东的地位是不强势的，周边势力都注意到以色列打

---

① Rinat Zafrir, "Nature Authority Report: Eilat Railway Project is not Economically Feasible and will Cause Damage of Billions NIS", *Haaretz*, February 9, 2013, http://www.haaretz.co.il/news/science/1.1925858.

② Amiram Barkat, "Why Netanyahu Insists on Spending Billion on the Train to Eilat?", *Globes*, February 27, 2013, http://www.globes.co.il/news/article.aspx? did = 1000825499.

③ Adi Hashmonai, "The Railway to Eilat will not Break the Egyptian Monopoly", *Walla News*, December 12, 2013, http://news.walla.co.il/item/2700728.

④ Rinat Zafrir, "Nature Authority Report: Eilat Railway Project is not Economically Feasible and will Cause Damage of Billions NIS", *Haaretz*, February 9, 2013, http://www.haaretz.co.il/news/science/1.1925858.

算修建一条到埃拉特的铁路。同时，地缘政治问题也包括以色列在安全方面的风险。

以色列政府批准建设两条到埃拉特的铁路，总理本雅明·内塔尼亚胡表示："这是一个战略决策。[①] 接下来的十年中，新的权力出现，以色列必须创造出必要的国家利益。我们可以创造一个替代的运输路线，绕过苏伊士运河——这是一个保险政策。"这一说法引起了阿拉伯媒体的动荡，特别是埃及指责以色列试图通过埃拉特和阿什杜德之间的大陆桥，以此来损害埃及经济。

前摩萨德主席 Efraim Halevi 声称："这可能会导致与埃及的关系紧张[②]，在某些情况下，这可以成为是否能维持与以色列和平条约的争端。站在我们的立场，需要维持与埃及的和平关系，首相 Jamal Abed El - Naser 建议把运河收归国有，使它成为埃及民族的象征。此外，因为每条船只都需要向政府缴纳运河通行费用，运河已成为埃及经济不可或缺的来源，我们正在建设一个与埃及竞争的东西——一条从亚洲到地中海的运输路线。这将以牺牲埃及为代价，它将威胁到埃及的经济和国家的尊严。这可以看作是对埃及的敌对行为，我相信，在这个已经非常复杂的时期，这会大大损害我们与埃及的关系。"

Eran Patelson 教授同意 Halevi 的担心，并深信会危害到以色列和埃及的地缘政治关系。"我们必须考虑项目对我们与埃及的关系的影响。对埃及而言[③]，苏伊士运河是经济发展的一个重要作用，我们好像正在威胁着这一作用。"

考虑中国的动机和可能产生的影响，与中国在基础设施上的密切合作对以色列的安全问题也存在风险。

---

① Adi Hashmonai, "The Railway to Eilat will not Break the Egyptian Monopoly", *Walla News*, December 12, 2013, http://news.walla.co.il/item/2700728.

② Ibid..

③ Rinat Zafrir, "Nature Authority Report: Eilat Railway Project is not Economically Feasible and will Cause Damage of Billions NIS", *Haaretz*, February 9, 2013, http://www.haaretz.co.il/news/science/1.1925858.

多年来，在中东关系上，中国通常不会考虑以色列的利益[①]，这是以色列首要关注的。中国与伊朗的关系主要是依赖于经济[②]原因，中国对伊朗的石油和天然气资源非常感兴趣。在中东，伊朗作为第二大石油生产国吸引了中国企业的关注。从20世纪80年代末以来，中国和伊朗常有高级领导人间的年度互访活动。[③] 自20世纪90年代初以来，中国在伊朗投资的基础设施项目，包括工厂、港口、公路等，以及能源项目。[④] 伊朗拥有巨大的天然气和石油供应量[⑤]，为中国的投资和国家之间的合作提供了一个繁荣的保障。因此，中国企业大力发展在能源供应方面的基础设施现代化发展。[⑥]

此外，以色列还担心中国会像过去一样，使用以色列货币支付阿拉伯国家的资金来巩固与其国家关系。当习近平到访时，他无条件地支持建立巴勒斯坦国时，这些问题都受到了无数次的关注。因此，摩萨德前负责人 Efraim Halevi 表达了他对中国进入以色列敏感的基础设施区域，并在战略上，对国有资产[⑦]运作的担忧，主要是因为中国继续保持与伊朗的密切关系，而这被认为是以色列的头号威胁。由于这些问题，以色列已开始就金融和法律[⑧]、国家关系、

---

① Galia Lavi, Jingjie He and Oded Eran, "China and Israel: On the Same Belt and Road?", *Strategic Assessment*, Vol. 18, No. 3, October 2015, p. 88.

② Eran Patelson et al., "Railway to Eilat: Assessment of the Rational of Establishing the Project", *Shasha Center for Strategic Studies*, October, 2013, p. 89.

③ Hongyi Harry Lai, "China's Oil Diplomacy: Is It A Global Security Threat?", *Third World Quarterly*, Vol. 28, No. 3 (2007), p. 5.

④ Abbas Varij Kazemi and Xiangming Chen, "China and the Middle East: More Than Oil", *The European Financial Review* (February – March 2014), p. 42.

⑤ Henry Lee and Dan Shalmon, "Searching for Oil: China's Oil Initiatives in the Middle East", Discussion Paper, Belfer Center for Science and International Affairs, John F. Kennedy School of Government, Harvard University (January 2007), p. 19.

⑥ Eran Patelson et al., "Railway to Eilat: Assessment of the Rational of Establishing the Project", *Shasha Center for Strategic Studies*, October, 2013, p. 89.

⑦ Ben Kaspit, "The Asian Option of Netanyahu", *Al – Monitor*, August 15, 2016, http://www.al – monitor.com/pulse/iw/originals/2016/08/israel – china – rapprochement – putin – netanyahu – russia – bds.html.

⑧ Oded Eran, "China Drops Anchor in the Seaports of Israel", *Journal Adkan Astrategi*, Vol. 19, No. 1 (2016), p. 45.

以色列安全的问题展开商议。

无论是不是出于战略因素考虑①，中国企业接手项目时，政府的干预程度也要被考虑在内。据说，中国企业投资以色列本地基础设施的主要原因之一是这些公司正是由中国政府控股和管理的。

有关人士声称，那些不是在以色列投资的中国私有企业，具有经济利益的不确定性，这迫使以色列考虑那些投资背后潜在的政治背景和战略性政策。② 中国已经在阿拉伯国家和伊朗广泛地投资网络，提供轻便武器给伊朗。此外，中国依赖于从阿拉伯和伊朗国家进口的能源资源③，这使以色列更多地担忧它们之间关系。

四　结论

“红海—地中海”项目可以极大地帮助以色列和中国。对中国而言，项目为其过剩商品进口到以色列市场，甚至是周边国家的市场提供了机会。并且，确保了在某些情况下苏伊士运河关闭时，货物能够顺利地运往欧洲。

虽然这不是中国的本意，但是，项目有助于改善以色列与周边国家的关系，以色列也具备成为国际贸易中心的潜力，同时也有利于中国贸易发展。就以色列本土而言，这有助于埃拉特的发展，也可以改善以色列的交通，同时也有机会改善与有关国家的关系。

然而，“红海—地中海”项目也有其问题。项目带来的收入几乎是不可能的。此外，因为它将成为苏伊士运河的竞争对手，以色列与埃及的关系也会成为问题。将“红海—地中海”项目作为运输的大陆通道，对中国而言，也在经济和时间上均没有优势。

---

① Oded Eran, “China Drops Anchor in the Seaports of Israel”, *Journal Adkan Astrategi*, Vol. 19, No. 1 (2016), p. 44.

② Ibid. .

③ Ibid. .

开展“红海—地中海”项目建设的必要性还不明确。对以色列和中国而言，都有潜在的挑战，两国对建设铁路都有预期目标，目前项目的建设还未开始，无法知晓结果。也就是说，在可能的利益面前，中国面临的潜在挑战是微不足道的。而在以色列，除非能够出台具体的方案，否则可能会有更多的损失。但是必须肯定，“一带一路”倡议将有助于以色列的发展。

“一带一路”项目刚起步，还没有足够的证据表明其对中以关系产生何种影响。在预测的三种情况中，最糟糕的情况是，中国对与以色列有关的“一带一路”项目采取温和态度，但是，随着阿什杜德港口的建成，这种情况发生的概率极低。

正常情况下，在接下来的五年中国会在以色列投资2—3个项目，这些项目具有一定的区域影响。阿什杜德和海法两地港口已由中国企业着手建造，但结局仍旧未定。在最好的情况下，全面完成中国在以色列投资的项目，以色列当局积极支持亚洲基础设施投资银行，项目在地区范围产生实质性的影响。这意味着，以色列将重新与阿拉伯国家恢复邦交，中国也得益于此而成功地进入中东市场。

总之，“红海—地中海”项目是否能成立，还有待中以关系以及地缘政治的变化而定。

第十二章　以色列高等教育与民族创新精神的培育

艾仁贵

以色列在极其恶劣的环境中生存下来，并在经济、军事、科技创新等方面取得了举世瞩目的成就，谱写出世界现代史上的发展奇迹，这很大程度上与以色列的教育分不开，其高等教育的贡献更是不可磨灭。以色列高等教育事业的发展，提高了全民族的素质，助推了科技领域的创新，成为其经济起飞的动力来源。

据经合组织 2012 年的教育报告，以色列的高等教育普及率已超过 30%，居世界第四位，以色列平均每 357 平方千米就有一所大学或学院；自 2000 年以来，以色列大学产生了 10 位诺贝尔科学和经济学奖获得者（其中两位为美籍）；在教育领域，以色列拥有许多第一：每万人中的教授、工程师和科学家人均拥有量为世界第一；在国际学术杂志上发表论文的人均篇数，居世界之首；教育经费占国民生产总值的比例也是世界第一；特拉维夫拥有的高科技公司也是世界上密度最高的。

一　引言：以色列高等教育的基本概况

在以色列建国前的 24 年，即 1924 年，在北部海法的卡迈尔山

［作者简介］艾仁贵，河南大学犹太—以色列研究中心研究人员。

上开办了培训重建国家所需的工程师和建筑师的以色列理工学院，由爱因斯坦等著名科学家参与创建。次年，希伯来大学在耶路撒冷成立，它不仅是以色列最著名的大学，而且也是一座享有世界声誉的著名高等学府。1934 年，丹尼尔·西埃夫研究所在雷霍沃特市诞生，1944 年，董事会决定扩建研究所，并将它改名为魏茨曼科学研究院。1948 年，以色列建国以后，高等教育事业的发展十分迅速。1955 年创办了私立大学巴伊兰大学，1956 年特拉维夫大学、1963 年海法大学、1967 年本·古里安大学等相继建成。除 7 所大学外，1974 年，特拉维夫还建起了以函授和电脑网络为主要教学手段的开放大学，每年为国家输送大批建设人才。进入 20 世纪 80 年代以来，掀起了进一步发展高等教育的热潮，开始朝向大众化、专门化的方向发展。师范学院、地区学院在以色列迅速兴起，为以色列学生提供了更多的入学机会。此外，以色列还以开放的心态不断地加强国际合作，许多外国大学也在以色列设有分校。

以色列历届政府都非常重视教育，尤其是培养高层次人才的高等教育。被誉为“以色列国父”的第一任总理戴维·本－古里安认为，“没有教育，就没有未来”；以色列人有一个共识：教育是社会的基本财富和开创未来的关键。基于“教育是立国之本”这种信念，建国后，以色列高等教育发展十分迅速，高等教育机构从建国初的两所大学发展到现在的 7 所大学，另外还有大量的地区学院、专业学院、教师培训学院和开放大学。以色列的高等教育体系可以分为四个不同的层次：（1）大学（Universities），7 所主要的大学以及开放大学；（2）列入预算的学术学院（Budgeted Academic Colleges），即接受国家预算支持的学院；（3）未列入预算的学术学院（Non－Budgeted Academic Colleges），主要靠自筹经费的私立学院；（4）教师培训学院（Teacher Training Colleges），主要培训教师队伍。截至 2013 年年底，以色列高等教育体系由 8 所大学、21 所列入预算的学术学院、16 所未列入预算的学术学院和 22 所教师培训学院组成，总计有 67 所各类高等教育机构。此外，25 所外国大学

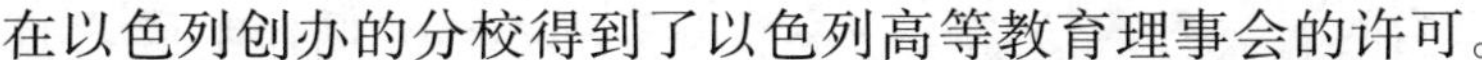
在以色列创办的分校得到了以色列高等教育理事会的许可。

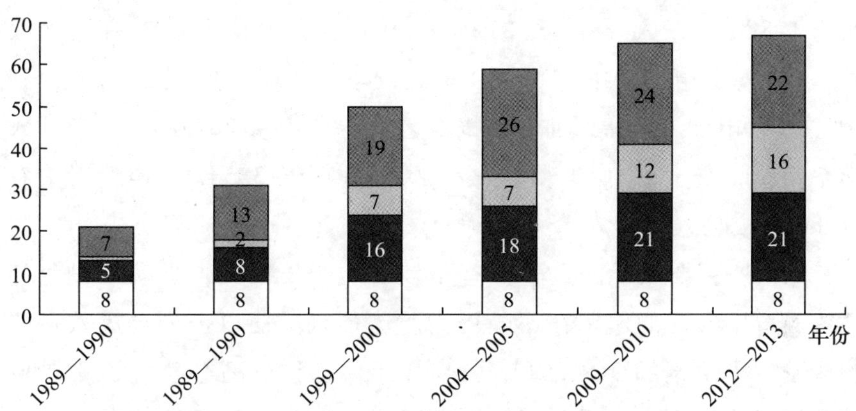

图 12－1　以色列高等教育机构的发展概况（1989—2013 年）

资料来源：笔者整理。

二　高等教育的实际水平

（一）作为教学机构：大学就学率，本科、研究生、博士生

从以色列建国起，高等教育的入学人数保持着高速增长。以色列建国之初，仅两所大学和 1500 名学生。在建国后第一个十年中，以色列新建了两所大学，学生的数量也在 20 世纪 50 年代增长为 9500 名；在 60 年代又新建两所大学，学生的数量增长为 35500 人。就入学率而言，1960 年为 10.91%，1965 年为 20.04%，此后，高等教育入学率仍以 14% 的增速增长，到 70 年代，学生的数量增长了 55%，1979 年达到 55000 人。① 进入 80 年代，几乎所有以色列

① Nissan Limor, "The Higher Education System in Israel", *International Higher Education*, No. 15 (Spring, 1999), p. 28.

高等教育机构的入学人数都翻了一番。以 7 所大学为例，申请者的入学率有了大幅度提高。1980 年，申请者有 24639 人，正式入学人数为 11884 人，入学率为 48.2%；1990 年，申请人数没有增加太多，25046 名申请者中有 13990 正式入学，入学率升至 55.9%；到 2000 年，申请者大幅增加，33296 名申请者中有 20248 人入学，入学率为 60.8%；2010 年，申请者保持了稳定，33542 名申请者中有 21286 人成功入学，入学率为 63.5%。①

除 7 所主要大学的入学率有了较大的增长以外，学院在以色列高等教育中发挥的作用在不断增大。这种状况使以色列高等教育的构成发生了急剧的变化，20 世纪 80 年代末，被高等教育机构录取的高中毕业生 90% 进入大学，而到 2007 年，只有 42% 的学生进入大学，其余 58% 的学生进入学院就读。2002—2003 年，进入学院学习的人数首次超过了进入大学的学生人数，分别为 76581 人和 68115 人。大批学院的成立，使学生数量在 90 年代增长十分迅速。2000—2001 年，以色列高等教育机构的在校生已达 216000 人左右②，截至 2012 年 11 月，有 305550 名学生在 67 个高等教育机构就读。③ 根据以色列中央统计局的数据，2011—2012 学年以色列各高等教育机构注册的在读学生情况为：主要大学中，有本科生 74610 人、硕士生 39070 人、博士生 10615 人；各类学院中，有本科生 91530 人、硕士生 10220 人；师范学院中，有本科生 27880 人、硕士生 3440 人。④

---

① "Applicants for First Degree Studies at Universities, by the Final Results of the Application", http: //www1. cbs. gov. il/reader/cw_ usr_ view_ SHTML? ID = 949.

② Anat Cohen, Miri Yemini and Efrat Sadeh, "Web - Based Analysis of Internationalization in Israeli Teaching Colleges", *Journal of Studies in International Education*, Vol. 18 (Feb., 2014), pp. 23 - 24.

③ "Students in Universities by Institution and Level of Degree, 1974/75 - 2012/13", http: //che. org. il/en/? page_ id = 8903.

④ "Students Enrolled in Degree Programs (Not Including Diploma Programs) in Institutions of Higher Education: 2011/2012", http: //www1. cbs. gov. il/reader/cw_ usr_ view_ SHTML? ID = 949.

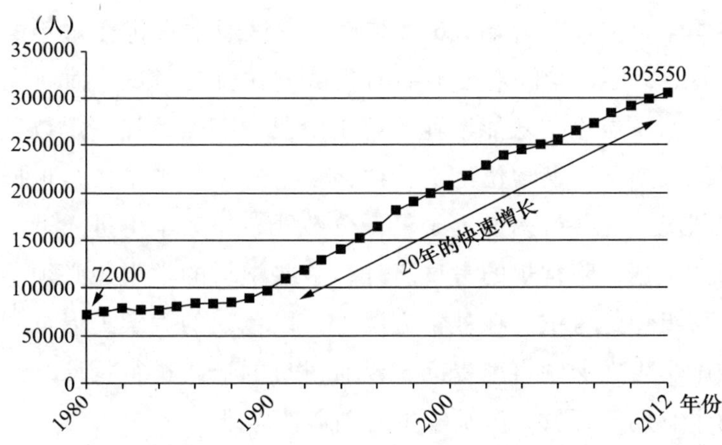

图 12－2　以色列高等教育机构的学生数量

以色列的高等教育分为本科教育、硕士教育和博士教育。三个教育阶段的学位课程范围较广，包括的学科有：人文科学包括犹太学、哲学、历史、艺术、社会学、经济学、工商管理、教育学、法学等；自然科学包括物理、化学、生物、生物化学、生物信息学、数学以及电脑科学、医学、公共卫生和公共政策、机械工程、建筑学、农学以及其他学科、跨学科研究等。高等教育阶段主要采用希伯来语进行授课，但在一些大学以及地区学院则采用英语或其他语言教学。由于许多学术研究机构提供针对海外留学生的课程，所以，教学语言视具体情况而定。课程讲授通常采用面对面的方式，但在一些机构（主要是开放大学）会采用更加灵活的授课方式诸如远程教育。

根据以色列法律，只有获得高中文凭（或者同等学历）的学生，才能进入高等教育机构学习；只有获得学士学位的学生，才有资格进入硕士阶段学习。但是，以色列的开放大学没有这种规定。在开放大学攻读学士学位的学生不需要拥有高中毕业文凭，但硕士研究生要求学生具有学士文凭。学年通常从每年的 10 月开始，包括两个学期，每个学期 4 个月。秋季学年从 10 月开始，第二年 1 月结束。春季学年从 2 月开始，6 月结束。考试通常安排在每年的 1 月以及 7 月、8 月。本科生最重要的测试方式就是考试，而研究生必须递交一篇学位论文才能毕业。博士阶段，必须参加一定数量的研究项目以及递交一篇学位论文。评估学生进步与否主要是根据他们的成绩状况。一些机构设置了最低分数线，作为学生进入下一个阶段学习的依据。除常规的考试之外，一些学科的学生还必须参加由国家统一组织的考试。在教学方法上，以色列的大学提倡批判式教育，鼓励学生在课堂自由提问，以研讨班的形式进行授课，这种开放式教学有助于开发并激励学生的创造性思维。

表 12－1　　以色列大学在校生人数（2012—2013 年度）

	研究生			本科生		
	本硕连读	博士候选人	硕士生	新生	总计	全部总数
总数	1214	10655	39088	22767	74000	124957
希伯来大学	114	2346	6454	3665	11399	20313
以色列理工学院	17	991	3069	2204	9154	13231
特拉维夫大学	316	2130	10541	4580	15142	28129
巴伊兰大学	274	1877	6906	5128	16347	25404
海法大学	295	1238	7701	2848	8676	17910
本－古里安大学	171	1379	4052	4342	13282	18884
魏茨曼科学研究院	27	694	365	—	—	1086

资料来源：以色列中央统计局。

（二）作为研究机构：资金来源、研究人员结构及特点

以色列高等教育的经费来源中，政府拨款通常占 65%，学生学费占 21%，其余 14% 来自捐款和其他渠道。以色列建国之初就将教育经费开支划为政府最大的三项开支之一，教育文化部的开支仅次于国防部。自 20 世纪 70 年代中期以来，以色列对教育的投资超过国内生产总值的 8%，这一比例甚至超过了美国和日本。1993 年这一比重达到 9%，居世界第一位，1995 年达到 9.5%。到 2000 年，

以色列的教育经费投入占 GDP 的比重已高达 10.4%，持续居世界各国之最；2012 年，GDP 总量达 8605 亿谢克尔（NIS），国家财政预算 3482 亿谢克尔，其中，教育经费约占 10%，即 349 亿谢克尔，高等院校经费则占国家财政预算的 2.1%，高达 74 亿谢克尔。①

以色列的学术研究活动主要集中在 7 所研究型大学。以色列的研究人员分为讲师（Lecturer）、高级讲师（Senior Lecturer）、副教授（Associate Professor）和教授（Professor）。在高等学校任职的最低标准是取得博士学位。高等教育机构在选择和任命讲师方面拥有完全的自主性。通常情况下，学校和讲师会签订三年的合同，如果证明了自己的学术能力，那么将会被授予高级讲师的职称。高级讲师及以上职称是终身任职的。各个不同级别的职称之间的晋升，由准备晋升者的学术研究的数量和质量来决定。就薪水而言，以色列大学教师的平均薪水为每月 2 万谢克尔，全国的平均工资为 8000 谢克尔。②

表 12－2　　以色列大学现有教职的大概数目（7 所大学）

教职	所有学科	比重（%）	月薪（NIS）
讲师	900	19.8	14000（2650 美元）
高级讲师	1300	28.6	16000（3029 美元）
副教授	1000	22	19000（3597 美元）
教授	1300	28.6	25000（4733 美元）

资料来源：以色列《国土报》2007 年 10 月 24 日。

归纳起来，以色列学术研究队伍的主要特点体现在以下三个方面：（1）学术研究队伍构成具有国际化特征。以色列高等教育理事会提供的资料表明，来自国外或有国际背景的教师和科研人员占 75.1%，完全仅有本国学术经历的只占 24.9%。以色列的科研项目大都与其他国家相互合作，以色列学者发表的学术论文 1/3 以上都

① http：//che. org. il/en/？page_ id＝4097.

② Tal Levy，“University Wage：Up to NIS 25，000 a Month”，*Haaretz*，25 Oct.，2007.

是与外国学者合作完成的。(2) 研究课题前沿。以色列学者的研究课题多位于各学科前沿，从而具有足够的国际影响力。(3) 论文、成果评审国际化。以色列学者的学术论文主要在国际性学术刊物上发表，所以，对研究成果的鉴定或对论文的评审是由具有国际水平的教授或国际学术机构进行的。在很大程度上说，这些方面为以色列大学的科研创新提供了必要的活力与重要的保障。

(三) 世界排名以及诺贝尔奖获得者

评估高等教育质量的一项重要指标就是世界排名，通过与其他国家的大学进行横向比较，在很大程度上可以体现某个国家的高等教育水平。以色列虽然人口规模很小，高等学校在校学生人数也很少，但其科研实力与综合质量位居国际前列。根据权威大学排名上海交大世界排名 2013 年的统计①，以色列 7 所主要大学全部入围世界 500 强高校以及中东地区高校前 10 强，充分反映出以色列高等教育的质量。其中有 3 所（希伯来大学、以色列理工学院和魏茨曼科学研究院）进入前 100 强，这在中东地区仅此一例。

表 12-3　世界大学学术排名（2013 年，以色列）②

国家排名	机构	世界排名
1	希伯来大学	59
2	以色列理工学院	77
3	魏茨曼科学研究院	92
4	特拉维夫大学	101—150
5	巴伊兰大学	301—400
6	本-古里安大学	301—400
7	海法大学	401—500

资料来源：上海交通大学 2013 年世界大学学术排名。

① “世界大学学术排名”（Academic Ranking of World Universities，ARWU）是由上海交通大学高等教育研究院（前身为高等教育研究所）世界一流大学研究中心研究人员完成的研究报告，于 2003 年通过网站首次公布，主要有关世界一流大学、大学评价与排名等方向的理论研究与实际应用。

② http://www.shanghairanking.cn/World-University-Rankings-2013/Israel.html.

除世界排名之外，现在被国际上认可的评价高等教育机构科研实力的另一项关键指标就是诺贝尔奖（尤其是科学领域）的获奖人数。在过去半个多世纪中，以色列本土已有12人获得诺贝尔奖，如果算上犹太裔的获奖人数，其数目将相当可观。以色列获得诺贝尔奖的人数涵盖的领域比较广泛，其中有文学、和平、经济、物理、化学等领域。进入21世纪以来，以色列的大学几乎每隔一两年就有人获得诺贝尔科学奖。截至2013年年底，以色列大学有10人获得诺贝尔奖，分别是希伯来大学4人、以色列理工学院4人、魏茨曼科学研究院2人。按照前面的以色列大学国际排名，这三所获得诺贝尔奖的以色列大学与其进入世界排名前100的情况基本一致。可以说，以色列的大学数量如此之少却能培育如此之多的诺贝尔奖得主，除以色列健全的教育设施与科研环境之外，还有着独特的社会原因。以色列的学生在高中毕业后通常要服兵役两到三年，然后进入大学就读，这种军营生活磨炼了学生的意志，培养了克服困难的韧性、不满现成答案的批判精神。

三　高等教育管理与运作模式

高等教育理事会（The Council for Higher Education）是以色列对其境内高等教育进行监管和调控的主要机构，它根据1958年以色列议会通过的《高等教育理事会法》成立的。作为统一的高等教育管理咨询机构，全国所有高等教育机构都接受该理事会的管理指导。该理事会由25名成员组成，其中2/3是资深学者，还包括社区代表和学生代表，由教育部长担任理事会主席，但它在职能上完全独立于教育部。理事会的主要职能是颁布高等学校的任命，批准授予学位，并就高等教育的教学、研究和经费等问题向政府提供咨询意见。

表 12－4　以色列籍或与以色列大学有关的诺贝尔科学和经济学奖得主（截至 2013 年年底）

诺贝尔奖获得者	获奖时间	诺贝尔奖获得者	获奖时间
丹尼尔·卡尼曼（Daniel Kahneman，希伯来大学）	2002 年诺贝尔经济学奖	罗杰·科恩伯格（Roger D. Kornberg，希伯来大学）	2006 年诺贝尔化学奖（获奖时为美籍）
戴维·格罗斯（David Gross，希伯来大学）	2004 年诺贝尔物理学奖（获奖时为美籍）	阿达·约纳特（Ada E. Yonath，魏茨曼科学研究院或希伯来大学）	2009 年诺贝尔化学奖
阿龙·切哈诺沃（Aaron Ciechanover，以色列理工学院或希伯来大学）	2004 年诺贝尔化学奖	丹·舍特曼（Dan Shechtman，以色列理工学院）	2011 年诺贝尔化学奖
阿夫拉姆·赫什科（Avram Hershko，以色列理工学院或希伯来大学）	2004 年诺贝尔化学奖	阿里耶·瓦舍尔（Arieh Warshel，以色列理工学院）	2013 年诺贝尔化学奖
罗伯特·奥曼（Robert Aumann，希伯来大学）	2005 年诺贝尔经济学奖	迈克尔·莱维特（Michael Levitt，魏茨曼科学研究院）	2013 年诺贝尔化学奖

为了更好地对高等学校从国家获得的经费进行管理和分配，1977 年，高等教育理事会成立一个由六人组成的“计划和拨款委员会”（The Planning and Budgeting Committee，PBC），负责提出和分配政府的高等教育和学术研究预算。它是以色列高等教育理事会最重要的机构，向政府提出高等教育每年所需的总预算数额，然后由它负责分配经费给不同的大学与学院。其目的是协调政府和高等教育机构之间的拨款问题。

以色列大学在学术独立方面做得比较完善，成为推动以色列大学发挥创新精神的制度保障。以色列大学的权力机构主要包括董事会、学术委员会、学术政策委员会和学院院务会议，四者之间联系紧密，同时又各司其职。以色列大学的最高权力机构是董事会，其成员主要来自世界各地的学者、科学家、以色列政府代表、校友代表以及学生会代表、社会贤达、世界犹太复国主义运动组织的代表等。董事会主要负责制定学校章程、办学宗旨，同时还负责选举校长和副校长，根据学术委员会和董事会执行委员会的建议决定学校的财政政策、审批年度预算、制定主要政策等。以色列大学的最高学术机构是学术委员会，主要由大学教授、副教授、高级讲师、学院院长、图书馆馆长、部分讲师和职员组成，学术总监为学术委员会主席。学术委员会主要负责学院、研究所以及大学其他学术机构的学术运作，监督大学教学、研究，维护学科建设水平，制定图书馆规则等。

在行政机构上，大学校长是学校的行政首长，一般任期为四年，对董事会负责。校长对外代表学校，他有权根据学校章程规则主持学校一切行政事务，领导所有的行政、学术管理人员，并对办学水平、办学质量、行政人员的工作完成情况进行监督管理。其次，学术总监是大学的学术首长，主持学校的一切学术事务，对学术委员会负责。在校长和学术总监之下是副校长和学术副总监，主要负责协助前者分管工作，或根据前者的委托代行职务。副校长又分为行政副校长、外事副校长、科研开发副校长等。学院院长主要负责学院事务，由院务会议每三年在教授和副教授中选举产生。院长除负责学院的行政、教学、科研管理外，还担任院务会议的召集人。大学最基层的学术单位是系，每三年在具有高级讲师职位以上的人中选举产生负责人，主要负责安排、协调本系内部的教学事务。此外，大学行政机构还设有审计长一职，由董事会执行委员会任命，并且只对董事会和执行委员会负责。处理大学日常行政事务的机构或官员一般还有校长战略规划顾问、财务总监、学校发言人、秘书长、学术秘书、法律顾问、学生事务管理和注册处、人力资源管理处、发展和公共关系处等。大学的日常教学科研均由学院负责，学院下设研究所、实验室、项目小组、中心等。大学直接管理并监督校图书馆、出版社、校友会、友好协会及科研开发公司等。①

四 科研成果的转化与利用

知识经济是以色列经济的基本特征，知识技术创新是以色列大学的主要任务。以色列的高等教育目标明确，即“着重传授对国家的持续发展至关重要的那些科学技术技能”。在此教育理念指导下，高校成为以色列技术发展的主力军和开拓者，成为知识与经济的动力，并高度重视科研成果向实际应用的转化。以色列的大学之所以能催生出众多高水平的科研成果，得益于高校自身的科研转化机制，这种机制为激发创新精神提供了重要平台。各高校都设有负责研究成果向商用转化的专门机构，帮助学生和科研人员申请专利。②

以色列是最早在大学和研究机构建立技术转移机构的国家。目前，以色列大学系统内共建有 7 个技术转移机构，除了海法大学，其他 6 所研究型大学均建有自己的技术转化办公室（Technology Transfer Offices，TTOs），分别是魏茨曼科学研究院耶达技术转移公司（Yeda）、希伯来大学伊萨姆技术转移公司（Yissum）、以色列理工学院技术研究与发展基金有限公司（T3）、特拉维夫大学拉莫特技术转移公司（Ramot）、巴伊兰大学巴伊兰研究与发展有限公司（Birad）和本-古里安大学内盖夫技术与应用公司（BGN），另外一家技术转移机构是由地区性学院设立的。早在 1959 年成立的耶达技术转移公司是世界上第三大最为盈利的技术转移公司，成功地衍生出 50 个公司。2011 年，公司通过技术转移实现收入高达 100 亿美

---

① 驻以色列大使馆教育处：《以色列大学总体印象》，《世界教育信息》2001 年第 11 期。

② Ofer Meseri and Shlomo Maital, “A Survey Analysis of University - Technology Transfer in Israel: Evaluation of Projects and Determinants of Success”, *Journal of Technology Transfer*, Vol. 26, No. 1 - 2 (Jan., 2001), pp. 115 - 126.

元。希伯来大学伊萨姆技术转移公司成立于1964年，收入超过美国麻省理工学院和哈佛大学。一般来说，各技术转移公司人数在20—30人，内部一般包括商业发展部（负责寻找客户）、法律部（负责制定合同协议）、专利部（负责打造专利文档）、财务部（负责收益管理）等几个部门。

以色列高校技术转移的基本流程如图12－3所示，大致包括以下几个步骤：①

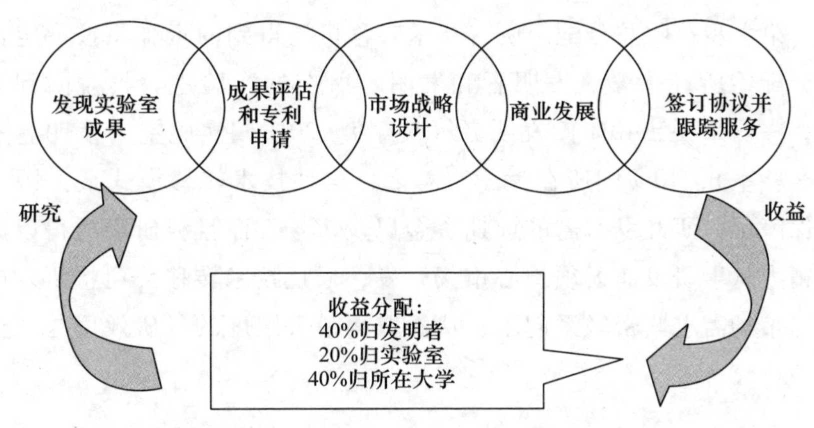

图12－3　以色列高校技术转移的基本流程

第一步：发现实验室成果。各大学都有自己的技术转移机构，它们与学校各研究者保持密切的联系，它们每年都在学校研究者中发现100多项新的技术成果。

第二步：成果评估和专利申请。为选出适合申报专利的技术成果，专门成立专利委员会辨别项目申请专利和商业化的前景，对合适的项目建议申请专利。

第三步：市场战略设计。根据项目情况，对不同类型的公司，

① 孔祥浩：《以色列技术转移机制和模式研究的作用》，《价值工程》2013年第12期。

以不同方式的合作模式，开展技术转移进行分类并制定推广策略，向有兴趣的企业进行营销。

第四步：商业发展。根据不同风险，寻求不同的商业合作伙伴，多数情况下，倾向于将专利技术许可给行业龙头企业或者跨国公司。

第五步：签订协议并跟踪服务。当寻求到合作伙伴并商谈好合作方式后，由技术转移机构法律专家协助负责签订协议。对技术许可的项目，约定好销售提成比例。

第六步：收益分配。所有技术转移机构得到的资金将按一定比率分配给所在大学、发明者和发明者所在的实验室。收益回到大学，一般来说，40%归发明者（现金），20%归实验室（发明者所在实验室），40%归所在大学。总之，这种技术转移模式最大限度地保障了科研开发所需的前期资金以及市场，而且科研机构得以集中精力从事研发而无须担心市场开发，通过技术转移公司将研发成果与市场需求紧密联系起来，从而取得最大限度的科研效用与社会效益。

五　存在的问题

进入20世纪90年代以来，以色列高等教育经历了快速发展阶段，随着越来越多的人接受高等教育，开始从精英阶段向大众化阶段转变。由于高等教育机构增多，相应的财政开支也随之加大，这对以色列的高等教育经费支出提出了挑战。在过去10年里，计划和拨款委员会对以色列高等教育机构的资助力度有所下降，导致申请学士学位的学生数量大幅度减少。而且以色列高等教育正处在转型时期，容易出现许多此前不曾遇到的问题，例如，教学资源由于在校生人数的扩张而陷入紧张、教学质量因扩招有所下降、师资力量也由于扩招而难以应对新的需要，扩招人数过多还容易导致学生就业难等问题。这些方方面面的问题，在一定程度上影响到以色列高等教育机构的人才培养水平。[①]

地缘政治风险对以色列高等教育的发展也是一种阻碍因素。旷日持久的巴以冲突以及中东剧变（比如叙利亚危机、埃及局势动荡），在一定程度上影响着国外学者和国际学生的进入以及以色列大学开展国际交流与合作。动荡变化的地区局势对以色列高等教育的发展产生了挤出效应，弱化了以色列较为合理的教育结构，从而对其产生负面影响。而且，由于地区局势动荡的持久性，以色列政府希望削减其他部门的预算来减少政府财政赤字，在这种情况下，高等教育的经费也受到一定的冲击。

以色列高等教育的另一个突出问题就是，教育资源的相对不均衡性，存在着地区与族群的显著差异。首先，高等教育资源集中在特拉维夫、耶路撒冷、海法等主要城市的几所主要大学，而北部加利利与南部内盖夫等边远地区的教育力量相对薄弱。其次，在犹太人的内部存在教育水平的差别，东方犹太人虽然人数居多，但在接受高等教育的程度上显然不如阿什肯纳兹犹太人，从而直接影响着东方犹太人的就业状况与社会地位。最后，也是最重要的是，居住在以色列的阿拉伯青年接受高等教育的问题。以色列大学的入学考试、心理测试与教学语言多半使用希伯来语进行，在许多方面影响了以色列阿拉伯人接受高等教育的积极性。据统计，约占以色列大学适龄人口23%的20—23岁的以色列阿拉伯青年只有10%左右进入大学深造，主要分布在海法大学、希伯来大学、特拉维夫大学和本·古里安大学，人数仅为6700人左右。此外，相比犹太人而言，专门针对阿拉伯人的学术学院与教师培训学院几乎很少。[②]

---

① Esther E. Gottlieb and Michael Chen, "The Visible and Invisible Crises in Israeli Higher Education in the 90s", *Higher Education*, Vol. 30, No. 2 (Sep., 1995), pp. 153 - 173.

② *Higher Education in Regional and City Development: The Galilee, Israel*, Paris: OECD, 2011.

六 与中国大学的交流与合作

自1992年中以两国建交以来，两国不断开展和深化教育领域的交流与合作，特别是在留学生互换项目、高校代表团互访、语言教学等领域均取得了较快的发展。目前，在以色列攻读博士、硕士学位和从事博士后研究以及访问学者的中国各类留学人员（包括国家公派、单位公派、自费）有300多名。近年来，以色列政府也先后选派100多人到我国学习交流。[①] 2000年签订的《中华人民共和国教育部和以色列国教育部教育合作协议》，从代表团交流、留学生交流、学术交流、语言教学、教育研究、互认学位、学历等方面对两国教育合作制定了更为系统的规划，为今后的双边教育合作明确了方向。以色列政府为加强与中国的教育合作，促进两国更为密切的学术交流，争取中国更多的留学人员前往以色列学习和深造，促进以中两国友好关系发展，决定自2012年起每年拨款4000万谢克尔（约合7200万元人民币）向中国提供250个奖学金名额。该奖学金包括100名本科生、50名硕士生、100名博士后。该项目由以色列高等教育理事会具体实施。

根据中国驻以色列使馆教育组提供的信息[②]，中国的清华大学、北京大学、中国人民大学、复旦大学、南京大学、山东大学、厦门大学等30多所大学与以色列希伯来大学、特拉维夫大学、以色列理工学院等7所大学签订合作交流协议，中以教育合作交流已奠定了良好的基础。2011年5月29日，以色列巴伊兰大学与中国留学基金委签订合作备忘录，争取国外投资150万美元。2012—2016年，

---

① 田艺琼、阿侬·古特菲尔德（Arnon Gutfeld）：《新中国对以色列的人文外交》，《阿拉伯世界研究》（*Arab World Studies*）2012年第5期，第48页。

② 薛华领：《中国以色列促进学生双向流动》，《中国教育报》2013年1月25日第8版。

接受中国25名博士后前往以色列从事自然科学研究工作，加强中以两国高等人才的培养合作。自2010年以来，以色列理工学院提供奖学金，开始在中国试招生，已招收的18名本科生非常成功。该校计划将其列为常规合作项目，以扩大与中国的教育合作。中国到以色列的留学人员随着中以两国高等教育合作的开展而迅速增加。据中国驻以色列使馆教育组统计，中国在以色列留学人员主要分布在以色列7所大学和科研院所、医疗机构等。其中，博士后和博士生、硕士生、本科生、访问学者分别占总人数的57%、24%、18%、1%；自然科学领域留学人员占总人数的66%，社会科学领域留学人员占34%。中国到以色列的国家公派留学人员回国率为100%。[①] 据了解，21世纪初从以色列回国的留学人员，不少已成为本专业的领军人物，还有相当一部分成为中国知名高校的主要领导。

值得注意的是，高校在中以两国的人文合作中发挥着十分重要的作用。随着希望学习汉语、了解中国文化的以色列人越来越多，2007年5月28日，中国驻以色列大使赵军代表中国国家汉办与以色列特拉维夫大学校长纳比诺维奇（Itamar Rabinorch）签署合作建立“孔子学院”的协议，这是在以色列境内建立的第一所孔子学院。特拉维夫大学孔子学院在以色列汉语教学和汉语学习中发挥了积极的辐射作用，产生了很大的推动力。2012年，特拉维夫大学东亚系已有700多人注册学习汉语，成为该校最大的系。2013年5月，希伯来大学与孔子学院总部在中国总理李克强和以色列总理内塔尼亚胡的见证下共同签署建设孔子学院协议。2014年5月19日，北京大学与希伯来大学签署合作建立“孔子学院”的协议，中国国务院副总理刘延东在耶路撒冷为希伯来大学孔子学院揭牌。此外，海法大学也希望能开办孔子学院，有关事宜正在筹备中。

① 薛华领：《中以留学教育前景》，《神州学人》2012年第9期，第9页。

七　对中国高等教育的启示

纵观以色列高等教育的发展历程，经历了精英教育向大众教育转变的过程，但是，高等教育却一直保持了很高的质量。以色列并无广阔的空间、肥沃的土地和充足的矿产资源，甚至没有和平稳定的国际国内环境，从传统意义上看，还缺乏实现现代化的必要条件。但以色列高度重视发展高等教育，将培养高素质人才作为一项国家战略，从而在短短的几十年间内实现了经济起飞与科技繁荣。事实证明，决定一个国家强弱的不仅是国土面积的大小和自然资源的多寡，更重要的是科技与教育实力。归结起来，以色列高等教育的发展与民族创新精神的培养息息相关，有着许多成功的经验和启示。

（一）推行“教育立国”战略，高度重视培养高素质的创新型人才

以色列由一个资源匮乏的弹丸小国一举跃为中东地区现代化程度最高的国家，其崛起和成功的深层次原因在于坚定不移、一以贯之地实施了科教兴国发展战略。以色列政府通过大力发展高等教育，创建了独特的科研管理体制，通过设立创新项目工程，引领和支撑科技创新，从而培养了高素质的人才，掌握了先进的科学技术，在一片沙漠上建立起了现代化的工业和农业，加入到发达国家的行列。

（二）政府重视对教育的财政投入与支持

以色列历届政府都把教育放在优先发展的战略地位，把培养高质量的人才视为关系民族生死存亡的根本性问题。自以色列建国以来，其教育经费支出就一直保持很高的比例。教育投入是支撑国家长远发展的基础性、战略性投资，是教育事业发展的物质基础，是优先发展教育的直接体现。

（三）广泛参与国际教育交流与合作

以色列高等教育的成功离不开国际社会的支持与帮助，其资金来源很大程度上依靠国外经济、资金的援助。例如，以色列与美国学术界有着频繁的人员交往与互动，而且许多科学家本身具有美国与以色列双重国籍，这些十分宝贵的人力资源为以色列高等教育的发展增添了更多的活力与动力。当今世界各个国家在相互依存中发展，教育也是如此，国际的人员交往、信息交流和科研合作，对传播知识、提高教育质量起着重要的作用。

（四）对不同的高等教育机构应有不同的分工与明确的定位

以色列的高等教育体系在对大学、专业学院与教师培训学院之间有着相对明确的分工：大学致力于前沿学术与高端技术研究，而专业学院与教师培训学院主要集中于培养社会所需的专业技术人才，从而做到避免高等教育资源浪费、集中力量培养社会急需的各类人才。

（五）重视高校研究与开发，为技术转化创造条件

大学在促进以色列技术进步中发挥着重要作用，大学跨学科的研究与试验机构对国家工业、科学与技术领域发挥着重要作用，为国家经济社会各领域服务。以色列充分发挥政府、学校和企业之间的联动作用，高校、科研院所与企业之间建立紧密的沟通渠道，大力开展协同攻关，使它们为企业的技术创新提供可靠的技术支持，同时充分运用市场机制，扩大产学研的有效联合，推进科研成果的市场转化，提高了科研成果的社会效益。更重要的是，通过将科研成果进行转化应用，以大学为代表的以色列高等教育机构培育了本民族的创新精神。